Wirtschaft/Europa/Globalisierung:

Bundesministerium für Wirtschaft und Technologie:
http://www.bmwi.de

Bundesministerium für Gesundheit:
http://www.bmg.bund.de

Europäische Union:
http://www.europa.eu

Globalisierung:
http://www.e-globalisierung.org

Industrie- und Handelskammern:

Die Industrie- und Handelskammern in Hessen:
http://www.ihk-hessen.de

Handelskammern in Hessen:
http://hwk-kassel.de
http://hwk-wiesbaden.de
http://hwk-rhein-main.de

Begriffserklärungen:

Duden Schülerlexikon:
http://www.schuelerlexikon.de

Freies Lexikon:
http://www.wissen.de

Zeitungen/Zeitschriften:

Spiegel:
http://www.spiegel.de

Focus:
http://www.focus.de

Stern:
http://www.stern.de

Süddeutsche Zeitung:
http://www.sueddeutsche.de

Handelsblatt:
www.handelsblatt.de

Statistiken und Schaubilder:

Bundesamt für Statistik:
http://www.destatis.de

Statistische Landesamt Hessen:
http://www.ihsl.de

Offizielle Homepage des Landes Hessen:
http://www.hessen.de

Suchmaschinen:

Google:
http://www.google.de

Metager:
http://www.metager.de

praxis
Arbeitslehre 2

Herausgeber
Hans Kaminski

Autoren
Katrin Eggert
Ursel Imhof
Hans Kaminski
Michael Koch
Robert Künstner
Ortrud Reuter-Kaminski

westermann

Druck A [1] / Jahr 2013
Alle Drucke der Serie A sind im Unterricht parallel verwendbar.

Redaktion: Dorothee Wandersleben
Herstellung: Andreas Losse
Umschlaggestaltung: Schreiber VIS, Joachim Schreiber, Seeheim
Innenkonzept: init. Büro für Gestaltung, Bielefeld
Satz: AndersARTig Werbung & Verlag GmbH, Braunschweig
Druck und Bindung: westermann druck GmbH, Braunschweig

ISBN 978-3-14-**116053**-6

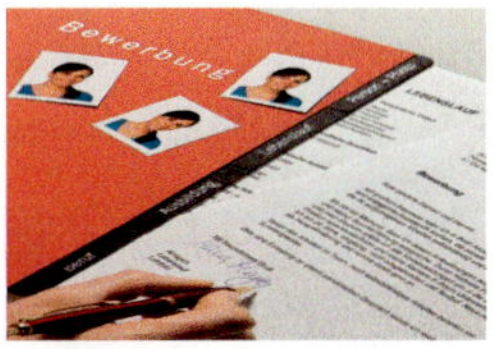
Bewerbung

IV Ökonomisch geprägte Situationen und Strukturen des Zusammenlebens 102

V Erhalt der psychischen und physischen Gesundheit 134

VI Zukunft der Arbeit 162

Einführung

Im Unterrichtsfach Arbeitslehre erwarten euch die folgenden sechs großen Themenfelder, die auch gleichzeitig die Kapitelüberschriften bilden. Außerdem erwartet euch ein Sonderkapitel zum Betriebspraktikum.

I Berufswegeplanung
II Technische Systeme und Prozesse
III Organisation von Arbeit
IV Ökonomisch geprägte Situationen und Strukturen des Zusammenlebens
V Erhalt der psychischen und physischen Gesundheit
VI Zukunft der Arbeit

Diese greifen sowohl gegenwärtige als auch zukünftige Arbeits- und Lebenssituationen von euch auf und zeigen Chancen und Perspektiven, aber auch Risiken für deren jeweiligen Umgang.
Nachdem ihr im Lehrbuch Arbeitslehre 1 die oben angeführten Themenfelder bereits einmal behandelt und die grundlegenden Inhalte kennengelernt habt, vertieft ihr deren Sachverhalte nun im 2. Band.

Aufbau der Kapitel

Jedes Kapitel beginnt mit einer Doppelseite, auf der ihr einen Überblick über das folgende Themenfeld erhaltet. Auf der linken Seite seht ihr jeweils vier Bilder. Die abgebildeten Motive greifen Inhalte aus dem jeweiligen Kapitel auf, sodass ihr schon mal einen ersten optischen Eindruck gewinnen könnt. Auf der rechten Seite findet ihr als große Überschrift, wie auch im Lehrbuch Arbeitslehre 1, den Namen des jeweiligen Kapitels.
Die Inhalte der Kapitel sind nach einem kurzen Einführungstext als Fragen formuliert aufgelistet. Dadurch könnt ihr euch im Vorfeld bereits einen Überblick verschaffen, zu welchen Fragestellungen ihr auf den kommenden Seiten Antworten erhaltet.

Arbeitsaufträge

Die Arbeitsaufträge stehen immer unten auf der Seite und sind durchnummeriert. Wie haben sie mit drei Symbolen gekennzeichnet: ○, ◒, ●

Diese Symbole bedeuten:

1. Analysieren: Damit ihr komplexe Systeme, Strukturen und Probleme in der Arbeits- und Lebenswelt beschreiben, ordnen und daraus allgemeine, d.h. über den Einzelfall hinausgehende Erkenntnisse gewinnt, werdet ihr bei diesen Arbeitsaufträgen angehalten, euch über bestimmte Themen zu informieren, etwas zu beschreiben oder zu ordnen. ○

2. Urteilen: Zu einer Fragestellung kann es unterschiedliche Ansichten geben. Deshalb sollt ihr bei diesen Arbeitsaufträgen Situationen beurteilen, unabhängig davon, ob es sich dabei um eine Situation aus dem Haushalt, einer Schule, dem Unternehmen oder einer ganzen Volkswirtschaft handelt. Hier wird von euch gefordert, dass ihr euch selbst ein eigenes Urteil bildet.

3. Handeln: Bei diesen Arbeitsaufträgen wird von euch erwartet, dass ihr aktiv eine Problemstellung löst und sie anschließend kritisch hinterfragt.

Zu manchen Aufgaben befindet sich in der Randspalte eine Starthilfe. Sie soll euch helfen, die Aufgabe besser zu verstehen und zu bearbeiten.

Methodenseiten

Auf extra gekennzeichneten Methodenseiten M findet ihr insgesamt sieben Arbeitstechniken, die euch helfen sollen, die Aufgaben zu bearbeiten. Ebenso wie ein Handwerker, der sein Arbeitswerkzeug für seine Arbeit kennen muss, um es gut einsetzen zu können, benötigt ihr auch im Arbeitslehreunterricht Werkzeuge. Des Weiteren findet ihr nach dem Kapitel I „Berufswegeplanung" ein Methodenkapitel mit dem Titel „Das Betriebspraktikum", das sich über insgesamt zwölf Seiten erstreckt. Hier erhaltet ihr Informationen und Hilfestellungen für die Vorbereitung, Durchführung und Reflexion eures eigenen Betriebspraktikums.

Binnendifferenzierung: Verstehen und Durchblicken

Wenn ihr euch für die sich anschließenden Lernbilanzseiten noch nicht fit genug fühlt, hilft euch die Doppelseite „Verstehen und Durchblicken" dabei, die Themen eines Kapitels besser zu verstehen. Hier werden die wesentlichen Kapitelinhalte noch einmal anhand von Beispielen, Texten usw. anschaulich dargestellt.

Lernbilanzseiten

Am Ende eines jeden Kapitels findet ihr zwei Lernbilanzseiten L, mit denen ihr den Inhalt des Kapitels noch einmal nachvollziehen könnt.

Beispieltexte

Auf den Kapitelseiten findet ihr manchmal ein großes B. Dieses markiert Texte, in denen alltägliche Situationen beispielhaft dargestellt werden.

Quellentexte

Ein großes Q steht für Quellentexte, die bereits woanders veröffentlicht wurden. Die zugehörigen Quellenangaben findet ihr immer in der Randspalte.

Viel Spaß und Erfolg mit diesem Buch!

Bewerbung
Person + Photo
LEBENSLAUF
Persönliche Daten
Lebenslauf

Studien- &
Berufswahl
2011/2012

I Berufswegeplanung

Alle Entscheidungen zum weiteren beruflichen Lebensweg haben Aktivitäten zur Folge, die erfolgreich, aber auch weniger erfolgreich sein können. Deshalb solltet ihr mit besonderer Sorgfalt vorgehen.

Auf den folgenden Seiten geht es darum:

- **Wie findet man den geeigneten Ausbildungsplatz?**
- **Was muss für eine erfolgreiche Bewerbung bedacht werden?**
- **Welche Rolle spielt der Ausbildungsmarkt?**
- **Wie gestaltet sich der Start in den Ausbildungsberuf?**

1 Von der Berufsorientierung zur Bewerbung

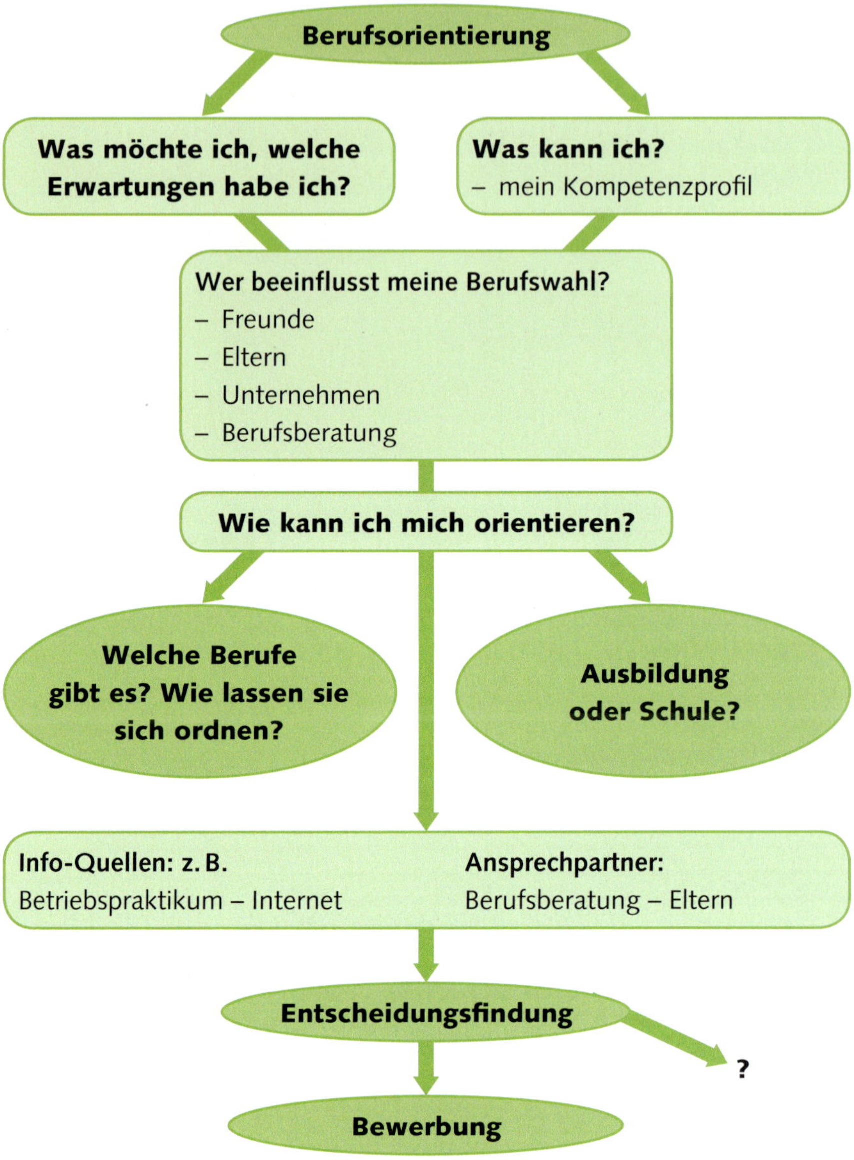

Alle Überlegungen zum künftigen beruflichen Lebensweg müssen in Entscheidungen münden: Ich werde eine weitere schulische Ausbildung machen oder ich werde direkt in eine Ausbildung gehen. Auf jeden Fall folgt eine Bewerbung, und wenn es mit der Bewerbung nicht klappt, gibt es andere Möglichkeiten. Wenn es klappt, folgt der Start in den Ausbildungsberuf mit dem Ausbildungsvertrag.
Die Grafik zeigt dir, was du schon alles zur Berufsorientierung weißt und wie es weitergeht.

1. Beschreibe und begründe, an welchen Stellen der Grafik Entscheidungen getroffen werden müssen. ◒

2 Die Ausbildungsplatzsuche

B Sarah weiß, dass sie Zweiradmechanikerin werden will. Ihre Mutter meint: „Was du werden willst, ist eine Sache. Aber hast du dir schon überlegt, wo du einen passenden Ausbildungsplatz findest?“ Sarah: „Das kann doch nicht so schwer sein, schließlich war ich bei ‚Rad Menger‘ im Betriebspraktikum. Der Meister meinte, „Ich kenne dich, du wirst einen Platz finden. Leider haben wir für das kommende Jahr keinen frei. Schade, aber es gibt ja noch mehr Fahrradgeschäfte.“

Sarah geht selbst auf die Suche:

- Sie liest schon seit einiger Zeit die Stellenanzeigen in der regionalen Tageszeitung.
- Sie hat die Gelben Seiten und das Telefonbuch genau studiert, um Betriebe in ihrer Umgebung zu finden, die in ihrem Wunschberuf vielleicht ausbilden.
- Sie hat sich bei Verwandten, Bekannten und Freunden umgehört, ob diese ihr ggf. nützliche Hinweise oder Informationen für einen Ausbildungsbetrieb geben können.
- Sie will schließlich auch das Internet nutzen.
- Sie will Auskünfte bei der Handwerkskammer einholen.

Sie schreibt jede Adresse heraus, telefoniert, schreibt Bewerbungen und besucht auch persönlich Fahrradgeschäfte.

Selbst tätig zu werden, wie in diesem Fall Sarah, ist sehr wichtig, denn es geht um euren Ausbildungsplatz. Zudem zeigt ihr den Ausbildern in den Betrieben, dass ihr aktiv seid und euch selbstständig um eine Ausbildungsstelle bemüht.

Wenn ihr trotz aller Bemühungen Schwierigkeiten bei der Suche nach einem passenden Ausbildungsplatz bekommen solltet, hilft euch die Berufsberaterin oder der Berufsberater. Dieser Service bei der Berufsberatung heißt Ausbildungsvermittlung. Hier kann man euch sagen, wie es auf dem Ausbildungsplatzmarkt in eurer Heimatregion aussieht. Sie haben den Überblick, wo Ausbildungsplätze angeboten werden, und stehen im engen Kontakt mit den Ausbildungsbetrieben. Ihr könnt von ihnen die Kontaktdaten der Betriebe erhalten, die in eurem Wunschberuf eine Ausbildung anbieten. Außerdem kennen sie auch die schulischen Ausbildungsplätze.

1. Fasst zusammen und ergänzt: Wie könnt ihr aktiv werden, um einen Ausbildungsplatz zu finden? ○

2. Recherchiere im Internet nach Unternehmen, die für dich infrage kommen. ●

3 Die Bewerbung

INFO

Zu einer Bewerbung gehören:
- Anschreiben
- Lebenslauf
- Lichtbild
- Zeugniskopien
- Nachweise über Praktika, Kurse etc.

Wenn ihr euch im Klaren seid, ob ihr eine weiterführende Schule besuchen oder eine Ausbildung beginnen wollt, ist es an der Zeit, sich zu bewerben. Auch Schulen haben feste Anmeldetermine, sodass ihr euch auch hierfür rechzeitig Bewerbungsunterlagen besorgen und euch bewerben müsst.

Wollt ihr eine betriebliche Ausbildung beginnen, reicht es für eine erste Kontaktaufnahme meist aus, wenn ihr in dem Betrieb anruft oder persönlich vorsprecht. Dabei wird euch dann mitgeteilt, bis wann ihr eine schriftliche Bewerbung mit den üblichen Unterlagen (Bewerbungsschreiben, Lebenslauf, Lichtbild, Zeugniskopien) abgeben müsst.

Sich zu bewerben bedeutet: Ihr gebt mit der schriftlichen Bewerbung eine erste persönliche Visitenkarte von euch ab. Davor braucht ihr aber keine Angst zu haben, denn ihr könnt euch gut darauf vorbereiten.

Q

Berufsberatung der Arbeitsagenturen – Bewerbungstipps
Die Berufsberaterinnen und Berufsberater geben gern Auskunft, wie die eigene Bewerbung optimal gestaltet werden sollte. Sie wissen auch, worauf es bei einem Einstellungstest ankommt und wie man sich auf Vorstellungsgespräche vorbereitet.
In den **Broschüren** der Berufsberatung „planet-beruf.de – Ausbildungsplatz finden“ und „Orientierungshilfe zu Auswahltests“ gibt es weitere Hilfestellungen.
Zudem gibt es auf www.planet-beruf.de ein **interaktives Bewerbungstraining**. Dort kann man die Erstellung von Bewerbungsunterlagen üben und sich auf Auswahltestverfahren und Vorstellungsgespräche für eine Bewerbung um einen Ausbildungsplatz vorbereiten. Das Bewerbungstraining enthält Informationen und Tipps zur schriftlichen Bewerbung, zur Onlinebewerbung und zur Bewerbung mit der JOBBÖRSE der Agentur für Arbeit. Es kann an den Internetarbeitsplätzen im BiZ oder am Computer zuhause genutzt werden und ist auch auf CD-ROM erhältlich.
Außerdem bieten die Agenturen zum Teil **Bewerberseminare** an.

Quelle zusammengestellt nach: www.arbeitsagentur.de/zentraler-Content/Veroeffentlichungen/Merkblatt-Sammlung/MB11-Angebot-Berufsberatung.pdf; Zugriff: 29. 10. 2012

Weiterhin bieten Broschüren von Banken und Sparkassen, den Krankenkassen, den Gewerkschaften, den Arbeitgebern und auch von anderen Stellen Hinweise über die Erstellung von Bewerbungsunterlagen.

Das Bewerbungsanschreiben

Aufgrund des Anschreibens entscheidet der Betrieb, ob ihr in die weitere Auswahl kommt. Achtet auf das äußere und inhaltliche Erscheinungsbild.

① Torsten Spengler
Koblenzer Str. 2
12345 Neustadt
Tel. (05432) 7890
E-Mail: t.spengler@email.de

② Altdorfer Sparkasse
Herrn Koch
Oberer Stephansberg 2
67890 Altdorf

③ Neustadt, 2. Juli 20..

④ **Bewerbung um einen Ausbildungsplatz als Bankkaufmann zum 01. September 20..**
Ihre Anzeige in der Frankfurter Neuen Presse vom ...

⑤ Sehr geehrter Herr Koch,

⑥ mit sehr großem Interesse habe ich Ihre Anzeige gelesen und bewerbe mich um einen Ausbildungsplatz zum 1. September 20..

⑦ Derzeit besuche ich die 10. Klasse des Altdorfer Schulzentrums, die ich im Juli 20.. mit dem Realschulabschluss verlassen werde.

⑧ Durch ein einwöchiges freiwilliges Praktikum bei der Elbebank konnte ich bereits einen ersten Einblick in das Berufsfeld eines Bankkaufmanns bekommen. Darüber hinaus habe ich mich im Berufsinformationszentrum ausführlich über die Ausbildung zum Bankkaufmann informiert, was mich in meinem Berufswunsch bestärkt hat.

⑨ + ⑩ Da ich sehr aufgeschlossen bin, interessiert mich insbesondere die Kundenberatung und -betreuung. Beim Börsenspiel der Sparkasse habe ich festgestellt, dass mir auch die Arbeit im Team sehr viel Spaß macht.

⑪ Über die Einladung zu einem persönlichen Gespräch würde ich mich sehr freuen.

⑫ Mit freundlichen Grüßen

⑬ *Torsten Spengler*

⑭ Anlagen

INFO

Folgende Elemente sollte euer Bewerbungsanschreiben enthalten, dabei sollte es nicht mehr als eine Seite umfassen:

① Absender
② Anschrift
③ Datum
④ „Betreff" (Zweck des Schreibens in möglichst wenigen, aber aussagekräftigen Worten; „Betreff" wird nicht geschrieben)
⑤ Anrede („Sehr geehrte Damen und Herren" oder direkt den Ansprechpartner bzw. die Ansprechpartnerin nennen, wenn bekannt)
⑥ Anlass der Bewerbung (hier: Hinweis auf Anzeige)
⑦ derzeitige Situation
⑧ Ausbildungsberuf und Begründung des Berufswunsches
⑨ Begründung für die Wahl des Unternehmens
⑩ Hervorheben der eigenen Fähigkeiten und Neigungen (z. B. EDV-Kenntnisse, Fremdsprachen, Auslandsaufenthalte, Betriebspraktikum, berufsbezogene Tätigkeiten ...)
⑪ „Schlussformel": Bitte um ein Vorstellungsgespräch
⑫ Gruß
⑬ Unterschrift
⑭ Anlagenvermerk

Hinsichtlich der Form solltet ihr euch nach der DIN-Norm 5008 richten, die Empfehlungen enthält, wie das Anschreiben zu gestalten ist (vgl. auch www.planet-beruf.de/DIN-5008.9677.0.html).

B **Jürgen Köster, Maschinenfabrikant:**
„Unseren Mechanikern vertrauen wir Maschinen von hohem Wert an. Deshalb verlangen wir von ihnen fachliches Können, Präzision, Konzentration, Ausdauer und Verantwortungsbewusstsein. Und wenn mir so ein Zettel auf den Tisch flattert, auf dem es nur so von Fehlern wimmelt, dann landet solch eine Bewerbung gleich im Papierkorb. Dann weiß ich, dass der Bewerber die nötige Sorgfalt vermissen lässt."

1. Fertige nach dem obigen Muster für deinen Wunschberuf ein Bewerbungsanschreiben am PC an. ●

2. Erläutert, was Herr Köster an manchen Bewerbungsschreiben bemängelt und welche Schlussfolgerungen er zieht. ○

INFO

Hinweise auf die Abfassung eines Lebenslaufes findet ihr auch im Internet:
www.planet-beruf.de
www.bewerben.de
www.arbeits-abc.de
www.azubiyo.de
(Ausbildung → Service → Bewerbungstutorial → hier unter „Lebenslauf")

Der Lebenslauf

Mit dem Lebenslauf gebt ihr Auskunft über eure Person und über euren schulischen Werdegang. Ihr vermittelt so eine erste genauere Vorstellung von euch. Die tabellarische Form wird am häufigsten verwendet, manchmal auch ein ausführlicher Lebenslauf. Da Handschriften auch etwas über die Persönlichkeit der Schreibenden aussagen, wird manchmal ein handgeschriebener Lebenslauf gewünscht. Achtet in jedem Fall darauf, dass der Text fehlerfrei ist und keine Verbesserungen und Übermalungen aufweist. Zum Lebenslauf gehört ein Foto. Meist wird es oben rechts aufgeklebt. Euer Bewerbungsfoto sollte aktuell und von einem Fotografen erstellt sein. Schreibt auf die Rückseite des Bewerbungsfotos euren vollständigen Namen und euer Geburtsdatum. Dies ist wichtig, weil es vorkommen kann, dass sich das Bild vom Blatt löst.

INFO

Der Lebenslauf sollte – mit Ausnahme von Punkt 5, auf jeden Fall folgende Angaben enthalten:

1. Überschrift: Lebenslauf
2. vollständiger Name
3. Anschrift
4. Geburtsdatum und -ort
5. Eltern mit Nennung des Berufs (Angabe freiwillig)
6. Schulbildung
7. Schulabschluss
8. Schwerpunktfächer
9. praktische Erfahrungen
10. besondere Kenntnisse
11. Hobbys
12. Ort und Datum
13. Unterschrift

① **Lebenslauf**

② Name:	Torsten Spengler
③ Anschrift:	Koblenzer Str. 2 12345 Neustadt Tel. (05432) 7890 E-Mail: t.spengler@email.de
④ Geburtsdatum/-ort:	7. August 19.. in Neustadt
⑤ Eltern:	Erich Spengler, Kfz-Mechaniker Kerstin Spengler, geb. Müller, Hausfrau
⑥ Schulbildung:	1. Sept. 19.. bis 20. Juli 20..: Grundschule Neustadt seit 1. Sept. 20..: Schulzentrum Altdorf
⑦ Schulabschluss:	Realschulabschluss, voraussichtlich Juli 20..
⑧ Schwerpunktfächer:	Wirtschaft, Physik/Chemie/Biologie
⑨ Praktische Erfahrungen:	Juni 20..: 1-wöchiges Praktikum bei der Elbebank, Neustadt
⑩ Besondere Kenntnisse:	Microsoft Word und Excel
⑪ Hobbys:	Schach, Sport
⑫ Ort und Datum:	Neustadt, 2. September 20..

⑬ *Torsten Spengler*

1. Erstelle nach obigem Muster deinen eigenen Lebenslauf. Schreibe zudem einen ausführlichen handgeschriebenen Lebenslauf zur Übung.

Die Onlinebewerbung

Mittlerweile ist es bei vielen Unternehmen üblich, sich online zu bewerben, was einen zeitlichen Vorteil bietet. Erkundigt euch im Vorfeld, welche Form der Bewerbung (Onlinebewerbung oder schriftliche Bewerbung) das Unternehmen wünscht. Oft steht dies bereits in der Stellenanzeige.

Q **Wichtigste Formen der Onlinebewerbung**

E-Mail-Bewerbung:
Bei der E-Mail-Bewerbung werden dieselben Unterlagen wie bei einer „Papierbewerbung" (siehe S. 12) nicht per Post, sondern als E-Mail-Anhang versandt.
In der E-Mail verweist ihr auf die Stellenanzeige und erklärt, dass ihr „anbei" eure vollständigen Bewerbungsunterlagen sendet. Achtet auf eine korrekte und höfliche Anrede, einen fehlerfreien Text und eure vollständige Adresse. Alternativ könnt ihr euer Anschreiben, statt es als Anhang zu schicken, auch direkt in die E-Mail schreiben. Aus dem Betreff der E-Mail muss hervorgehen, um welchen Ausbildungsplatz es sich handelt. Und auch eure E-Mail-Adresse sollte seriös klingen und euren vollständigen Namen enthalten.

Onlinebewerbungsformular:
Große Unternehmen haben inzwischen eigene Bewerbungsformulare auf ihrer Internetseite. Hier tragt ihr eure Daten online in vorgegebene Felder ein und ladet Anschreiben, Lebenslauf und eingescannte Zeugnisse als PDF-Dateien hoch. Bei manchen Unternehmen habt ihr die Möglichkeit – außer den üblichen Angaben –, zusätzlich auch noch eine sogenannte dritte Seite auszufüllen. Hier könnt ihr euer Können und eure Motivation noch einmal gesondert herausstellen.

Sind Sie das?
Dann herzlich willkommen zu einer Ausbildung bei der TK
Techniker Krankenkasse

Für unser Vertriebszentrum in Aachen suchen wir zum 1. August 2011 motivierte

Auszubildende zum/zur Kaufmann/-frau im Gesundheitswesen

Im Vertrieb lernen Sie den Markt der Krankenkassen richtig kennen. Ihre Hauptaufgabe ist es, Menschen für die TK zu begeistern und neue Mitglieder zu gewinnen. So sichern Sie die Marktposition der TK durch kontinuierlichen Mitgliederzuwachs.

In der Ausbildung mit dem Schwerpunkt Vertrieb erwartet Sie bei uns
- Erwerb von umfangreichen Kenntnissen im Gesundheitswesen, sowie in unseren kaufmännischen Geschäftsprozessen
- Persönliche und telefonische Kundenkontakte
- Marktbeobachtung und Neukundengewinnung
- Durchführung von Vertriebsaktionen (z.B. bei Messen)
- Praktische Erfahrungen im Gesundheitswesen durch Praktika z.B. in Krankenhäusern, Reha- oder Pflegeeinrichtungen

Das erwarten wir von Ihnen
- (Fach-)Abitur oder sehr guter Realschulabschluss
- Starkes Interesse am Gesundheitswesen und kaufmännischen Fragestellungen
- Freundlichkeit und Aufgeschlossenheit
- Kundenorientierung, Flexibilität und Engagement

Haben wir Ihr Interesse geweckt?
Dann freuen wir uns auf Ihre Online-Bewerbung. **Referenzcode TK10439.**

In der Gesundheitsbranche ist die TK seit vielen Jahren ganz vorne - darauf sind wir stolz. 7,3 Millionen Versicherte und rund 11.500 Mitarbeiterinnen und Mitarbeiter machen uns zu einer der größten und modernsten Krankenkassen Deutschlands. Wir stehen für innovative Leistungen und einen herausragenden Service.

Die TK fördert die berufliche Integration behinderter Menschen, insbesondere behinderter Frauen, die wir mit dieser Ausschreibung gezielt zur Bewerbung auffordern möchten.

Ihr Ansprechpartner:
Thomas Müller
Tel. 02 41 - 88 70-236

Techniker Krankenkasse
Kackertstraße 11
52072 Aachen

Quelle zusammengestellt nach: www.planet-beruf.de; Zugriff: 29. 10. 2012

Digitale Unterlagen erstellen

Bewerbungsfotos erhält man heute oft schon in digitaler Form vom Fotografen. Andernfalls scannt ihr das Foto ein. Ihr platziert es entweder auf einem Deckblatt oder rechts oben in eurem Lebenslauf.
Auch ein digitaler Lebenslauf und ein Anschreiben müssen unterschrieben sein: Dazu fügt ihr eure eingescannte Unterschrift als grafisches Element in die Dokumente ein. Die Word-Dateien mit eurem Lebenslauf und gegebenenfalls dem Anschreiben wandelt ihr in PDF-Dateien um. Auch eure Zeugnisse und Praktikumsbescheinigungen scannt ihr ein. Wenn ihr selbst keinen Scanner habt, könnt ihr das in einem Copyshop erledigen.
Für die Unternehmen ist es am einfachsten, wenn ihr alle Anhänge zu einer PDF-Datei zusammenfasst. Findet für die Datei einen aussagekräftigen Namen (z.B. Bewerbung_Torsten_Spengler). Achtet dabei darauf, dass der Anhang insgesamt nicht größer als zwei MB ist.

INFO

Eine **Checkliste zur Onlinebewerbung** zum Abhaken findet ihr unter www.planet-beruf.de.

INFO

Tipps zu Einstellungstests
1. Pünktlich erscheinen.
2. Keinerlei „Mittelchen" einnehmen.
3. Bei Tests unter Zeitvorgabe: Zuerst die Fragen lösen, die man sofort beantworten kann.
4. Möglichst viele Fragen ganz, statt alle nur halb beantworten.
5. Falls etwas nicht verstanden wurde, vor Testbeginn fragen.
6. Meist sind alle Fragen gar nicht zu schaffen. Also nicht nervös werden.
7. Übt Einstellungstests: erhältlich bei der Arbeitsagentur oder in Buchhandlungen.
8. Bei einer großen Anzahl an Bewerbern sind eure Chancen gering. Nicht enttäuscht sein, wenn ihr durchfallt.

Der Einstellungstest

Häufig werden als weiterer Schritt der Auswahl von Auszubildenden Tests eingesetzt. Es gibt sehr viele, und wahrscheinlich sind sie für euch ungewohnt. Hier wird nicht nur schulisches Wissen abgefragt, sondern auch noch andere Fähigkeiten.
- Nehmt an einem Eignungstest der Arbeitsagentur teil. Wenn ihr schon einmal einen Test mitgemacht habt, dann wisst ihr, wie er abläuft. Die Broschüre der Arbeitsagentur „Orientierungshilfe zu Auswahltests" hilft bestimmt, euch unverkrampfter dem Test stellen zu können.
- Es wird sicher auch nach Aktuellem gefragt. Es ist deshalb sinnvoll, das Tagesgeschehen genau zu verfolgen (Zeitung lesen, Nachrichtensendungen hören oder sehen).

Häufig werden einige der folgenden Schwerpunkte getestet:
- logisches Denken
- technisches Verständnis
- Arbeitstempo und Arbeitsgenauigkeit
- psychologische Fähigkeiten
- Umgang mit Zahlen und Rechenkenntnisse
- Sprach- und Abstraktionsvermögen
- Kenntnisse in Rechtschreibung und Zeichensetzung
- schriftliche Ausdrucksfähigkeit und Wortschatz

Wenn es nicht geklappt hat

Die Tests dürft ihr nicht überbewerten. Nach einer Faustregel entscheiden sich 10 % der Unternehmen aufgrund des Bewerbungsanschreibens für einen Bewerber; 40 % nach dem Test und 50 % nach dem Bewerbungsgespräch. Eine Ablehnung nach dem Auswahltest muss nicht bedeuten, dass eure Leistungen im Test schlecht waren oder ihr für den Beruf ungeeignet seid. Also: Kopf hoch, wenn es einmal nicht geklappt hat.

1. Besorgt euch z. B. in einer Buchhandlung Bücher mit Testaufgaben. Achtet darauf, dass die Tests für euren Ausbildungsberuf geeignet sind. Testet euch selbst.

Das Vorstellungsgespräch

Die Verantwortlichen im Betrieb haben Interesse an euch, sonst hätten sie euch nicht eingeladen. Im Vorstellungsgespräch will man euch genauer kennenlernen. Lampenfieber und Ängste sind in solchen Situationen ganz normal.

Beim Vorstellungsgespräch

Wie könnt ihr euch auf das Vorstellungsgespräch vorbereiten?
Dazu einige Tipps und Verhaltensregeln:
- Reagiert auf die Einladung telefonisch oder – besser – schriftlich. Bedankt euch für die Einladung und bestätigt die Wahrnehmung des Termins.
- Bittet nur in wirklich begründeten Ausnahmefällen um eine Terminverschiebung.
- Seid pünktlich. Sucht den Weg zum Betrieb rechtzeitig auf dem Stadtplan heraus und kalkuliert einen möglichst großen Zeitspielraum für Bus- oder Bahnverspätungen, Staus usw. ein. Denkt auch daran, dass ihr in Großbetrieben Zeit braucht, um die richtige Abteilung zu finden. Eine Verspätung macht einen äußerst schlechten Eindruck!
- Kleidet euch angemessen: weder zu lässig noch zu fein. Schon gar nicht solltet ihr Sachen anziehen, in denen ihr euch nicht wohlfühlt.

Bei Vorstellungsgesprächen geht es darum, einen guten Eindruck zu machen. Dabei solltet ihr alle Fragen höflich und korrekt beantworten und auf eure Ausdrucksweise achten.
- Macht euch eure Stärken klar und bewertet eure Schwächen nicht zu stark. Setzt euren Schwächen Stärken entgegen, z. B. Langsamkeit – Gründlichkeit: Ich bin zwar langsam, arbeite aber sehr gründlich.
- Überlegt euch Gründe für gute und schlechte Schulnoten.
- Überlegt, was ihr zu eurem Werdegang erzählen könnt.
- Stellt euch vor, wie das Vorstellungsgespräch verlaufen könnte. Spielt die Situation mit Freunden durch. Jeder stellt einmal sowohl den Bewerber als auch den Personalchef dar.

1. Erstelle eine schriftliche Bestätigung für einen Vorstellungsgesprächstermin. Die Firma kannst du dir aussuchen.

Dein eigenes Verhalten spielt eine wesentliche Rolle im Vorstellungsgespräch, um festzustellen, ob du zu dem von dir ausgewählten Unternehmen passt. Bereitet dich darauf mithilfe eines Rollenspiels vor.

Tipps für das Rollenspiel:
- Die eigenen Bewerbungsunterlagen noch einmal genau durchlesen (häufig wird im Vorstellungsgespräch nach Einzelheiten daraus gefragt).
- Pünktlich sein (ganz wichtig: Zuspätkommer haben von vornherein keine Chance!).
- Bei der Begrüßung: Anklopfen und warten, bis du hereingebeten wirst.
- Fester Händedruck, vorstellen, Namen der Gesprächspartner merken.
- Sei nett und höflich.
- Angebotenes Getränk annehmen (aber keinen Alkohol oder Zigaretten).
- Kaue währenddessen kein Kaugummi, rauche nicht, lasse deine Gesprächspartner ausreden bzw. unterbrich sie nicht etc.
- Ganz natürlich und locker bleiben, nicht zu verkrampft.
- Gut zuhören und (vorbereitete) Zwischenfragen stellen (Interesse am Unternehmen und der Stelle zeigen!).
- Keine Umgangssprache! Eine zu lässige Ausdrucksweise erweckt den Eindruck, dass dir der Vorstellungstermin nicht wichtig ist.
- Bei der Verabschiedung: Auch wenn es gut gelaufen ist, nicht vertraut werden, höflich bleiben, für das Gespräch bedanken und nachfragen, wann mit einer Rückmeldung zu rechnen ist.

Fragen, die in einem Vorstellungsgespräch gestellt werden:
- Wann beenden Sie die Schule?
- Welchen Abschluss werden Sie erreichen?
- Was interessiert Sie an diesem Beruf?
- Warum bewerben Sie sich bei unserem Unternehmen?
- Was wissen Sie bereits über unser Unternehmen?
- Welche Fähigkeiten bringen Sie für diesen Beruf mit?
- Haben Sie bereits Erfahrungen in diesem Beruf? (Vielleicht hast du bereits in den Ferien etwas Ähnliches gemacht oder andere Erfahrungen, über die du hier berichten kannst.)
- Wie würden Sie sich charakterisieren? (Persönlichkeit, Motivation)
- Nennen Sie mir zwei Ihrer Schwächen und zwei Ihrer Stärken.
- Was machen Sie in Ihrer Freizeit? (Hobbys, Sport)

1. Überlege und notiere dir stichpunktartig Antworten auf die vorangestellten Fragen, mit denen du innerhalb eines Vorstellungsgesprächs rechnen musst. ○

2. Erkundige dich in deiner Familie, bei Freunden und Bekannten wie ihre Vorstellungsgespräche verlaufen sind. Wurden ggf. Fragen gestellt, die bisher nicht auf unserer Liste stehen? ○

Rollenspiel

Wie ihr ein Vorstellungsgespräch am besten führt, könnt ihr in Rollenspielen üben. Hier könnt ihr euch in die Rolle des Bewerbers hineinversetzen und Verschiedenes ausprobieren. Für den Ernstfall können so Erfahrungen gesammelt und Sicherheit erreicht werden. Wer nicht den Bewerber spielt, ist kritischer Beobachter und gibt Tipps und Anregungen, was gut war und was verbessert werden sollte.
Die Rolle des Personalchefs sollte die Lehrkraft oder ein außerschulischer Experte, den ihr dafür in die Klasse einladet, übernehmen. Sie können die Rolle unterschiedlich spielen: Der Personalchef kann den Bewerber unter Druck setzen oder mit ihm ein zuvorkommendes Gespräch führen.

1. Vorbereitung

Zunächst legt ihr fest, in welchem Betrieb welcher Ausbildungsberuf angeboten wird. Danach richten sich die Fragen des Personalchefs und die Interessen und Fähigkeiten des Bewerbers. Fragen und mögliche Antworten sollten vorbereitet werden. Auch der Bewerber sollte sich Fragen zur Ausbildung, zum Ausbildungsbetrieb überlegen. Welche Fragen sollte ein Bewerber nicht stellen?
Macht euch auch bewusst, in welchem Rahmen ein Vorstellungsgespräch abläuft. Kleidung, Frisur, Schmuck und das Auftreten sollten angemessen sein. Außerdem müsst ihr euch Gedanken zu Körperhaltung, Sprache, Höflichkeit und dem eigenen Selbstvertrauen machen.
Die Beobachter legen fest, worauf sie während des Rollenspiels achten wollen und verteilen diese Beobachtungsaufgaben.

2. Durchführung

Nachdem die Rollen verteilt sind, wird das Vorstellungsgespräch gespielt. Die Spieler achten darauf, dass Begrüßung, Vorstellung mit Namen und die Gesprächsführung möglichst realistisch ablaufen. Seid dabei aufmerksam, geht auf den Gesprächspartner ein und haltet Blickkontakt.
Die Beobachter machen sich Notizen zu ihren Aufträgen und sollten das Rollenspiel selbst dabei nicht stören.
Das Vorstellungsgespräch kann beliebig oft gespielt werden. Dabei können sowohl die Spieler wechseln als auch die Berufe, Betriebe und Wirtschaftsbereiche. Dadurch können Unterschiede festgestellt werden.

3. Auswertung

In der Auswertung werden die Beobachtungen verglichen und besprochen. Auch die Spieler kommen hier zu Wort.
- Wie haben sich die Spieler gefühlt?
- Wie realistisch wurde die Rolle gespielt?
- Was lief gut, was kann verbessert werden?
- Wer hat die Rolle so gespielt, dass er/sie die Stelle bekäme?

Vorbereitung

Durchführung

Auswertung

Eine Unternehmerin erzählt von ihren Erfahrungen

B

Die schriftliche Bewerbung

1. Wenn man sich bei meinem Unternehmen bewirbt, sollte man sich genau informieren, in welchen Berufen mein Unternehmen ausbildet und wie die Berufsbezeichnungen lauten.
2. Keine Standardbewerbung, sondern deutlich machen, was man bereits Besonderes unternommen hat (Auslandsaufenthalt, Gruppenleiter im Sportverein, Praktika, Mitarbeit in Schülerfirmen usw.).
3. Achtung! Als Unternehmer bekommt man viele Bewerbungen, hat aber nur wenig Zeit, sich überzeugen zu lassen!

Wenn ich jemanden einlade

1. Bitte Rückmeldung geben, ob man zum Termin erscheinen kann.
2. Pünktlich zehn Minuten vorher da sein. Wenn jemand zu spät kommt, führe ich das Bewerbungsgespräch nicht mehr selbst.
3. Wenn man das Einladungsschreiben mitnimmt, kann man bei Problemen mit dem Bus oder der Bahn anrufen, um eine Verspätung anzukündigen. Dann kommt es mir auf eine überzeugende Begründung an.

Das Bewerbungsgespräch

1. Bei der Begrüßung Vor- und Zunamen nennen, auf keinen Fall mit dem Vornamen vorstellen!
2. Keine extravagante Kleidung, nicht bauchfrei oder kurze Röcke oder Jeans mit Löchern tragen. Der Branche angemessen kleiden!
3. Dann mache ich ein Aufwärmgespräch (Small Talk).
4. Bei der folgenden Befragung stelle ich Fragen zum Betrieb oder zu den erwarteten Tätigkeiten und zum Beruf. Hier trennt sich schnell die Spreu vom Weizen, und ich merke, wer sich vorbereitet hat. Ich frage auch nach der Zukunftsplanung oder den Eltern.
5. Dann erzähle ich den Bewerbern, wie die Rahmenbedingungen sind, Berufsschule, Verdienst, Urlaub oder Wochenarbeitszeit der Auszubildenden und wie die betriebliche Ausbildung gestaltet ist.
6. Dann erwarte ich Fragen des Bewerbers und erkenne, ob er sich Gedanken gemacht und zugehört hat.
7. Meine letzte Frage ist: „Warum sollen wir Sie einstellen?“ Hier erwarte ich Selbstbewusstsein und Wissen, aber auch Überzeugungskraft!
8. Es kommt auch häufig vor, dass ich plötzlich Englisch spreche, um die Kenntnisse zu testen, die in unserem Betrieb, der sich mit Außenhandel beschäftigt, wichtig sind. Es kommt auch vor, dass ich ein Verkaufsgespräch aus dem Unternehmen als Rollenspiel durchführen lasse.

Am Schluss stellen sich die Personen, die am Bewerbungsgespräch teilgenommen haben, die Frage: „Wer von den Bewerbern passt zu uns?“ Ich frage meistens erst die anderen nach ihrer Einschätzung.

Eine Unternehmerin erzählt.

4 Kein Ausbildungsplatz – Bewerbung gescheitert

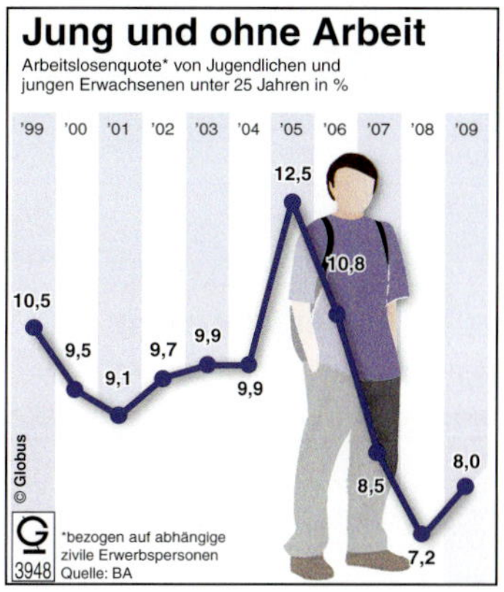

Für junge Menschen gibt es mindestens zwei Gelegenheiten, bei denen sie von Arbeitslosigkeit bedroht sein können. Man bezeichnet das auch als Schwellen, die durch einen Übergang gekennzeichnet sind.

Die erste Schwelle bildet der Übergang aus dem allgemeinbildenden Schulwesen (Bildungssystem) in eine Ausbildung (Berufsausbildungssystem) im sogenannten dualen System oder eine voll- oder teilschulische Berufsausbildung. Wenn dieser Übergang nicht gelingt, droht Arbeitslosigkeit und die Einmündung in die sogenannten Übergangsmaßnahmen.

Die zweite Schwelle ist der Übergang aus dem Berufsausbildungssystem in die Berufs- und Arbeitswelt (Beschäftigungssystem) mit den Möglichkeiten der Berufstätigkeit im Ausbildungsberuf plus (permanente) Weiterbildung, aber auch der Berufstätigkeit in anderen Berufen oder in anderen Tätigkeiten.

Auch wenn dieser Übergang nicht gelingt, kann Arbeitslosigkeit eintreten, die z. B. für eine Umschulung in einen anderen Beruf, den Besuch einer Fachschule, Fachoberschule mit dem Ziel eines anschließenden Fachhochschulstudiums genutzt werden könnte. Oder aber der Besuch einer allgemeinbildenden Teilzeit- oder Vollzeitschule, z. B. Kolleg, Abendgymnasium mit dem Ziel eines Universitätsstudiums.

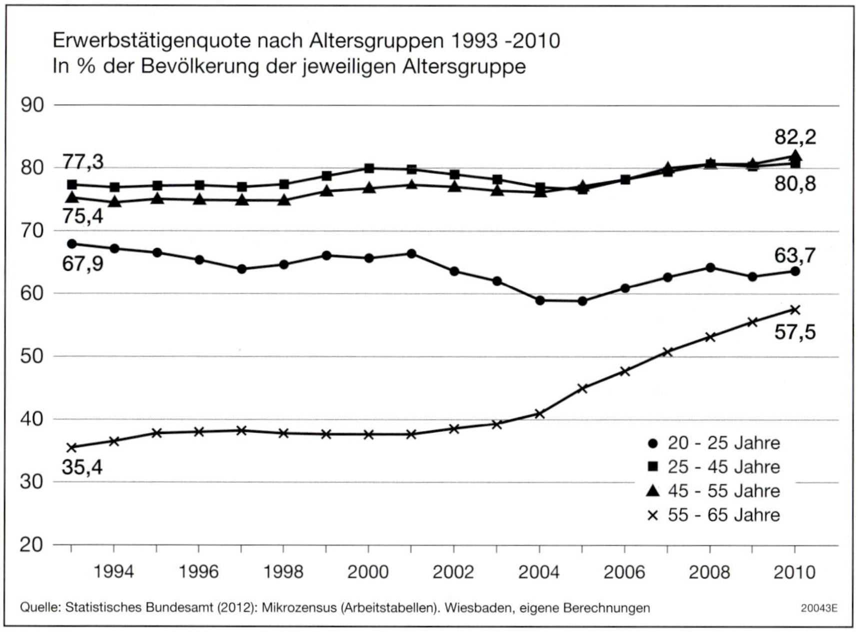

Quelle: http://www.sozialpolitik-aktuell.de/tl_files/sozialpolitik-aktuell/_Politikfelder/Arbeitsmarkt/Datensammlung/PDF-Dateien/abbIV15.pdf

1. Werte die Tabelle Erwerbstätigenquote nach Altersgruppen aus. Wie ist die Entwicklung auf dem Arbeitsmarkt in dem Bereich, der für dich von besonderem Interesse ist.

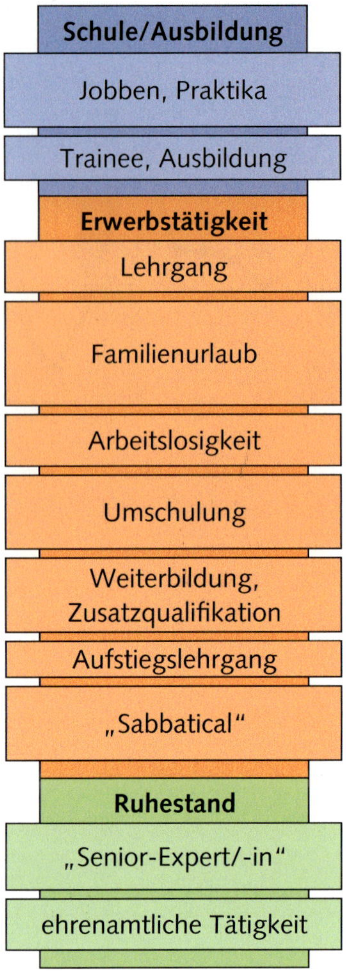

Beispiel einer Berufsbiografie

Die Karikatur versucht, die Probleme junger Menschen bei Übergängen aus der Schule in die Ausbildung in der heutigen Zeit „auf den Punkt gebracht" darzustellen.

Wie sich Ausbildung und Arbeit in Berufsbiografien niederschlagen, kann mithilfe einer Grafik verdeutlicht werden.
Die nebenstehende Grafik mit den Blöcken Schule/Ausbildung, Erwerbstätigkeit und Ruhestand soll die unterschiedlichen Stationen im Erwerbsleben verdeutlichen. Diese Form der Erwerbsbiografie gibt es schon länger nicht mehr bzw. sie ist immer seltener geworden, wofür es unterschiedliche Gründe gibt.

Man spricht stattdessen von einer zunehmenden bruchstückhaften (fragmentierten) Berufsbiografie oder auch Patchwork-Berufsbiografie. Sie ist dadurch gekennzeichnet, dass die drei Blöcke Schule/Ausbildung, Erwerbstätigkeit und Ruhestand jeweils durchbrochen werden von Tätigkeitselementen aus den anderen Blöcken, z. B. während des Blocks Erwerbstätigkeit Aufstiegslehrgänge oder Weiterbildung und Erwerb von Zusatzqualifikationen. Auch durch neue Gesetze, z. B. zur Elternzeit, sind Veränderungen eingetreten.

1. Betrachte die Karikatur. Erläutere, wie die Aussage des Schülers im Jahre 2017 aussehen könnte.

2. Untersuche die Berufsbiografien in deiner Familie. Gibt es grundlegende Unterschiede zwischen den Biografien von Frauen und Männern?

3. Recherchiere im Internet, welche politischen Maßnahmen in Zukunft Einfluss auf deine Berufsbiografien haben könnten.

Damit es doch noch klappt

Jeder muss sich immer wieder mit dem Thema Arbeitslosigkeit beschäftigen. Sei es nach der erfolgreich abgeschlossenen Schulzeit, wenn es darum geht, einen Ausbildungsplatz in einem Betrieb zu finden, oder sei es nach der Ausbildung bei der Suche nach einem Beschäftigungsverhältnis.
Vielen ist dabei gar nicht bekannt, wie viele Institutionen mit dem Thema Arbeitslosigkeit zu tun haben und sich speziell mit dem Problem der Jugendarbeitslosigkeit beschäftigen.

Zu nennen sind hier beispielsweise:
- Arbeitsagenturen
- Gewerkschaften
- Parteien
- Kreis- und Stadtverwaltungen
- Volkshochschulen
- Kirchen

Vielfach bietet sich hier die Möglichkeit, kompetente Antworten auf spezielle Fragen zu bekommen und Unterstützung bei der weiteren Lebensplanung zu erhalten. Ganz wichtig ist allerdings, dass man sich zuerst selber fragt: Was macht mir eigentlich Spaß und wo bzw. als was könnte ich mir vorstellen zu arbeiten?

Kostenlose Hilfe kannst du außerdem bei Jobpaten, die auch Ausbildungspaten, Bildungspaten oder Schülerpaten genannt werden, bekommen. Diese unterstützen Jugendliche, denen es schwerfällt den Schulabschluss zu schaffen. Ihre Unterstützung besteht darin, bei den letzten schulischen Hürden unterstützend zu helfen und/oder einen Job bzw. eine Lehrstelle zu finden.

JobMobil-Börse Frankfurt: Prima Erfolg für PATENMODELL

Anfang April 2011 fand zum dritten Mal die Frankfurter JobMobil-Börse statt. […]
Ziel der JobMobil-Börse ist es, Ausbildungsbetriebe und Jugendliche miteinander ins Gespräch zu bringen. In diesem Jahr stellten sich 30 Unternehmen vor. Das Jobcenter Frankfurt am Main als Veranstalterin konnte sich über mehr als 1200 Besucher freuen, vorwiegend junge Erwachsene, Eltern und Vertreter aus der Wirtschaft. Das ist ein neuer Rekord in der dreijährigen Geschichte der Veranstaltung. […]

http://www.patenmodell.de/standorte/startseite-hessen/frankfurt/aktuelles/

Quelle:
www.patenschaften-aktiv.de

Informationsmöglichkeiten im Internet

Bei der Ausbildungs- und Jobsuche kann auch das Internet behilflich sein.

B Christian hat es geschafft, er hat alle seine Prüfungen erfolgreich absolviert und seinen Sekundarabschluss in der Tasche. Viel Zeit zum Feiern bleibt ihm allerdings leider nicht, er hat noch immer keinen Ausbildungsplatz, alle Bewerbungen und Bewerbungsgespräche sind gescheitert und so langsam drängt die Zeit. Von seinen Eltern hört er seit Wochen die gleichen Sätze: „Bemüh dich mal um eine Lehrstelle, so wie du das angehst, kann das ja nichts werden! Wozu bist du denn immer im Internet?“

1. Ermittle, welche Unternehmen in deiner Region das Programm „Jobpaten“ anbieten, und notiere dir die Ziele, warum sie dieses tun. ○

Alternativen zum sofortigen Berufseinstieg

INFO

www.jugendbildungswerk-kassel.de/HTML/6/6_ind.html
www.praktikum.de
www.prabo.de

Das Projekt „IBJA plus A“ ist ein Beratungsangebot, dass sich an arbeitslose Jugendliche, junge Erwachsene und Schülerinnen und Schüler richtet. Ziel des Projekts ist es, arbeitslosen Jugendlichen alle mit der Berufsberatung verbundenen Hilfen und Maßnahmen zu ermöglichen. Es besteht die Möglichkeit, sich beraten zu lassen, Hilfen bei der Formulierung von Bewerbungen zu bekommen oder Unterstützung bei der grundsätzlichen Entwicklung von Berufswünschen.

Solche und ähnliche Projekte werden allerdings nicht nur von der Stadt Kassel, sondern auch in anderen Regionen angeboten.

Eine weitere Möglichkeit, die Zeit der Arbeitslosigkeit oder das Warten auf eine beginnende Ausbildungsstelle zu nutzen, bietet die Volkshochschule. Hier werden regelmäßig Kurse zu den unterschiedlichsten Themenfeldern angeboten. Jeder hat gegen eine gewisse Kursgebühr die Möglichkeit, z. B. Sprachen zu erlernen, den Umgang mit dem Computer zu verbessern oder andere Weiterbildungsmaßnahmen zu besuchen. Jede zusätzlich erworbene Qualifikation kann einem möglicherweise schon bei der nächsten Bewerbung helfen, einen Ausbildungs- oder Arbeitsplatz zu bekommen.

Gerade in der heutigen Zeit wird von Arbeitgebern immer mehr darauf geachtet, ob sich ein Bewerber in der Vergangenheit engagiert und weitergebildet oder ob er seine Freizeit nur zur Entspannung genutzt hat. Wichtig ist es also, vorhandene „Wartezeiten“ nicht sinnlos verstreichen zu lassen.

Durch Praktika kann man erste Erfahrungen in einem Beruf oder in einem Betrieb sammeln. Auch besteht in einigen Fällen die Möglichkeit, nach dem Praktikum in eine Ausbildung übernommen zu werden. Auch hier bietet das Internet viele Informationen. Es ist aber nicht immer ganz einfach, einen geeigneten Praktikumsplatz zu finden.

1. Nenne Gründe, warum sich eine hohe Eigeninitiative bei der Berufswahl lohnt.

2. Bewertet die folgenden Forderungen der DGB-Jugend.
- „In Branchen und Unternehmen, die keine gute Ausbildung garantieren, muss ein Umdenken stattfinden und müssen endlich die Mängel in der Ausbildungsqualität beseitigt werden. Nur so werden sie für Jugendliche attraktiv.“
- „Eine höhere Ausbildungsvergütung und eine verbindliche Übernahme nach der Ausbildung sind notwendig aus Sicht der Auszubildenden. Wenn die Unternehmen Fachkräfte brauchen, dann müssen sie auf diese Forderungen eingehen.“

Trendwende auf dem Ausbildungsmarkt

Die Situation für Jugendliche auf dem Ausbildungsmarkt hat sich in den letzten Jahren deutlich verbessert. Und das obwohl die Zahl der Jugendlichen, die sich in einem Ausbildungsverhältnis befinden, in fast allen Bereichen abgenommen hat.

Das Land Hessen meldete, dass sich Ende 2011 etwa 103 700 Jugendliche in einer betrieblichen Ausbildung im dualen System befunden haben. Die Anzahl der Auszubildenden ging damit gegenüber dem Vorjahr um fast 2 000 Ausbildungsverhältnisse zurück. In den Bereichen „Industrie und Handel" und „Handwerk" wurden alleine 1 800 Auszubildende weniger gezählt als im Vorjahr.

Ein wesentlicher Grund für diese Entwicklung ist der demografische Wandel. Durch den demografischen Wandel ist die Anzahl der Schüler und damit auch der Schulabgänger in der Summe gesunken. Damit hat sich gleichzeitig die Schwierigkeit der Jugendlichen, einen Ausbildungsplatz zu finden, reduziert. Diese Entwicklung beruht auf der Tatsache, dass einer gleichen Anzahl an Ausbildungsplätzen nun weniger Bewerber gegenüberstehen. Dieser Trend wird sich in den nächsten Jahren weiter fortsetzen. Erfreulich ist in diesem Zusammenhang auch, dass es weniger arbeitslose Jugendliche gibt. Aus dieser Entwicklung lässt sich folgern, dass für fertig ausgelernte Auszubildende nach dem erfolgreichem Absolvieren ihrer Abschlussprüfung eine weitaus bessere Chance besteht, eine feste Anstellung zu erhalten.

Auch wenn sich ein positiver Trend auf dem Ausbildungsstellenmarkt erkennen lässt, ist es wichtig, dass sich Jugendliche genau überlegen, welchen Beruf sie gerne erlernen und später ausüben möchten. Denn auch wenn das Angebot aufgrund der gesunkenen Schulabgänger größer geworden ist, die Aufgabe, sich den richtigen Ausbildungsberuf auszusuchen, wird dadurch nicht einfacher. Aus diesem Grund solltet ihr schon bei der Wahl des Betriebspraktikums überlegt vorgehen, um diese Erfahrungen bei der Entscheidung für oder gegen einen bestimmten Ausbildungsberuf verwenden zu können.

1. Führt eine Internetrecherche zur Ausbildungssituation in Hessen durch. Untersucht dabei genauer, wie sich das Angebot und die Nachfrage an Ausbildungsplätzen in den letzten beiden Jahren verändert haben. Präsentiert und vergleicht eure Ergebnisse in der Klasse.

2. Beurteilt im Anschluss die neue Situation auf dem Ausbildungsmarkt in Hessen hinsichtlich eurer eigenen Berufswahl. Führt Gründe an, warum es zwischen den einzelnen Bereichen ggf. zu unterschiedlichen Entwicklungstendenzen kommt.

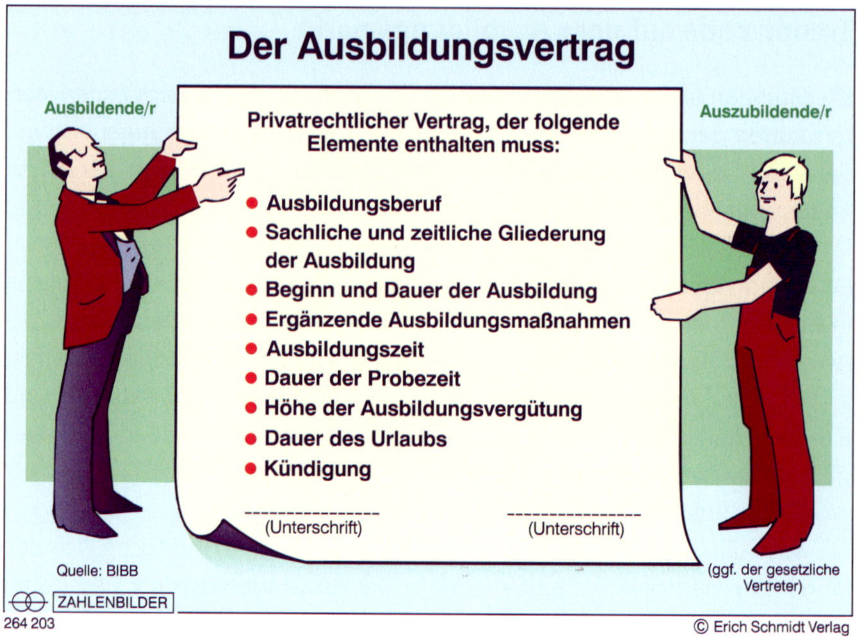

5 Der Start in den Ausbildungsberuf

Bei Meinungsverschiedenheiten hilft der Ausbilder, die Jugendvertretung oder der Betriebsrat.

Den Ablauf eines Bewerbungsverfahrens habt ihr bereits kennengelernt. Wenn ihr einen Ausbildungsplatz gefunden habt, müsst ihr euch auf eure neue Rolle als Auszubildende/er vorbereiten. Dazu gehört, dass ihr euch mit den rechtlichen Grundlagen als Auszubildende/er auseinandersetzt.

Der Ausbildungsvertrag

Das Wichtigste zu Beginn der Ausbildung ist der Abschluss eines Ausbildungsvertrages. Er unterliegt den Bestimmungen des Berufsbildungsgesetzes (BBiG). Darin sind die Rechte und Pflichten der Auszubildenden enthalten (vgl. Abbildung „Der Ausbildungsvertrag").

Überwachung der Ausbildung

Die Kammern haben u. a. folgende Aufgaben:

- Festsetzung, welche Betriebe für eine Ausbildung geeignet sind
- Entscheidung über die Zulassung zur Abschlussprüfung
- Überwachung und Förderung der Berufsausbildung
- Schlichtung von Streitigkeiten zwischen Auszubildenden und Ausbildenden

INFO

Die Überwachung der Ausbildung erfolgt über Kammern. Das sind berufsständische Vertretungen, die gesetzlich eingerichtet und staatlich beaufsichtigt werden (z. B. die Industrie- und Handelskammer (IHK) oder die Handwerkskammer).

1. Informiere dich bei der IHK und/oder Handwerkskammer über die Ausbildungsordnung für deinen Wunschberuf.

2. Begründe, warum ein Ausbildungsvertrag sowohl für den Auszubildenden als auch für den Arbeitgeber wichtig ist.

Jugendarbeitsschutz

Q Der Kinder- und Jugendarbeitsschutz verfolgt das Ziel, Kinder vor einer zu frühen Arbeitsaufnahme zu schützen und Jugendliche entsprechend ihrem körperlichen und geistigen Entwicklungsstand vor Überbeanspruchung und vor den Gefahren am Arbeitsplatz zu bewahren. Kinder und Jugendliche benötigen besonderen Schutz vor gesundheitsgefährdenden Belastungen in der Arbeitswelt.

Bei der Beschäftigung Jugendlicher sind weitreichende Bestimmungen zum Schutze ihrer Gesundheit und ungestörten Entwicklung zu beachten. So dürfen Jugendliche z. B. nicht mit gefährlichen Arbeiten oder zur Nachtzeit beschäftigt werden. Ihre Arbeitszeit ist auf höchstens 8 Stunden pro Tag und auf 5 Tage pro Woche begrenzt.

Die Beschäftigung von Kindern ist in der Bundesrepublik Deutschland grundsätzlich verboten. Lediglich Kinder über 13 Jahre dürfen an 2 Stunden (in landwirtschaftlichen Familienbetrieben bis zu 3 Stunden) an 5 Tagen in der Woche mit leichten und für sie geeigneten Tätigkeiten beschäftigt werden. Welche Tätigkeiten als leicht gelten, ist in einer Kinderarbeitsschutzverordnung aufgeführt.
Die Regierungspräsidien überwachen, ob die zum Schutz der Kinder erlassenen Beschäftigungsverbote und die zum Schutz der Jugendlichen bei der Arbeit erlassenen Rechtsvorschriften eingehalten werden. Sie können auf Antrag in bestimmten Fällen Ausnahmen zulassen.

Quelle:
www.hsm.hessen.de

Meinungsverschiedenheiten in der Berufsausbildung. Was tun?

Berufsausbildungsvertrag und Jugendarbeitsschutzgesetz schützen einerseits die Auszubildenden, andererseits nennen sie aber auch Pflichten, die die Jugendlichen zu erfüllen haben, z. B. die Einhaltung der Arbeitszeiten und Pausen. Immer wieder wird es vorkomnmen, dass die eine oder andere Seite Rechte oder Pflichten verletzt.

Bei Problemen haben Auszubildende die Möglichkeit, sich an die Jugend- und Auszubildendenvertretung zu wenden. Deren Aufgabe besteht u. a. auch darin, die Einhaltung von Vorschriften und Vereinbarungen zugunsten der Jugendlichen zu überwachen. Des Weiteren steht die Jugend- und Auszubildendenvertretung im engen Kontakt mit dem Betriebsrat, mit dem wichtige Beschwerden oder Anregungen diskutiert werden können.

Außerhalb des Betriebes kann man sich an die Kammern, aber auch an Arbeitnehmervertretungen wenden.

1. Nenne Personen oder Institutionen, die bei Meinungsverschiedenheiten bei der Arbeit eingeschaltet werden können. ○

B Zwei Schulfreundinnen treffen sich zufällig zehn Jahre nach der Schulentlassung. „Hallo Sabine!" „Hallo Yasemin! Wir haben uns ja schon lange nicht mehr gesehen, wie geht es dir, was hast du in der Zwischenzeit gemacht?"
Sabine erzählt: „Nach der Schule wollte ich ja Goldschmiedin werden, leider habe ich keine Ausbildungsstelle bekommen, dann bin ich ein Jahr als Au-pair nach England gegangen. Danach habe ich ein Praktikum bei einem Goldschmied gemacht und die haben mir dann einen Ausbildungsplatz angeboten. Während der Ausbildung habe ich Klaus kennengelernt und wir haben nach meiner Ausbildung geheiratet. Ein Jahr habe ich dann in meinem Beruf gearbeitet und bin dann schwanger geworden und als Christoph kam, habe ich das Babyjahr genommen. In diesem Jahr habe ich überlegt, dass es toll wäre, selbstständig zu sein, aber dafür brauchte ich noch eine kaufmännische Ausbildung als Zusatzqualifikation. Das habe ich in drei Jahren im Abendstudium gemacht. Jetzt geht der Kleine in den Kindergarten und ich bin seit einem Jahr selbstständig. Das ist sehr anstrengend, aber ich bin erfolgreich."

Was wir erkennen können:
- Der berufliche Werdegang ist nicht immer geradlinig.
- Man spricht von einer zunehmenden bruchstückhaften (fragmentierten) Berufsbiografie oder auch von einer Patchwork-Berufsbiografie.
- Während der Erwerbstätigkeit oder auch in Urlaubspausen kann Weiterbildung stattfinden.

B „Hallo Eva, wie war denn dein Bewerbungsgespräch bei Hollwege?"
„Hör bloß auf, der Tag war wie verhext. Mutters Auto sprang nicht an, zum Glück hatte ich morgens schon Beruhigungspillen genommen. Wir kamen also zu spät, aber sie haben mir noch eine Chance gegeben, weil Mutter die Schuld auf sich genommen hat. Sie haben gemeint, in einem solchen Fall sollte ich dort anrufen! Dann haben sie lauter Fragen zum Betrieb gestellt, damit habe ich gar nicht gerechnet. Beim Blick auf meine Sneekers hat mir der Personalchef dann auch noch ... ich kann mir doch nicht auch noch neue Schuhe kaufen!"

Aus Evas Problemen kannst du Folgendes lernen:
- Bereite dich auf das Bewerbungsgespräch vor, indem du dir überlegst, was man dich fragen könnte und wie du darauf antworten könntest.
- Plane deinen Weg zum Betrieb.
- Nimm keine Beruhigungsmittel ein!
- Rufe bei einer absehbaren Verspätung im Betrieb an.
- Erkundige dich im Internet darüber, was das Unternehmen genau macht, wie groß es ist, wo sich überall Standorte befinden usw.
- Wähle für das Gespräch angemessene Kleidung aus.

B Michael erzählt seiner Tante stolz, dass seine Entscheidung gefallen ist, er will nach der Schule sofort die Lehre als Tischler beginnen und wird dann alle Möbel selber bauen. Die Tante weist darauf hin, dass es in der Kleinstadt nur noch zwei Tischlereien gibt und die kämpfen schon ums Überleben.

Was wir hier erkennen können:
- Wichtig ist es, eine Entscheidung zu treffen.
- Ohne sorgfältige Recherchen zum Wunschberuf, zu den Ausbildungsmöglichkeiten und einer Analyse der Chancen in der Region sowie den Zukunftsaussichten in dem Beruf sollte man allerdings keine Entscheidung treffen.
- Michael geht fest davon aus, dass es klappt, und denkt nicht über Alternativen nach.

B Vater erzählt beim Abendessen, dass er in diesem Jahr viele Bewerbungen in seinem Fotoatelier bekommen hat. „Ja, viele junge Leute wollen eine Ausbildung in diesem Bereich machen, aber die Bewerbungen sind grauenhaft. Von den fast 30 Bewerbungen kann ich nur vier Jugendliche zum Vorstellungsgespräch zulassen. Die Bewerbungen sind unvollständig, strotzen nur so von Rechtschreibfehlern und sind sprachlich sehr schwach, ganz zu schweigen von den Formfehlern."

Damit dir das nicht passiert:
- Achte auf die Formvorschriften, z. B. Infokasten Bewerbung und Lebenslauf auf Seite 14.
- Lass deine Bewerbung von Eltern oder Lehrern überprüfen.
- Benutze Rechtschreibprogramme.
- Lass deine Bewerbungsfotos von einem Fotografen erstellen.
- Schau dir das Interview auf Seite 20 noch einmal genau an.

B Beate hat das ganze Berufswahl- und Testprogramm hinter sich gebracht und an zwei Betriebspraktika teilgenommen. Man kann wirklich nicht sagen, dass sie sich nicht informiert hat. Das Bewerbungsschreiben hat sie der Lehrerin zur Korrektur gegeben. Für die Bewerbungsgespräche hat sie mit ihrer Freundin Sabine Rollenspiele zur Vorbereitung gemacht. Einen Ausbildungsplatz hat sie aber nicht bekommen. Sie ist sehr verzweifelt und will auf keinen Fall weiter zur Schule gehen.

1. Gib Beate Tipps, was sie noch machen kann. ●

a) Sieh dir dazu noch mal das letzte Kapitel an.
b) Befrage Leute, die bereits im Berufsleben stehen.
c) Recherchiere im Internet.
d) Erstelle für Beate einen Plan, wie sie nun vorgehen sollte.

Die Entscheidung über die berufliche Zukunft ist nicht nur persönlich von großer Bedeutung, sie sollte vor allem auch rechtzeitig und umfassend geplant werden. Dabei steht zuerst die Wahl zwischen einer Ausbildung oder einer weiterführenden Schule im Vordergrund, und auch der erreichte Schulabschluss spielt eine Rolle. Hat man sich für eine Berufsausbildung entschieden, steht als Erstes die Suche nach einem Ausbildungsplatz an, um sich dann bei Betrieben zu bewerben. Eine Bewerbung umfasst das Bewerbungsanschreiben, den Lebenslauf, evtl. einen Einstellungstest und ein Vorstellungsgespräch. War man erfolgreich bei der Bewerbung um einen Ausbildungsplatz, schließt man mit dem jeweiligen Betrieb einen Ausbildungsvertrag ab.

Mit den folgenden Aufgaben könnt ihr euer Wissen zu diesem Kapitel überprüfen.

1. Suche unter www.berufenet.de mögliche Ausbildungsplätze für deinen Berufswunsch in deiner Region heraus. ○

2. Führt ein Rollenspiel mithilfe der Methoden auf Seite 19 durch. Nehmt das Rollenspiel auf Video auf, um hinterher selbst zu beurteilen, was ihr gut gemacht habt und was ihr noch verbessern könnt. ●

3. Ermittle die Fehler im folgenden Bewerbungsanschreiben. ◒

Zweirad-Center Maier
Oberer Stephansweg 2
67890 Altdorf

Neustadt, 2. Juli 20..

Jessica Springer
Koblenzer Str. 2
12345 Neustadt
Tel.: 05432/7890

Bewerbung

Sehr geehrte Dame,

In der Zeitung habe ich gelesen, dass Sie einen Ausbildungsplatz anbieten.

Ich mache gerne Fahrradtouren und aus diesem Grund hätte ich diesen Ausbildungsplatz gerne. Außerdem sagen meine Eltern, dass ich handwerklich geschickt bin.

Im Sommer habe ich die Schule beendet.

Ich würde mich sehr freuen, wenn wir uns einmal zusammensetzen könnten, um alles zu besprechen. Montag Nachmittag hätte ich dafür immer Zeit.

Tschüß,

Jessica Springer

Anlagen
Zeugnis kommt noch
Kopie des Personalausweises

4. Fasse stichpunktartig zusammen, was der Unternehmerin auf Seite 20 bei der Bewerbung und im Bewerbungsgespräch wichtig ist und was ihr gar nicht gefällt. ○

5. Informiere dich im Internet über die Arbeitslosenquote von Jugendlichen und jungen Erwachsenen in Deutschland, Spanien, Frankreich und den Niederlanden. Vergleiche und beurteile deine Ergebnisse. ◒

6. Begründe, warum eine erfolglose Ausbildungsplatzsuche keine Einbahnstraße ist. ◒

7. Notiere dir die wichtigsten Bestandteile eines Ausbildungsvertrages. ○

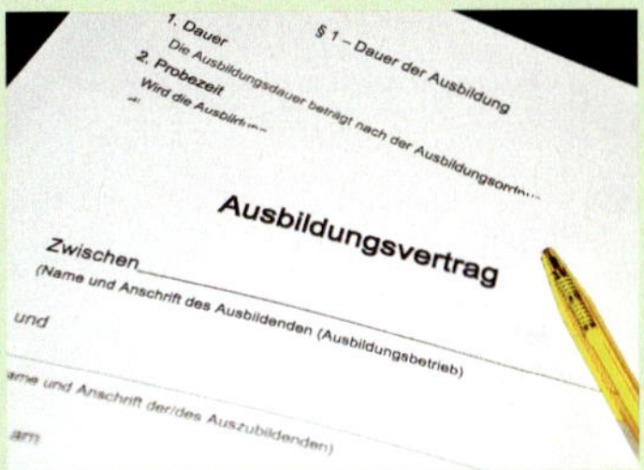

Q

Blitzumfrage der DGB-Jugend Nordhessen zum 1. Mai: Nur 52 % der Azubis haben eine Übernahmezusage nach der Ausbildung

DGB-Jugend fordert unbefristete Übernahme!

Kurz vor dem Ende ihrer Ausbildung wissen viele nordhessischen Azubis immer noch nicht, wie es für sie nach ihrer Ausbildung beruflich weitergeht. Dies geht aus einer aktuellen Blitzumfrage der nordhessischen DGB-Jugend hervor. „Nur 52 % der Auszubildenden haben bisher eine Übernahmezusage vom Arbeitgeber. Angesichts der Diskussion um den sogenannten Fachkräftemangel ist das nicht hinnehmbar“, sagt André Schönewolf, Jugendbildungsreferent beim DGB Nordhessen.

21 % der Befragten wissen bereits jetzt, dass sie nicht übernommen werden und weitere 27 % haben bisher keine Informationen. „Wer die Fachkräfte in der Region halten will, muss ihnen spätestens jetzt die Übernahme zusichern“, appelliert Schönewolf an die Betriebe. Hinzu komme, dass insgesamt nur die Hälfte der Jugendlichen mit Übernahmezusage einen unbefristeten Arbeitsvertrag erhalten werden. „Daher wird die Gewerkschaftsjugend ihre Forderung nach der unbefristeten Übernahme am 1. Mai in den Fokus ihrer Aktionen stellen. Wir werden laut sein gegen prekäre Beschäftigungsverhältnisse, die der jungen Generation keine Perspektive bieten“, so der Gewerkschafter. […]

Quelle:
http://hessen-thueringen.dgb.de/themen/++co++634cfdc0-8e25-11e1-454e-00188b4dc422/@@index.html

8. Diskutiert diesen Artikel in einer kleinen Gruppe und überlegt euch eigene Maßnahmen gegen Arbeitslosigkeit nach der Ausbildung. ◒

9. Stelle für die folgenden Berufe Möglichkeiten zusammen, die man hat, wenn man nach der Ausbildung nicht übernommen wird. ●
- Bäcker
- Tischler
- Einzelhandelskauffrau

Bewerbung

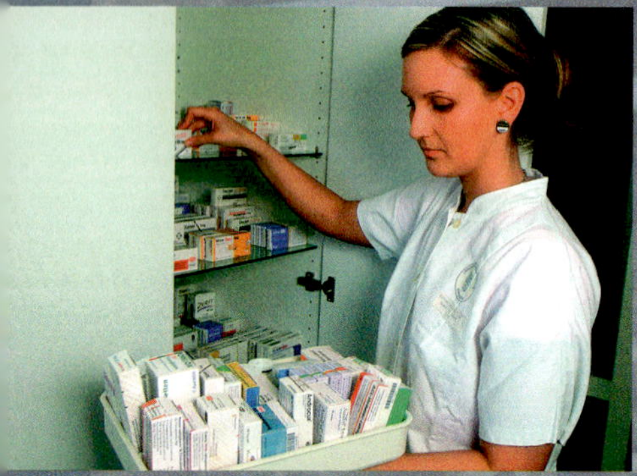

Das Betriebspraktikum

Das Betriebspraktikum ist eine wichtige schulische Veranstaltung, um erste Erfahrungen sowie Einblicke in die Arbeits- und Wirtschaftswelt zu erlangen. Durch das Kennenlernen von Betriebsstrukturen, verschiedenen Arbeitsplätzen sowie durch den Umgang mit Beschäftigten oder sogar Auszubildenden lassen sich die bisherigen Vorstellungen zur Arbeitswelt genauer untersuchen.

Im Einzelnen geht es darum:

- **In welche Phasen lässt sich das Betriebspraktikums unterteilen und was kennzeichnet die einzelnen Phasen?**
- **Was sind die typischen Aufgaben bei der Vorbereitung, Durchführung und Auswertung?**
- **Welche wesentlichen organisatorischen, technischen und inhaltlichen Vorbereitungen sind zu beachten?**
- **Welchen Aufgabe haben die Praktikumsmappe und der Praktikumsbericht?**
- **Welche Rückschlüsse lassen sich bei der Auswertung des Betriebspraktikums für eure künftige Berufswahlentscheidung ziehen?**

1 Das Betriebspraktikum

Im Betriebspraktikum kann man nicht nur Informationen zur Berufs- und Studienwahl und zu den Aufgaben und der Organisation von Betrieben bekommen, sondern, was noch viel wichtiger ist, es können auch erste eigene betriebliche Erfahrungen gesammelt werden.

Dabei darf man nicht außer Acht lassen, dass die Zufriedenheit von den Tätigkeiten abhängt, die man in einem Betrieb als Praktikant erledigen kann, aber auch von den Kolleginnen und Kollegen, denen man begegnet. In einer Rechtsanwaltskanzlei, in der Geheimhaltung, juristisches Fachwissen und selten praktische Arbeit gefordert ist, kann der Tag für einen Praktikanten sehr langweilig werden, während es in einem Kfz-Betrieb viele Aufgaben für Praktikanten geben kann.

Praktikanten prüfen die Oberfläche einer Brandschutzscheibe.

Wie ihr mit den Mitarbeiterinnen und Mitarbeitern in einem Unternehmen auskommt, hängt auch von eurer eigenen Persönlichkeit und Bereitschaft ab, die Zeit des Praktikums intensiv für neue Erfahrungen zu nutzen sowie davon, wie interessiert und hilfsbereit oder kommunikativ ihr seid.

Häufig hat man aber auch nicht den Wunsch-Praktikumsplatz gefunden, weil man sich zu spät gekümmert hat oder weil es in der Region keine oder wenig Angebote für den gewünschten Betrieb gibt.

Erfahrungen, die man im Praktikum für die künftige berufliche Orientierung sammeln kann sind z. B. folgende:

- Wie geht man bei der Arbeitsplatzsuche vor, woran sollte man denken (Qualifikationen, Neigung, Interesse, Ausbildungsweg ...)?
- Welche Betriebe gibt es in der Region, welche Berufe gibt es dort?
- Wie haben sich die Anforderungen an bestimmte Arbeitsplätze entwickelt, wie können sich Arbeitnehmer darauf einstellen?
- Welche Aufgaben hat ein Betrieb?
- Wie ist ein Betrieb aufgebaut, welche Berufe gibt es in den verschiedenen Abteilungen?
- Welche schulischen Voraussetzungen braucht man für die Berufe?
- Die Tätigkeiten, die man als Praktikant ausführen kann, sind nicht unbedingt dieselben wie die, die man in diesem Beruf tatsächlich ausüben muss.
- Achtung: Ausbildung in einem Betrieb heißt noch nicht Weiterbeschäftigung!
- Über die Praktikumspräsentationen der Mitschüler lassen sich weitere Berufe kennenlernen.
- Schließlich: Auch das Anstreben der Selbstständigkeit, d. h. das Gründen eines eigenen Betriebes, sollte man nicht aus den Augen verlieren. Diese Entscheidung muss aber gründlich überlegt und geplant werden.

Praktikanten in einer Gärtnerei

2 Die Vorbereitung

Bei der Kontaktaufnahme zu einem Betrieb gibt es einiges zu beachten, wenn man bei der Suche nach einem Praktikumsplatz erfolgreich sein möchte. Ihr habt die Möglichkeit, persönlich, schriftlich oder telefonisch Kontakt zu einem Betrieb aufzunehmen. Welches die richtige Vorgehensweise ist, hängt auch von der Art und der Größe des Betriebes ab. Bei kleineren und mittleren Betrieben ist die persönliche Vorstellung eher möglich als bei großen Betrieben. Hier solltet ihr lieber telefonisch oder schriftlich Kontakt aufnehmen. Diese Punkte können euch dabei helfen:

- Immer zuerst euren Namen nennen und sagen auf welche Schule ihr geht.
- Den Grund des Anrufs nennen.
- Den Termin des Praktikums bereithalten.
- Vorher Informationen über den Betrieb einholen (IHK, Internet, Bekannte usw.).
- Bei der persönlichen Vorstellung auf angemessene Kleidung achten.
- Gründe überlegen, warum ihr dort Praktikum machen wollt.

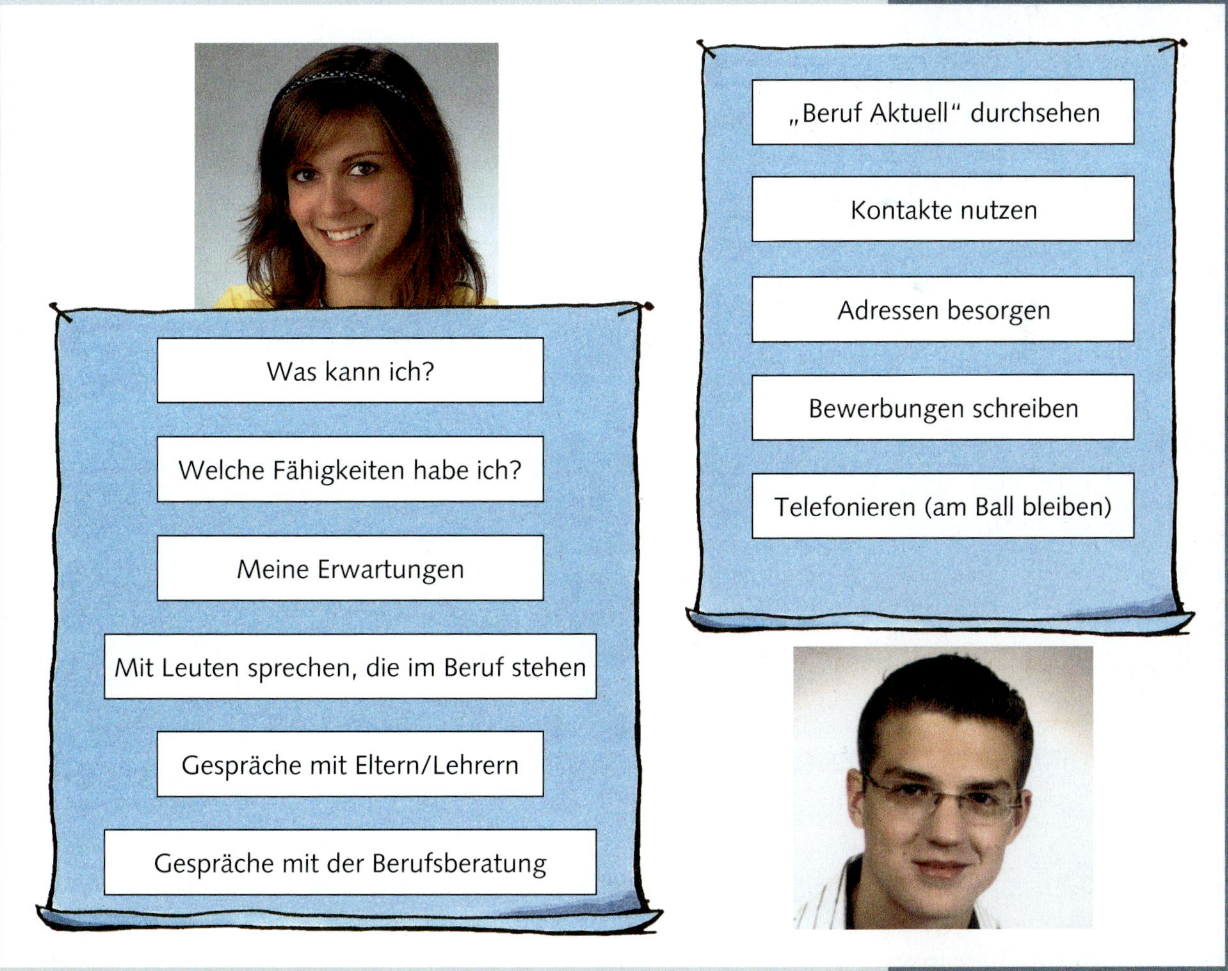

Hilfen für die Vorbereitung des Praktikums

1. Organisatorische Vorbereitungen
Bevor ihr euer Praktikum beginnt, gibt es einige Dinge, an die ihr denken und die ihr vorbereiten müsst:

- Welche Praktikumsbetriebe stehen uns zur Verfügung?
- In welchen Praktikumsbetrieb wollen die einzelnen Schüler?
- Welche rechtlichen Gesichtspunkte sind vorher zu klären, z. B. Unfallverhütungsvorschriften?
- Wie verhalten wir uns in bestimmten schwierigen Situationen, wenn z. B. Probleme mit dem betrieblichen Betreuer, Konflikte mit den Betriebsangehörigen auftreten?

Vorbereitung: Hintergrundwissen? Arbeitsplatz beschreiben? usw.

2. Technische Vorbereitungen:
Über welche Arbeitstechniken müssen wir verfügen? Dazu kann Folgendes gehören: Skizzen anfertigen, einen Arbeitsplatz beschreiben, ein Protokoll erstellen, einen Tagesbericht abfassen, ein Diagramm zeichnen, einen Produktionsablauf darstellen, eine Präsentation mit PowerPoint erstellen.

3. Inhaltliche Vorbereitungen:
Ohne Hintergrundwissen ist ein Betriebspraktikum nicht besonders ergiebig: Wer z. B. nichts mit den Begriffen „Absatz" oder „Aufbauorganisation" verbindet, wird im Betrieb all die Dinge übersehen, die sich dahinter verbergen und ohne die Betriebsabläufe nicht verstanden werden können.

Zeigt durch euer Wissen über betriebliche Abläufe Interesse im Praktikum. So könnt ihr am meisten lernen und auch viele Fragen stellen.

Während des Praktikums, aber auch danach, müsst ihr damit rechnen, dass euch Lehrer, Mitschüler und Eltern Fragen zu eurem Praktikumsbetrieb stellen, z. B.:
- Wie lange besteht der Betrieb schon und welche Zukunft hat er?
- Wie haben sich in den letzten Jahren die Arbeitsplätze entwickelt?
- Was wird dort hergestellt und wie wird es verkauft?
- Wie ist der Aufbau des Betriebs?
- Wie sieht der Herstellungsablauf aus?
- Welche Abteilungen gibt es?
- Was ist das Betriebsziel?
- Bietet der Betrieb Ausbildungsmöglichkeiten? Wenn ja, welche?
- Gibt es für die Mitarbeiter besondere Angebote?

Das bedeutet für euch: Augen auf und nachfragen! Sonst könnt ihr nicht beurteilen, ob der Betrieb für eine spätere Bewerbung infrage kommt.

Ihr müsst auch darauf vorbereitet sein, Fragen zu eurer Schule zu beantworten.

3 Die Praktikumsmappe

Im vorbereitenden Unterricht zu eurem Betriebspraktikum spielt die Praktikumsmappe bereits eine wichtige Rolle. Aus dem Unterricht ergeben sich Erkundungsaufgaben für das Betriebspraktikum, die ihr für die Mappe bearbeiten werdet. Deshalb ist es wichtig, folgende Punkte zu beachten:

- Gestaltung der Titelseite
  Schon bei der Titelseite der Praktikumsmappe solltet ihr euch Gedanken über eine ansprechende Gestaltung (z. B. Foto/Logo des Betriebes) passend zu eurem Praktikumsplatz machen. Die Titelseite ist die Visitenkarte eurer Mappe. Sie sollte euren Namen, den Namen des Praktikumsbetriebes, den Namen eurer Schule und den Zeitraum des Praktikums enthalten.

- Strukturierung des Inhalts
  Durch die im Unterricht bearbeiteten Inhalte ergeben sich für euch Beobachtungs- und Erkundungsaufgaben, die ihr in eurer Mappe aufbereiten sollt. Dadurch ergeben sich:
  - das Inhaltsverzeichnis,
  - Texte, Fotos, Abläufe, Interviews usw. zu den gestellten Aufgaben und
  - der Anhang (Zeichnung eures Arbeitsplatzes, Fotos, Prospekte, Verordnungen und Richtlinien, Muster, Proben, selbst erstellte Produkte, Videos usw.) für eure Mappe.

Während der Durchführung solltet ihr eure Praktikumsmappe immer im Blick haben und möglichst viele Informationen in einer Materialmappe sammeln. Achtet darauf, immer vorher zu fragen, wenn ihr etwas aus dem Betrieb mitnehmen möchtet oder Fotos oder Videos erstellt.

- Gestaltung des Textteils
  Beachtet bei der Gestaltung der Texte und Aufgaben, dass ihr sie einheitlich gestaltet. d. h.:
  - eine Schriftart
  - Schriftgröße für Überschriften und Texte
  - Zeilenabstand und Spaltenbreite
  - Bildunterschriften
  - Gestaltung der Seitenzahlen
  - usw.

- Sammeln von Informationen
  Da ihr euch für einen längeren Zeitraum in dem Betrieb befindet, ist es wichtig, dass ihr euch täglich Notizen über die Tagesabläufe macht, damit ihr bei der Auswertung nichts vergesst. Dazu eignet sich das Führen eines Praktikumstagebuchs, auf das ihr bei der Auswertung und der Gestaltung der Mappe zurückgreifen könnt. Aber auch Prospekte oder Werkstücke sind Informationen, die die Mappe bereichern.

Im Praktikum

Praktikumsbetrieb Dental-labor

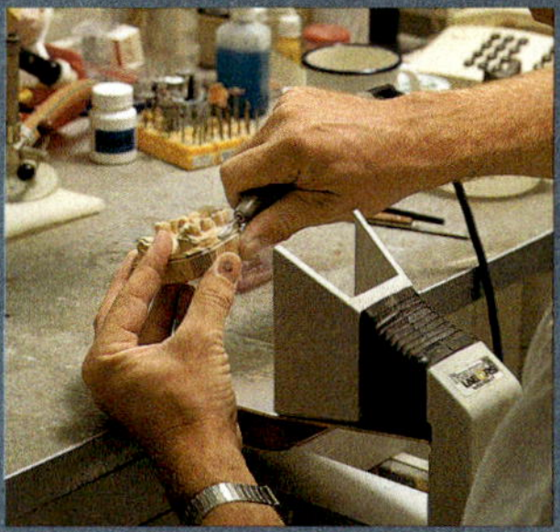

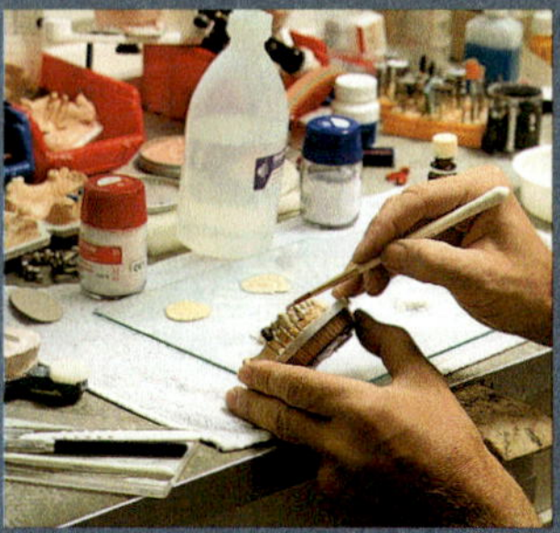

Arbeiten im Dentallabor

Abschlussbericht Zahntechniker/-in Dentallabor

B

Jennifer

Ich habe mir das Betriebspraktikum ganz anders vorgestellt. Ich dachte, die Betriebe stellen auch Zahnspangen her. Doch es war etwas anderes, der Betrieb hat sich auf Prothesen und Brücken spezialisiert. Ich hätte nicht gedacht, dass die Herstellung von Prothesen und Brücken so kompliziert und umfangreich ist. Die Anforderung an diese feine und präzise Arbeit ist sehr hoch gesetzt. Erst jetzt habe ich verstanden, wie genau und sorgfältig man arbeiten muss, damit Prothesen und Brücken später genau passen.

Die Vorbereitung vonseiten der Schule fand ich gut, weil:
- wir Unterweisung in der Unfallverhütungsvorschrift erhalten haben,
- ich das Gefühl hatte, ich könnte mich jederzeit, wenn es Probleme gibt, an die Schule oder den/die zuständigen Lehrer/-in wenden,
- die Lehrer mich dreimal im Ganzen besucht und betreut haben, kleine Probleme wurden schnell gelöst,
- ich ein Gespräch mit dem Berufsberater vorab hatte und er mich auf viele Dinge vorbereitet hat.

Ich könnte mir vorstellen, später in diesem Beruf zu arbeiten, doch wäre es interessant, auch einmal ein kaufmännisches Praktikum durchzuführen, um zu sehen, ob mir ein technischer oder kaufmännischer Beruf mehr liegt.
Große Anregungen für die schulische Arbeit habe ich nicht gewonnen, außer das konzentrierte Arbeiten, welches für die Schule und den Beruf, den man später erlernt, sehr wertvoll sein kann.

Kritik!
1. zu wenig Tagebuchblätter, vier Blätter sind zu wenig,
2. die Kopfdaten auf jedem Tagebuchblatt wiederholen sich,
3. zu wenig Platz beim Vordruck „Ausbildung im Praktikumsbetrieb“ der Tätigkeitsbeschreibungen 1.–4. Ausbildungsjahr.

1. Untersuche, inwieweit Jennifers Bericht ein gutes Bild von ihrem Praktikumsbetrieb liefert. Welche Aussagen würdest du noch ergänzen? ◒

2. Notiere, warum Jennifer die Vorbereitung des Praktikums in der Schule für sinnvoll hält. ○

3. Stelle für dein Praktikum zusammen, welche Vorbereitungen für dich noch notwendig wären. ○

4. Zeige auf und begründe, inwieweit die Art und Weise der Vorbereitung in der Schule auch von der Art des Betriebes abhängig sein kann. ◒

4 Der Praktikumsbericht im Internet

Wenn ihr eine Veröffentlichung mit dem Medium Internet plant, solltet ihr bereits IT-Vorkenntnisse haben. Ohne die ist diese Arbeit leider nicht zu leisten. Zusätzlich werdet ihr auf die Hilfe der computerbeauftragten Lehrkräfte bzw. Schüler zurückgreifen müssen, z. B. zum Einscannen von Bildern oder bei der Übertragung eurer Seiten in das Internet.

Eine Onlineveröffentlichung hat folgende Vorteile:
- Prinzipiell können alle Medienarten (Text, Grafik, Fotos, Videosequenzen, Töne) miteinander verknüpft werden.
- Im Gegensatz zu einer Wandzeitung, die nur begrenzte Zeit ausgestellt wird, können Onlineprodukte beliebig lange veröffentlicht werden.
- Auch nach langer Zeit stehen eure Produkte sowohl den Schülerinnen und Schülern eurer Schule als auch anderen zur Verfügung. Dies kann bei der Wahl des Praktikumsplatzes (Vorabinformation über den Betrieb oder die Branche) nützlich sein und hilft u. U. dabei, die Qualität des Praktikums zu verbessern, indem alte Fehler nicht noch einmal gemacht werden.

Für eine Praktikumspräsentation im Internet gelten zunächst dieselben Regeln wie für andere Präsentationen.

Vorbereitung:
- Kann ich mit jemandem zusammenarbeiten (gleicher Beruf/Betrieb)?
- Welche Medien habe ich (Fotos, Texte, Prospekte)?
- Planung der Präsentation (Aufbau/Zeitbedarf, nötige Technik)
- Gliederung der Präsentation (Einleitung, Hauptteil, Schlusswort)

Erstellung:
- Zielgruppe (für wen soll die Präsentation sein?)
- sauber und übersichtlich arbeiten (Text durch Überschriften gliedern), nicht zu viele Texte (lange Texte vermeiden)
- Blickfänge schaffen (z. B. mit kleinen farbigen Punkten oder Icons. Sie gibt es kostenlos im Internet oder auf zahlreichen Clipart-CDs. Blickfänge sollen der Orientierung dienen und die Leser nicht verwirren)
- ansprechende Farben für Schrift und Hintergrund verwenden (auch hier gilt: weniger ist mehr und die Lesbarkeit darf nicht beeinträchtigt werden, z. B. durch dunkle Schrift auf dunklem Hintergrund)

Suchmaschinen wie www.metager.de oder die Seiten des Schulweb (www.schulweb.de) helfen euch beim Auffinden der entsprechenden Seiten.

1. Bevor ihr euch an die Veröffentlichung der eigenen Berichte macht, vergleicht ähnliche Beispiele anderer Schulen hinsichtlich der Übersichtlichkeit, Verständlichkeit und des Informationsgehaltes.

① **Eingabe**

- **Fotos**
  digitalisieren
  (scannen und evtl. nachbearbeiten)
- **Skizzen und Zeichnungen**
  scannen oder mit Zeichenprogramm herstellen
- **Texte**
  (z. B. mit Word schreiben)

② **Verarbeitung**

Daten als Internetseite zusammenstellen
z. B. mit:
HTML-Dateien herstellen
mit Netscape Composer (freeware)
Phase 5 (U. Meybohm) (freeware)
Frontpage (Microsoft)
uvm.

Anschließend:
Speichern der Seiten
auf einem PC

③ **Ausgabe**

Fertige Internetseite(n) veröffentlichen
Die Dateien müssen
auf einem Web-Server gespeichert
werden

z. B.
mit WS-FTP
SpeedCommander

und können mit einem Internetbrowser, z. B. Netscape, Firefox oder Internetexplorer angeschaut werden.

Der Ablauf bei der Erstellung von Websites

Eine Präsentation im Medium Internet stellt euch vor weitere Aufgaben. Eure Materialien bzw. Daten, die ihr veröffentlichen wollt, müssen in digitaler Form vorliegen, d. h. als Dateien. Anschließend müssen die Daten entsprechend aufbereitet werden, damit sie mit einem Internetbrowser lesbar sind. Die oben stehende Beschreibung der Arbeitsschritte bezieht sich hier nur auf die Darstellung von Texten und Bildern.

INFO

Wichtig: Die Bilder müssen als *.gif, *.jpg oder *.png abgespeichert werden, um von Browsern dargestellt werden zu können. Größer als 800 x 600 Pixel sollten sie auch nicht sein (besser kleiner), da sie sonst nicht auf den Bildschirm passen.

Hauptsächlich werden eure Praktikumsberichte aus Text bestehen. Für eine Dokumentation im Internet müssen diese Texte digital vorliegen, d. h. mit einer Textverarbeitung geschrieben und abgespeichert werden.
Bilder helfen nicht nur, einen Text aufzulockern, sie können auch Dinge veranschaulichen, also für die Leser eurer Beiträge leicht verständlich machen. Auch Bilder müssen digital, als Dateien, vorliegen. Fotos können dazu eingescannt werden. Genauso könnt ihr auch selbst gefertigte Skizzen oder Computerzeichnungen einscannen oder im richtigen Dateiformat speichern.

Bevor ihr euch an die Herstellung der Präsentation macht, noch ein Hinweis auf die Veröffentlichung im Internet: Eure Seiten müssen dazu auf der Festplatte eines Internetservers gespeichert werden. Wenn ihr eine Schulhomepage habt, sollte dies kein Problem sein.
In den meisten Schulen sind AGs oder bestimmte Lehrkräfte für die Pflege der Schulhomepage verantwortlich, und das „uploaden" eurer Seiten stellt für Geübte keinen großen Aufwand dar.
Zur Herstellung von HTML-Seiten genügt schon ein einfacher Editor (ein HTML-Editor ist ein Computerprogramm, mit dem man Internetseiten mit HTML-Code erstellen und abändern kann), bei dem dann aber alle HTML-Befehle einzeln eingegeben werden müssen. Einfacher geht es mit speziellen Programmen, wie z. B. dem Netscape Composer, einem Programm, das man sich kostenlos aus dem Internet herunterladen kann.

5 Checkliste vor dem Praktikum

1. Sammeln von möglichst vielen Informationen über den Betrieb schon vor dem Praktikum.

2. Überlegen, welche Fragen nach dem Praktikum auf dich zukommen können.

3. Im Betrieb erkundigen, ob Arbeitskleidung oder andere Dinge vorgeschrieben sind.

4. Die Erwartungen an das Praktikum aufschreiben und später mit den Erfahrungen vergleichen.

5. Eine Praktikumsmappe, Plastikhüllen und Stifte besorgen.

6. Fotoapparat oder Filmkamera besorgen.

7. Überlegen, ob Termine in Vereinen oder sonstige Verpflichtungen abgesagt werden müssen, da es evtl. Überschneidungen mit den Arbeitszeiten gibt.

8. Vorher den Weg zum Betrieb raussuchen und überlegen, mit welchen Verkehrsmitteln man den Praktikumsplatz erreicht.

9. Der Lehrkraft Informationen zu dem Betrieb für den geplanten Besuch geben.

10. Aufschreiben, welche Ideen du für eine Praktikumspräsentation hast.

Eine Schülerin holt sich Informationen zum Betrieb ein.

6 Reflektion zum Betriebspraktikum

Eine Reflexion ist ein Nachdenken über eine vergangene Situation. Man soll damit Positives und Negatives des Geschehenen herausfinden und daraus Schlüsse ziehen. Das bedeutet in diesem Fall, dass ihr euer durchgeführtes Praktikum noch einmal unter den folgenden Fragestellungen betrachtet und dann bewertet:

1. Habe ich den für mich richtigen Praktikumsplatz gefunden? Begründe! ◒

2. Welche Erwartungen habe ich an mein Betriebspraktium? ○

3. Aus welchen Gründen haben sich meine Erwartungen erfüllt oder nicht erfüllt? ○

4. In welcher Art und Weise hat mir die Vorbereitung im Unterricht geholfen? ○

5. Welches Wissen hat mir im Betrieb gefehlt? ○

6. Hat sich eine Situation ergeben, in der ich meine Rechte und Pflichten am Arbeitsplatz kennen musste? ○

7. Welche besonderen Möglichkeiten hatte ich, betriebliche Zusammenhänge kennenzulernen? ○

8. Welche Möglichkeiten hatte ich, Berufe kennenzulernen? Wer oder was hat mir geholfen? ○

9. Welchen Einfluss hat das Praktikum auf meine Ausbildungsplatzsuche? ◒

„Jetzt werden wir drei uns mal unter vier Augen unterhalten!"

„Ich verstehe nicht, warum hier so viele Unfälle passieren!"

10. Übertragt die nachfolgende Liste in eure Hefte und kreuzt die für euch zutreffenden Antworten an. Anschließend vergleicht ihr eure Aussagen und diskutiert die Abweichungen. Begründet dabei eure Einschätzungen.

Ich hatte den richtigen Praktikumsplatz.		Mein Praktikumsplatz war ungeeignet.	
Meine Erwartungen haben sich erfüllt.		Ich hatte andere Erwartungen.	
Ich war gut vorbereitet.		Mir fehlte es an Wissen über den Betrieb.	
Ich habe unterschiedliche Berufe kennengelernt.		Ich hatte keinen direkten Einblick in Berufe.	

11. Ergänze folgenden Satz: Jede Schule sollte ein Betriebspraktikum durchführen, weil …

Tipps für jüngere Schüler

12. Was gehört zur Vorbereitung des Betriebspraktikums?

13. Welche Abschlüsse könnt ihr in der Schule erwerben?

14. Suche aus „Beruf Aktuell" Berufe aus der IT-Branche heraus.

15. Auf den folgenden Fotos siehst du Berufe abgebildet. Was gehört dazu, diese Berufe ausüben zu können?

Fluglotse

Bäcker

Mechatronikerin

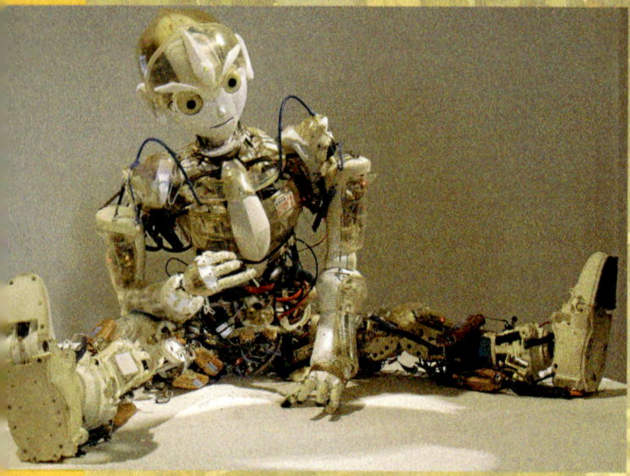

II Technische Systeme und Prozesse

In diesem Kapitel wird zunächst dargestellt, wie man bei der systematischen Untersuchung eines technischen Systems (Maschine) vorgehen sollte, um seine Funktionsweise verstehen zu können. Danach wird gezeigt, mit welcher Vorgehensweise eine technische Problemstellung (z. B. Weiterentwicklung eines technischen Gerätes) erfolgreich zu lösen ist. Es folgt eine Beschreibung, welchen Einfluss der Einsatz von Computern im Produktionsprozess hat. Den Abschluss bildet ein kurzer Überblick über die absehbare Entwicklung der Technik.

Im Einzelnen geht es darum:

- Wie untersucht man systematisch eine Maschine, um ihre Funktionsweise zu verstehen?

- Aus welchen grundlegenden Bauteilen ist jede Maschine aufgebaut?

- Welche Gesichtspunkte sind bei der Neu- oder Weiterentwicklung von Produkten zu beachten?

- Wie verändert der Einsatz von Computern den Fertigungsprozess von Produkten?

- Was versteht man unter CAD und welchen Einfluss hat der Einsatz auf die Produktion?

- Was sind die absehbaren Entwicklungen in der Technik?

1 Analyse und Entwicklung von technischen Systemen

Analyse technischer Systeme

Im Vordergrund technischer Analysen von Gebrauchsgegenständen steht meist ihre Funktionalität und Zuverlässigkeit. Bei der Untersuchung der Funktionalität werden meist folgende Kriterien überprüft:
- Erfüllt das Produkt die vorgesehenen Funktionen vollständig?
- Stimmt das Preis-Leistungs-Verhältnis?
- Werden die angegebenen Leistungsparameter erreicht (Stromverbrauch, Saugleistung u. Ä.)?
- Wie gut sind die Leistungsparameter im Vergleich zu anderen Geräten?
- Wie ist die Umweltverträglichkeit (Lärm, Luftverschmutzung, Energiebedarf, sind die eingesetzten Werkstoffe recycelbar)?
- Ist das Gerät vielseitig einsetzbar oder ist sein Einsatzbereich begrenzt?
- Ist die Funktionalität durch Zusatzgeräte erweiterbar?
- Ist das Gerät reparaturfreundlich durch seinen modularen Aufbau?

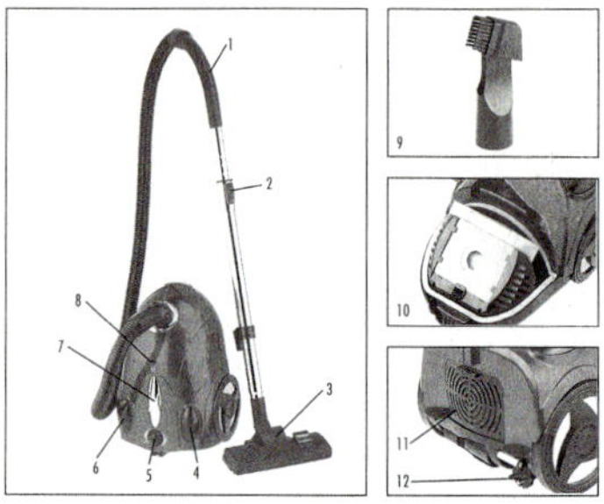

1. Nebenluftregler
2. 2-tlg. Metallsteckrohr
3. Umschaltbare Bodendüse
4. Fußtaste zum Einrollen des Netzkabels
5. Saugleistungsregler
6. Fußtaste ein- und ausschalten
7. Ausziehbarer Tragegriff
8. Filterwechselanzeige
9. 2 in 1 Kombidüse
10. Papierfilter
11. Abluftfilter
12. Netzkabel/Netzstecker

Aus der Gebrauchsanleitung eines Staubsaugers

Die Zuverlässigkeit von Produkten wird meist an folgenden Kriterien gemessen:
- Arbeitet das Gerät auch im Dauereinsatz zuverlässig?
- Ist die Sicherheit der Nutzer stets gewährleistet?
- Besitzt das Produkt eine hohe Lebensdauer?

Um zu verstehen, wie die technische Umsetzung der Produktidee erfolgte, erweist sich eine Demontage des Gebrauchsgegenstandes als hilfreich.

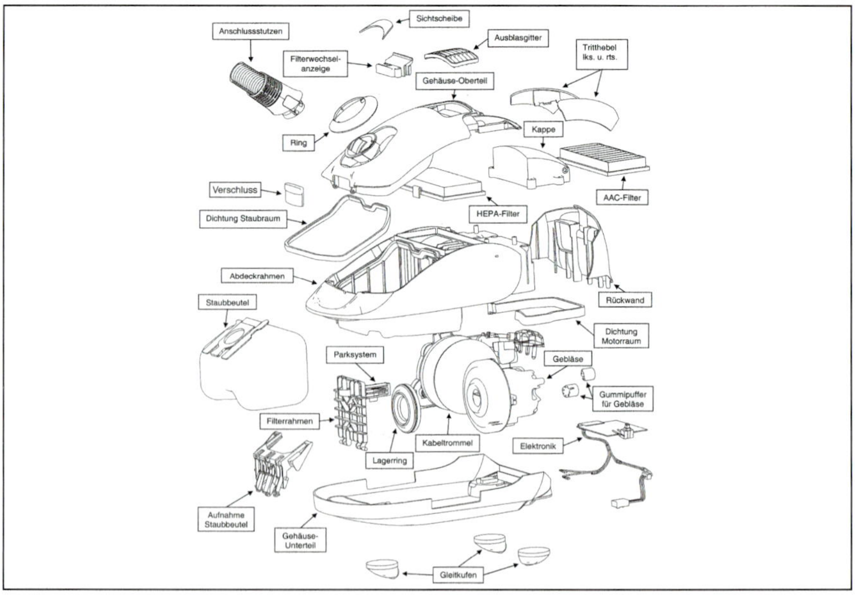

Explosionsdarstellung: Bauteile eines Staubsaugers

Wir demontieren einen nicht mehr gebrauchsfähigen Staubsauger. Dazu ist die Schrittfolge genau festzulegen:

1. Kontrolle, dass das Gerät vom Stromnetz getrennt ist
2. Entfernen der Filter
3. Demontage des Gehäuses
4. Lösen der Kontakte von Kabel und Schalter
5. Demontage der Kabelrolle
6. Demontage des Schiebereglers
7. Ausbau des Motors
8. Trennen von Motor und Gebläse usw.

INFO

Wichtiger Hinweis:
Der demontierte Staubsauger darf nur durch einen Fachmann wieder montiert und in Betrieb genommen werden!

Bauteil	Funktion
Filter	Schmutz und Staub zurückhalten
Gehäuse	Schutzhülle und Gestell zum Befestigen der Bauteile
Kabel	Stromzufuhr zum Motor
Schalter	Ein- und Ausschalten des Motors
Kabelrolle	automatisches Einrollen des Stromkabels
Schieberegler	Steuerung der Drehzahl des Motors
Motor	Antriebsorgan für das Gebläse
Gebläse	erzeugt Luftstrom zum Absaugen des Schmutzes
…	…

V6-Motor eines Pkw

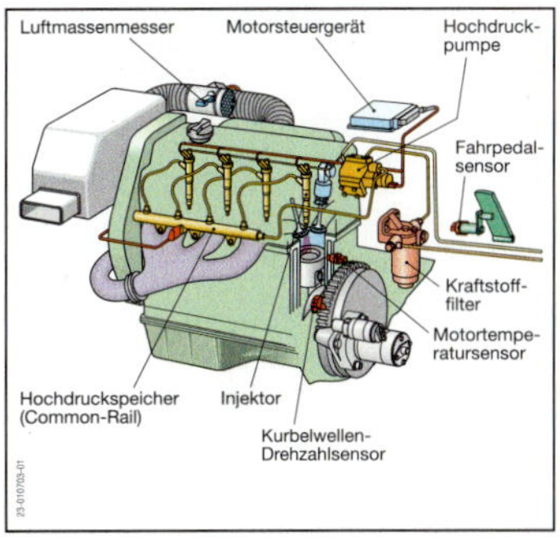

Dieselmotor

Da an der Demontage eines Gebrauchsgegenstandes nur eine begrenzte Zahl von Schülern mitarbeiten kann, ist es auch möglich, dass unterschiedliche Geräte von Schülergruppen demontiert werden. Ist eine Demontage aus bestimmten Gründen (Arbeitssicherheit) nicht möglich, kann auch eine Bildanalyse vorgenommen werden. Dafür wäre z. B. der Verbrennungsmotor eines Pkws geeignet. Um eine erste Vorstellung von einem solchen Motor zu erhalten, sollte der Gegenstand zunächst im Original betrachtet werden. Sehr günstig für eine technische Analyse sind Schnitt- oder Explosionsdarstellungen. Die ermittelten Bauteile werden ebenfalls in einer Tabelle festgehalten. Wichtig ist, dass die Funktion der Bauteile eines technischen Gegenstandes vor ihrer Demontage ermittelt und genau dokumentiert wird. Nur so ist es möglich, die konstruktive Gestaltung der Bauteile zu verstehen und später ihre Montage beim Zusammenbau des technischen Gegenstandes problemlos zu vollziehen. Dabei kann auch analysiert werden, welche konstruktiven Verbesserungen an einzelnen Bauteilen möglich wären.

1. Bestimme die Bauteile eines Gebrauchsgegenstandes und ermittle deren Funktion. Stelle deine Ergebnisse in einer Tabelle zusammen. ○

Um die Funktion der Bauteile des analysierten Gerätes näher zu bestimmen, sollte eine Zuordnung zu den Funktionsorganen erfolgen. Dazu soll die folgende Übersicht genutzt werden, die bereits aus Band 1 bekannt ist.

Funktion	Funktionsorgan	Beschreibung	Beispiel
Antreiben	Antriebsorgan	Antriebsenergie in geeigneter Form und Menge bereitstellen	Elektromotoren, Verbrennungsmotoren, Druckluftmotoren
Energie übertragen	Übertragungsorgan	Antriebsenergie an Arbeitsorgan weitergeben und deren Größe anpassen	Riemengetriebe, Zahnradgetriebe, Kurbelgetriebe, Rohrleitungen
Steuern/ Regeln	Steuerungsorgan	Informations- und Signalumsetzung zur Beeinflussung des Energie- und Stoffflusses	Schalter, Ventile, Steuer- und Regelgeräte
Stützen/ Tragen	Trägerorgan	Funktionsorgane zusammenhalten und führen, Kräfte aufnehmen und weiterleiten	Gestelle, Rahmen, Lager, Führungen, Säulen
Arbeiten	Arbeitsorgan	Verwirklicht die eigentliche Aufgabe der Maschine	Werkstück- und Werkzeugaufnahme

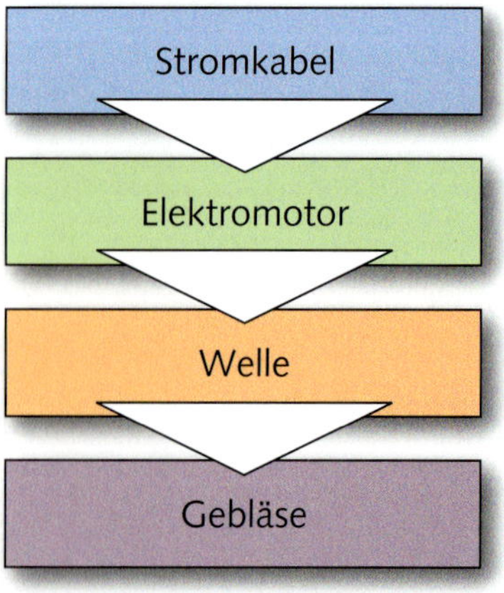

Diese Zuordnung kann ebenfalls in einer Tabelle erfolgen:

Funktionsorgan	Bauteile
Antriebsorgan	...
Übertragungsorgan	...
Steuerungsorgan	...
Trägerorgan	...
Arbeitsorgan	...

Daraus kann die Blockdarstellung für den Energie-, Informations- und Stofffluss entwickelt werden, z. B. nebenstehend der Energiefluss im Staubsauger. Eine Blockbilddarstellung erleichtert das Erkennen der Funktion der einzelnen Bauteile in der Maschine und ihre Zuordnung zu den Funktionsorganen. Auf diese Weise lassen sich auch komplizierte Maschinen leichter analysieren. Es wird untersucht, welchen Beitrag die einzelnen Bauteile der Maschine zur Erfüllung dieser Grundfunktion leisten. Daraus kann der Energie-, Stoff- und Informationsfluss in der Maschine abgeleitet und in einem Blockbild übersichtlich dargestellt werden.

1. Ordne die Bauteile des analysierten Gebrauchsgegenstandes den Funktionsorganen zu. ○

2. Stelle den Energie-, Stoff- und Informationsfluss des analysierten Gerätes in einem Blockbild dar. ●

Starthilfe zu Aufgabe 1: Orientiere dich an der oben abgebildeten Tabelle.

Verfahren zur Lösung technischer Problemstellungen

Bei einer Analyse technischer Geräte (z. B. Staubsauger, Auto) stellen wir immer wieder fest, dass sie, obwohl sie die gleiche Funktion erfüllen, ganz unterschiedlich gestaltet sind. Es ist immer ein Kompromiss zwischen unterschiedlichen, teils gegensätzlichen Anforderungen (z. B. wünschen sich Kunden eine hohe Leistung, erwarten aber gleichzeitig einen geringen Energieverbrauch). Es gibt daher in der Technik keine Ideallösung, sondern nur optimale Lösungen, bei denen die unterschiedlichen Anforderungen am besten kombiniert wurden.

Auch ist ein Produkt nur zeitlich begrenzt eine optimale Lösung. So ist ein Produkt schnell veraltet, wenn z. B. neue Werkstoffe auf den Markt kommen, die bei geringerem Gewicht die gleiche Festigkeit erreichen. Ein Unternehmen kann am Markt nur bestehen, wenn es seine Produkte ständig weiterentwickelt und stets überprüft, wie neue technische Entwicklungen, z. B. Nanotechnik, für die Erneuerung des Produktangebots genutzt werden können.

INFO

Unter **Modifikation** versteht man die Veränderung bzw. Weiterentwicklung eines Produktes. Ein modifiziertes Produkt ist kein grundsätzlich neues Produkt. Es wurde nur im Detail verändert, um die Gebrauchseigenschaften zu verbessern oder zu erweitern.

Das Vorgehen bei der Modifikation von Produkten ist allgemein durch folgende Schritte gekennzeichnet:

1. Erkennen der Notwendigkeit der Modifikation eines Produktes

Die Erkenntnis, dass ein Produkt modifiziert werden muss, kann verschiedene Ursachen haben:

- Der Absatz des Produktes geht zurück.
- Die Konkurrenz hat ein besseres Produkt auf den Markt gebracht.
- Es wurden neue Anwendungsbereiche erkannt.
- Die Nutzer wünschen einen erweiterten Anwendungsbereich.
- Die Forschung hat neue Funktionsprinzipien oder Werkstoffe entwickelt, die sich zur Weiterentwicklung des Produktes eignen.
- Die Rohstoff- und Energiepreise zwingen zu kostengünstigeren Produkten.

2. Ableitung einer technischen Aufgabenstellung

Es erfolgt zunächst eine Analyse, welche Eigenschaften oder Parameter des bisherigen Produktes verändert bzw. verbessert werden müssen. Daraus wird eine konkrete technische Aufgabenstellung abgeleitet, einschließlich des zu erreichenden Zieles.

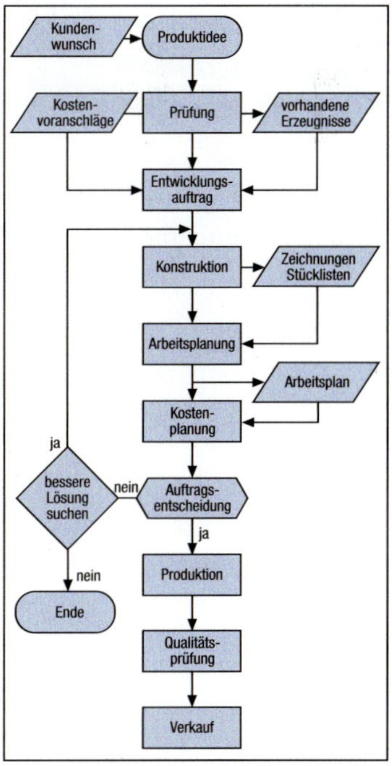

Flussdiagramm zur Produktentwicklung

B **Die Bemühungen um eine Verringerung des Kraftstoffverbrauchs bei Pkw**

In den letzten Jahren sind die Kraftstoffpreise erheblich angestiegen. Es ist zu erwarten, dass dieser Trend anhält, da die Vorräte an Öl immer knapper werden. Es gibt daher in den letzten Jahren verstärkte Bemühungen, durch eine Modifikation der Antriebssysteme bei Kraftfahrzeugen, den Kraftstoffverbrauch zu senken.

Hybridmotor

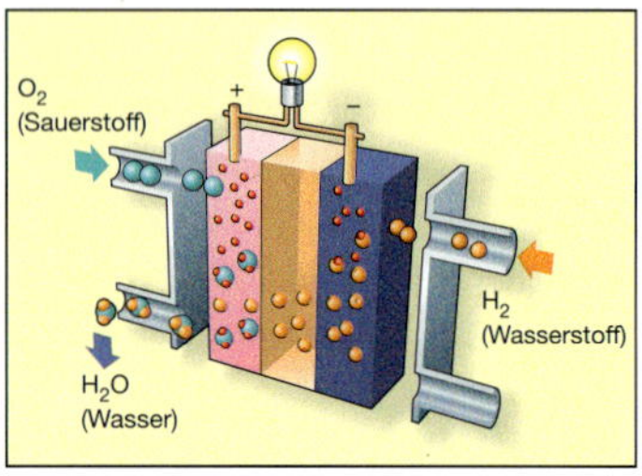

Brennstoffzelle

Auto mit Hybridantrieb

3. Erarbeiten von Lösungsvarianten

Da es für ein technisches Problem in der Regel nicht nur eine Lösung gibt, untersucht man verschiedene Lösungsvarianten. Dabei können die Ausgangspunkte für Lösungsvarianten sehr unterschiedlich sein. Ein Ansatzpunkt kann sein: Die vorhandene Lösung durch den Einsatz neuer Werkstoffe, die Veränderung einzelner Bauteile, durch den Einsatz von Steuerungssystemen zu optimieren. Ein anderer Lösungsansatz versucht völlig neue Wirkprinzipien zu nutzen, um auf diese Weise zu grundsätzlich neuen Lösungen zu gelangen.

B Im Automobilbau ist man auf der Suche nach Lösungen für einen geringeren Kraftstoffverbrauch genauso vorgegangen. Zunächst versuchte man, die vorhandenen Motoren zu optimieren, zugleich wurde nach völlig neuen Lösungen gesucht. So zeichnen sich gegenwärtig folgende Lösungsvarianten ab:

- Optimierung der herkömmlichen Motoren durch Einsatz neuer Werkstoffe (Aluminium), neuer Einspritz- und Steuerungssysteme
- Entwicklung von sparsamen Dieselmotoren mit Rußfiltern
- Entwicklung von Motoren bzw. Zusatzgeräten, die mit Gas oder Biokraftstoffen betrieben werden können
- Entwicklung von Hybridantrieben (Kopplung eines Verbrennungsmotors mit einem Elektromotor)
- Entwicklung von fahrzeugtauglichen Brennstoffzellen, die Wasserstoff direkt in Elektroenergie umwandeln
- Entwicklung von Elektrofahrzeugen

4. Ermitteln der optimalen Variante

Es werden nun die gefundenen Lösungsvarianten mit den festgelegten Zielen aus der Aufgabenstellung verglichen. Auf diese Weise wird ermittelt, welche Variante der Zielstellung am besten gerecht wird. Dabei kann sich auch ergeben, dass eine Variante nur für bestimmte Einsatzbedingungen optimal ist und andere Varianten für andere Einsatzbedingungen geeigneter sind.

Die optimalen Varianten gelten meist nur für eine bestimmte Zeit. In den letzten Jahrzehnten hat sich der technische Fortschritt ständig beschleunigt und zu immer neuen technischen Lösungen geführt.
So wird z. B. der Hybridantrieb bei Kraftfahrzeugen von den meisten Fahrzeugherstellern erst jetzt eingeführt. Es ist aber bereits absehbar, dass die Zukunft dem Elektroantrieb gehören wird.

1. Befrage Bekannte, wie hoch ihre Kraftstoffkosten monatlich sind. Ermittle Möglichkeiten, um diese Kosten zu verringern. ●

2. Untersuche, welche Möglichkeiten es in deiner Region gibt, alternative Kraftstoffe wie Gas oder Biokraftstoff einzusetzen. ●

Variante / Bewertungskriterium	Benzinmotor	Dieselmotor	Motor für Gas oder Biokraftstoff	Hybridantrieb	Brennstoffzelle
Fertigungskosten	...	...	...	...	...
Kraftstoffverbrauch	...	...	...	...	...
Kraftstoffpreis	...	...	...	...	...
Betriebskosten	...	...	...	...	...
Lebensdauer	...	...	...	...	...
Schadstoffausstoß	...	...	...	...	...
Wertungsmöglichkeit: ++ sehr gut, sehr gering; + gut, gering; – ausreichend, hoch; — ungenügend, sehr hoch					

Zur Bewertung kann man eine Tabelle entwickeln, in der die einzelnen Varianten nach Kriterien beurteilt werden, die bei der Aufgabenstellung festgelegt wurden. Die oben stehende Tabelle zeigt, wie eine solche Wertungstabelle aussehen und nach welchen Kriterien bewertet werden könnte. Diese Kriterien sind nur als Beispiel anzusehen. Sie sind erweiterbar. Für eine sachkundige Wertung ist es sicher sinnvoll, Mitarbeiter von Kfz-Werkstätten zu befragen.

5. Technische Realisierung

Wenn man sich für eine Variante zur Modifikation eines Produktes entschieden hat, beginnt die Phase der Realisierung. Zunächst müssen die Konstruktionsunterlagen erarbeitet werden. Das geschieht heute an CAD/CAM-Arbeitsplätzen. Dazu gibt es umfangreiche Computerprogramme (z. B. CATIA), mit denen die notwendigen Berechnungen durchgeführt werden können und die gleichzeitig die Zeichnungen erstellen. Danach erfolgt die Erarbeitung der Fertigungsunterlagen. Auch das geschieht mit entsprechenden Computerprogrammen.

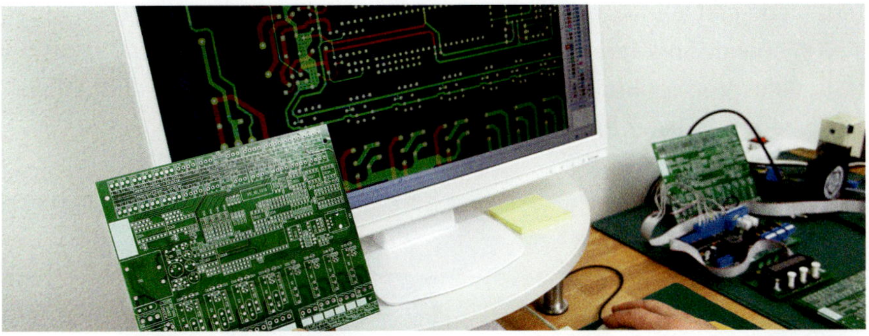

Computerarbeitsplatz: Herstellung von Elektronikbauteilen

1. Befrage Mitarbeiter von Kfz-Werkstätten, wie sie die in der oben stehenden Tabelle aufgeführten Antriebsarten für Kraftfahrzeuge bewerten. ●

2. Analysiere die Entwicklungstendenzen bei Kraftfahrzeugantrieben. ○

Starthilfe zu Aufgabe 2: Nutze dazu Bücher zur historischen Entwicklung der Fahrzeugtechnik und die Recherche im Internet.

6. Fertigung und Erprobung eines Prototyps

Nachdem alle Konstruktions- und Fertigungsunterlagen erstellt wurden, könnte man mit der Fertigung beginnen. In der Regel werden zunächst ein oder mehrere Prototypen hergestellt. Dabei erkennt man, ob der Fertigungsablauf optimal ist, welche Mängel oder Lücken die Fertigungsunterlagen haben. Damit werden später kostspielige Korrekturen im Fertigungsablauf vermieden.

Die Prototypen werden einer umfangreichen Erprobung auch unter Extrembedingungen unterzogen. Auf diese Weise erkennt man noch vorhandene Schwachstellen des Produktes und kann konstruktive Veränderungen vornehmen. Bei laufender Produktion wäre das sehr zeit- und kostenaufwendig.

B Im Fahrzeugbau spielt die Fertigung und Erprobung von Motoren eine große Rolle. So wird zunächst auf einem Prüfstand untersucht, ob der Motor die vorgesehenen Leistungsdaten erbringt. Sein Verhalten bei unterschiedlichen Belastungsbedingungen wird analysiert, Verschleißerscheinungen bei Dauerbetrieb gemessen. Auftretende Mängel und Schwachstellen können durch konstruktive Veränderungen beseitigt werden. Erst wenn der Motor auf dem Prüfstand alle planmäßigen Leistungsdaten erfüllt, erfolgt der Einbau in ein Testfahrzeug. Dort findet die Erprobung des Motors unter praktischen Fahrbedingungen statt. Das geschieht auch unter Extrembedingungen (arktischer Winter, Wüste, Tropen, Hochgebirge usw.). Erst wenn der Motor auch diesen Bedingungen gerecht wird, erfolgt die Überführung in die Serienproduktion. Solche umfangreichen Erprobungen verursachen hohe Kosten und erfordern viel Zeit. Deshalb versucht man, die Erprobungszeiten zu verkürzen. Die Folge sind dann oft sehr teure Rückrufaktionen.

Das Beispiel zeigt, dass es zwischen den konstruktiven Verfahren zur Modifikation von Produkten und der Neuentwicklung keine wesentlichen Unterschiede gibt. Die Vorgehensweise ist prinzipiell gleich und die Übergänge sind fließend. So kann man gleichzeitig die Modifikation eines Produktes (z. B. eines Verbrennungsmotors) vornehmen und Neuentwicklungen vorantreiben (z. B. einer Brennstoffzelle).

Aerodynamische Erprobung im Windkanal

Testgelände für Nutzfahrzeuge

Schrittfolge des technischen Problemlösungsprozesses

1. Problemfindung
- Erkennen des Bedürfnisses, für einen bestimmten Zweck technische Mittel einzusetzen
- suchen nach bereits vorhandenen Lösungen

2. Ableiten einer technischen Aufgabe
- Ermitteln der konkreten Anforderungen an das zu entwickelnde technische Mittel
- ermitteln der ökonomischen, technischen und technologischen Forderungen
- formulieren einer konkreten technischen Aufgabenstellung

3. Erarbeiten von Lösungsideen
- Exakte Beschreibung der geforderten Funktionen
- Auflösung in Teilfunktionen
- Analyse, ob es für ähnliche Funktionen bereits Lösungen gibt
- allgemeine Funktionsbeschreibung für Lösungsvarianten

4. Ermitteln der optimalen Variante
- Vergleichen der Lösungen mit den in der Aufgabenstellung festgelegten Anforderungen
- bewerten der einzelnen Varianten hinsichtlich der Erfüllung der Anforderungen
- entscheiden, welche Variante im Vergleich mit den Anforderungen als optimal angesehen werden kann

5. Technische Realisierung
- Konkretisierung der gefundenen Lösung durch die Auswahl geeigneter Funktionselemente
- Anfertigung einer Skizze bzw. technischen Zeichnung
- Beschaffung von Material und Arbeitsmitteln

6. Fertigung und Erprobung eines Prototyps
- Fertigung von Schablonen oder Vorrichtungen
- Bau eines Funktionsmusters
- Erprobung des Funktionsmusters unter den vorgesehenen Einsatzbedingungen

7. Bewertung des Prototyps
- Erarbeitung von Bewertungskriterien für das Produkt
- Erarbeitung eines Bewertungsbogens (Fragebogen oder Tabelle)
- Bewertung durch die potenziellen Nutzer

Problemfindung

Erarbeitung

Durchführung

Bewertung

2 Computereinsatz bei der Fertigung von Produkten

In unserem Leben spielt der Computer eine immer größere Rolle. Wir benutzen ihn zum Schreiben von Texten, zum Versenden und Empfangen von E-Mails, zum Surfen im Internet, zum Herunterladen unserer Lieblingsmusik, zum Bearbeiten von Bildern und Videos oder für Computerspiele.

Das gilt auch für Unternehmen. Dort ist eine Arbeit ohne Computer ebenfalls kaum noch denkbar. So wird der Schriftverkehr über Computer abgewickelt, Personaldaten, Kundendaten, Lagerbestände usw. werden gespeichert. Auch bei der Fertigung von Produkten werden viele Aufgaben von Computern erledigt, von der Erstellung der Konstruktionsunterlagen über die Fertigung selbst bis zur Qualitätskontrolle, sind Computer nicht mehr wegzudenken.

Unternehmen müssen sich immer stärker dem weltweiten Wettbewerb stellen, was eine ständige Verkürzung der Entwicklungs- und Produktionszeiten erfordert. Um konkurrenzfähig zu sein, ist es notwendig, die Neuentwicklungen möglichst schnell auf den Markt zu bringen. Nur wer ein neues Produkt als Erster anbietet, wird einen guten Preis erzielen. Oft verlangen die Kunden spezielle, auf ihre Bedürfnisse zugeschnittene Produkte. So sind z. B. die Wünsche für die Ausstattung eines neuen Autos sehr unterschiedlich (Farbe, Sitze, Extras). Das erfordert eine sehr flexible Fertigung, die wirtschaftlich nur computergesteuert möglich ist. Dabei muss die Produktion möglichst kostengünstig sein und trotzdem hohen Qualitätsanforderungen genügen. Das gelingt nur durch den Einsatz immer leistungsfähigerer Computersysteme.

Wenn die entsprechende Technik zur Verfügung steht, können die Vorteile einer computerunterstützten Fertigung auch in der Schule genutzt werden. Als Beispiel soll im Folgenden die computerunterstützte Fertigung eines Steckspiels mithilfe einer entsprechenden Bohreinrichtung dienen.

Die ersten Planungsschritte bei der Herstellung eines Steckspiels sind:
- Die Konstruktionszeichnung des Steckspiels anfertigen und
- die Fertigungsplanung festlegen.

Dabei ist es unerheblich, ob die Fertigung computerunterstützt erfolgt oder nicht.

INFO

CAD – computer aided design
(computerunterstütztes Zeichnen)
Damit werden alle Konstruktions-, Berechnungs- und Zeichentätigkeiten am Computern bezeichnet.

Für eine computerunterstützte Fertigung werden entsprechende
- Geräte (Hardware),
- ein CAD-Programm (Software) und
- Informationen zur Nutzung der Hard- und Software benötigt.

Bevor das CAD-Programm genutzt werden kann, muss zuvor die Programmierung sorgfältig geplant werden. Dafür müssen eine Skizze für das Spiel entworfen und die Maße festgelegt werden.

Hardware

Die Eingabe der Skizzendaten für das Steckspiel und die Befehle zur Fertigung der Zeichnung werden über die Tastatur oder die Maus in den Computer übermittelt. Die Verarbeitung der Daten zu einer Zeichnung kann man am Computer verfolgen und gegebenenfalls korrigieren. Die fertige Zeichnung des Steckspiels kann auf einem Drucker ausgedruckt oder über eine Schnittstelle (Interface) an die Bearbeitungsmaschine, z. B. an die angekoppelte Bohrmaschine, weitergegeben werden.

Software

Zur Erstellung einer Zeichnung wird ein Zeichenprogramm (CAD-Programm) benötigt. Mit diesem Programm ist es möglich:
- technische Zeichnungen maßstabgerecht zu zeichnen
- Zeichnungen mit Maßen zu versehen
- Zeichnungen zu drucken
- Informationen an eine Bearbeitungsmaschine, z. B. Bohrmaschine, auszugeben

INFO

Interface
Anschlussstelle zwischen einem Computer und einem weiteren elektronischen Gerät.

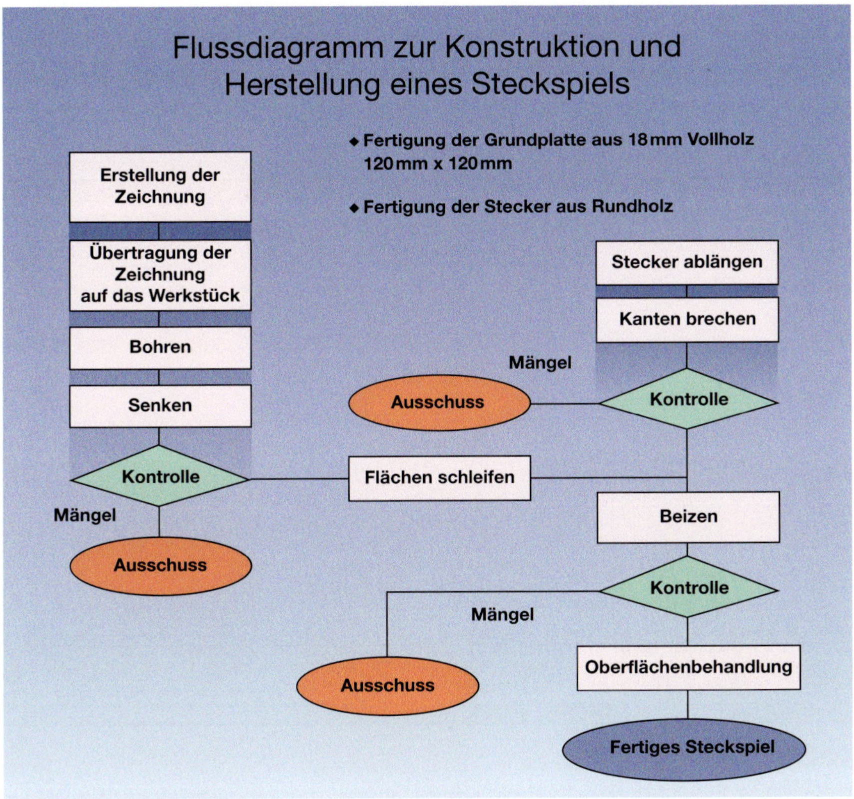

Fertigungsablaufplan

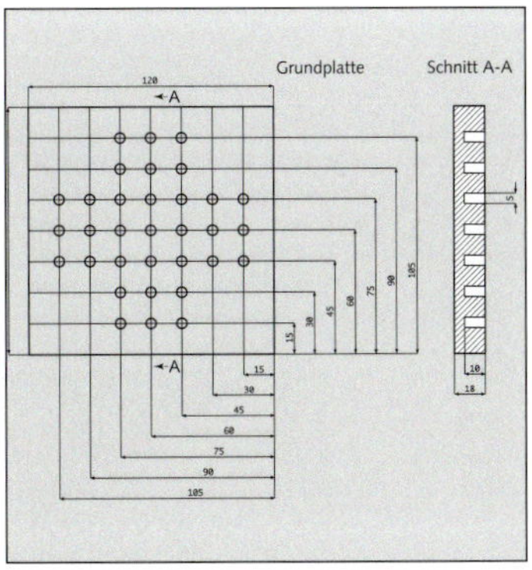

Konstruktionszeichnung

1. Beschreibe die Funktion von CAD im Fertigungsprozess. ○

2. Begründe, warum für die Herstellung einer Zeichnung mit dem Computer eine spezielle Hard- und Software notwendig ist. ◒

Lösen einer CAD-Aufgabe

Wie wird das Steckspiel programmiert?
Zunächst stellt sich die Frage, ob es überhaupt sinnvoll ist, für die Fertigung eines solch einfachen Werkstückes den Computer einzusetzen.

Sicher lohnt es sich kaum, wenn nur wenige Steckspiele gefertigt werden sollen. Bei einer größeren Stückzahl ist es aber sinnvoll, da das zeitaufwendige Übertragen der Maße für die Bohrungen entfällt. Außerdem ist es leichter, an einem einfachen Werkstück das Prinzip einer computergesteuerten Fertigung zu verstehen.

Nach dem Einschalten des Computers und dem Laden des Betriebssystems wird die benötigte Software z. B. „AutoCAD“ gestartet. Auf dem Bildschirm erscheint das Hauptmenü des Programms. Nachdem die Dateibezeichnung festgelegt, der Maßstab und das Format bestimmt sind, ist es hilfreich, zur besseren Orientierung ein 5-mm-Raster auf den Bildschirm zu hinterlegen. Im Hauptmenü anschließend den Befehl Startpunkt aufrufen. Der Startpunkt wird mit der Maus auf die Position x = 10; y = 10 übertragen. Mithilfe der Vektorfunktion (Zeichnen von Linien) wird der Umriss des Steckspiels gezeichnet.

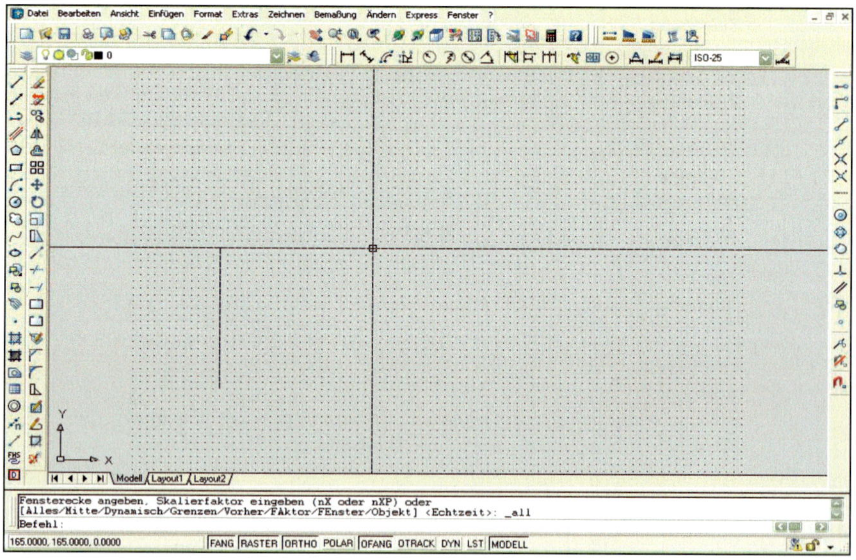

Zeichnung Grundplatine

Die Kreise für die späteren Löcher werden mit dem Kreisbefehl und dem entsprechenden Radius eingefügt.
Über das Menü „Simulieren“ kann verfolgt werden, ob und in welcher Reihenfolge die Löcher später gebohrt werden.
Die Zeichnungsdaten werden an eine Bohrmaschine weitergegeben, die die Löcher automatisch in die Grundplatte bohrt.

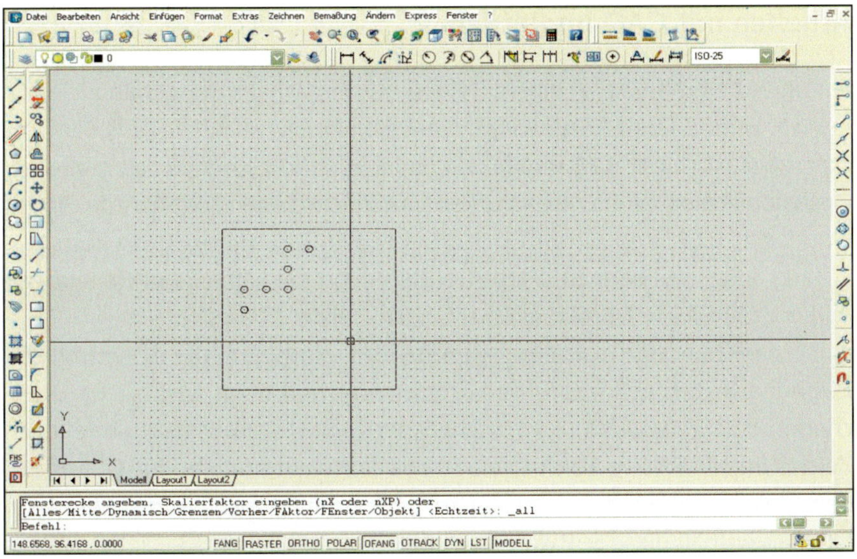

Die Zeichnung entsteht.

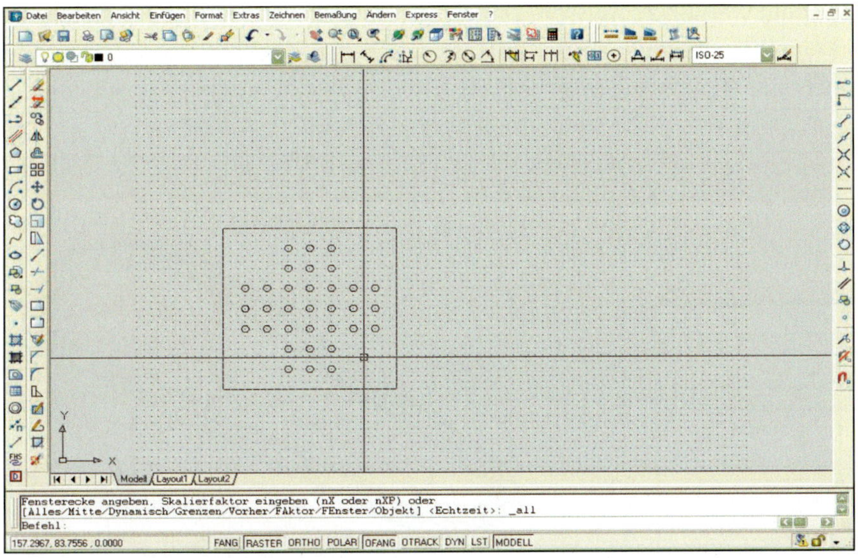

Die Zeichnung ist fertiggestellt.

Unterschiedliche Fertigungsarten

Wir haben verschiedene Möglichkeiten zur Fertigung des Steckspieles kennengelernt: die traditionelle Art der handwerklichen Fertigung mit der Bohrmaschine und die computergestützte Fertigung. Die Vorteile einer computerunterstützten Fertigung sind dabei deutlich gemacht geworden. Durch sie können Routinearbeiten wesentlich rationeller erledigt werden. Die Produktion ist kostengünstiger. Auf diese Weise ist es möglich, auch mit einer Einzelfertigung konkurrenzfähig zu bleiben.

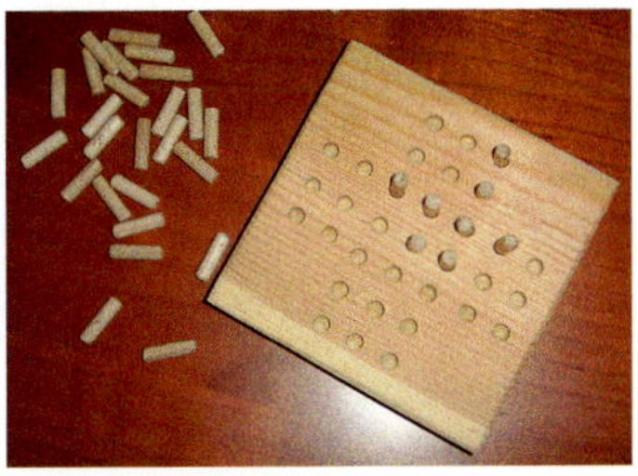

Sichtbar wurde aber auch, dass bei Einzelanfertigungen von Produkten eine handwerkliche Fertigung nach wie vor sinnvoll sein kann.

Arbeiten mit CAD im Betrieb

CAD-Arbeitsplatz

Für die Arbeit mit CAD in einem Betrieb sind zunächst leistungsfähige Rechner notwendig. Zum Ausdrucken von Zeichnungen reicht ein üblicher Drucker meist nicht aus, da Formate von technischen Zeichnungen zu groß sind. Deshalb werden für das Ausdrucken von Zeichnungen sogenannte Plotter eingesetzt. Das sind Großformatdrucker, die Zeichnungen bis zum A0-Format ausgeben können. Diese Geräte sind in der Lage, Farbzeichnungen in der Größe A0 in ca. 60 Sekunden herzustellen.
Außerdem benötigt man eine spezielle CAD-Software, die es ermöglicht, Zeichenarbeiten durchzuführen. Zudem werden noch zusätzliche Branchenmodule gebraucht, um branchenspezifische Funktionen zur effektiven Zeichnungserstellung zu nutzen. Solche Softwaremodule gibt es z. B. für den Maschinenbau, die Elektrotechnik, die Architektur bzw. den Hausbau. Oftmals enthält diese Software auch eine Teile-Bibliothek. Sie setzt sich aus Zeichensymbolen, Normteilen und oft vorkommenden Bauteilen zusammen, die in die Zeichnungen eingefügt werden können, ohne ständig neu gezeichnet werden zu müssen. Diese Zeichnungen können in 2D-Darstellung in einer Zeichenebene oder perspektivisch dargestellt werden. Es ist aber auch eine 3D-Darstellung möglich, um die Objekte räumlich abzubilden.

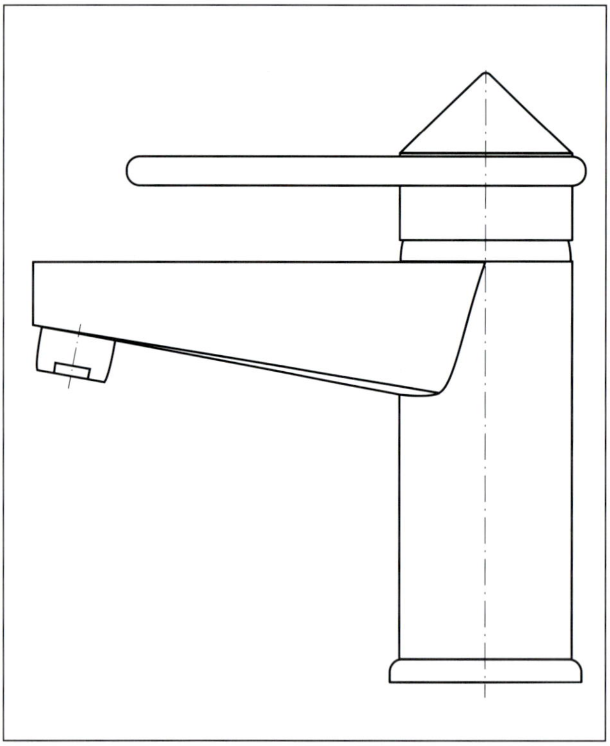
2D-Objekt

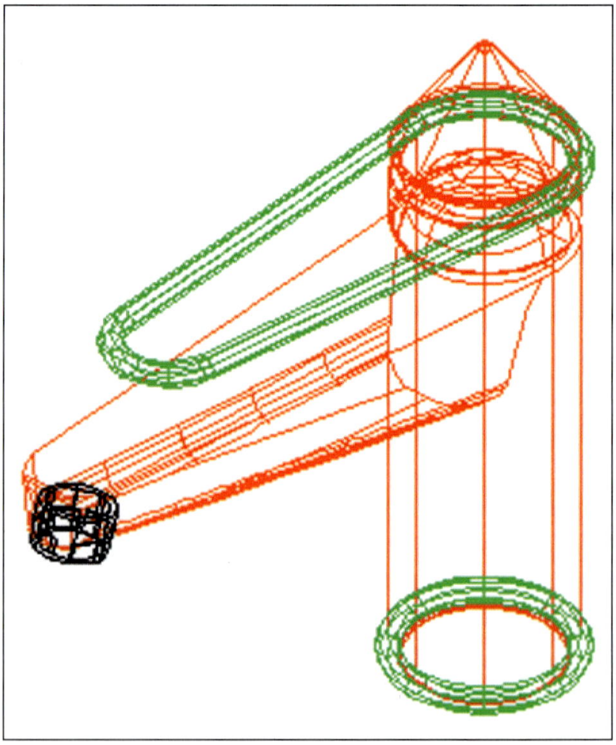
3D-Objekt

1. Beurteile die Vorteile einer 3D-Darstellung gegenüber anderen Darstellungsformen.

Die Abbildungen zeigen eine fertige Zeichnung auf dem Bildschirm sowie die Vorlage zum Ausdrucken der Zeichnung.

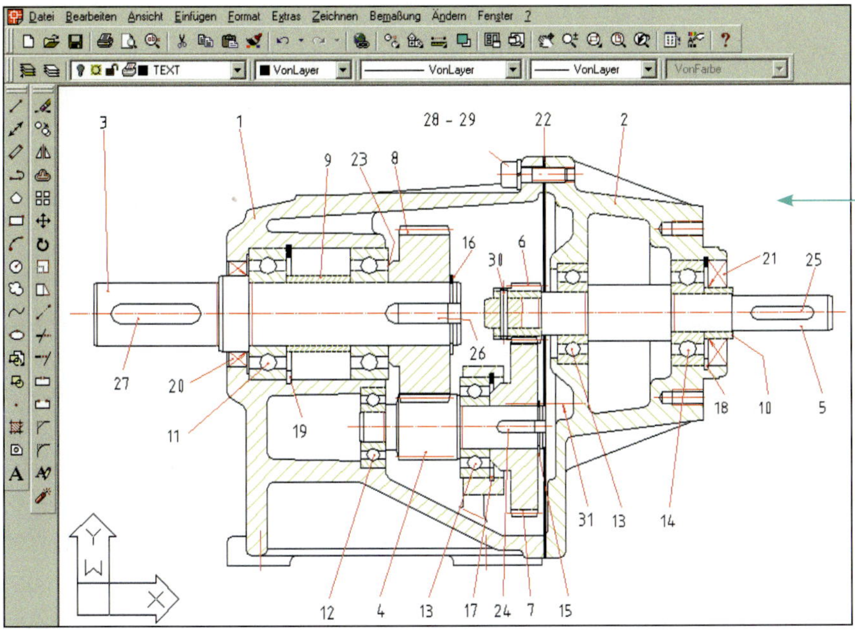

Zeichnen im Maßstab 1 : 1 am Bildschirm

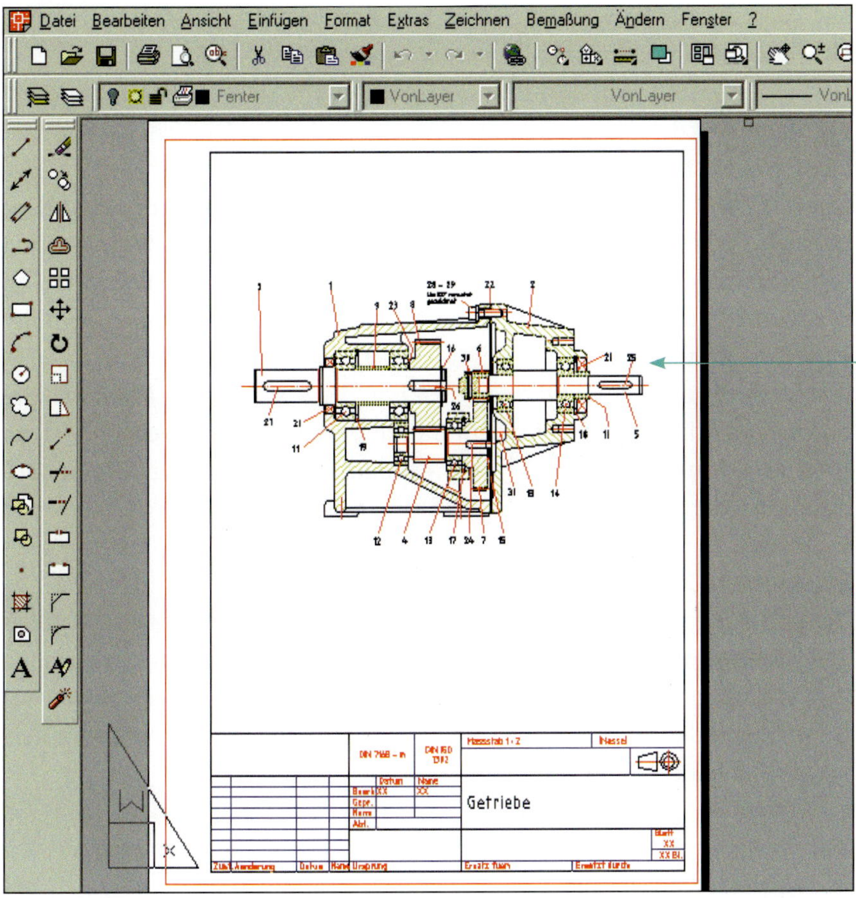

Drucken im Maßstab 1 : 2 auf einem A4-Format mit Schriftfeld

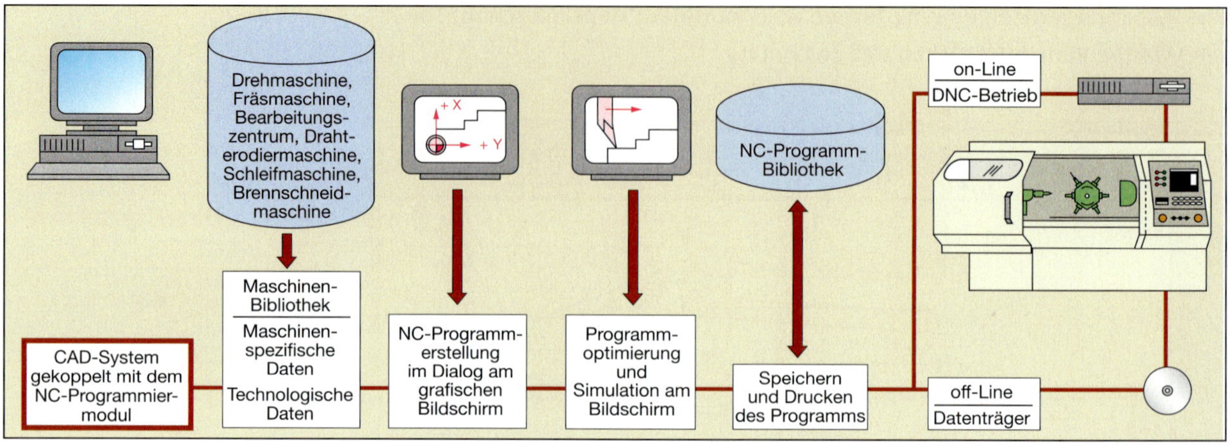

CAD-NC-Kopplung

Verbindung von CAD und Fertigung

Ein wichtiger Schritt für eine rationelle Fertigung von Produkten ist die direkte Kopplung der Konstruktion eines Bauteiles und seine Fertigung an einer Maschine. Damit entfällt die zeitaufwendige Übertragung der Daten einer Zeichnung in den Fertigungsablauf einer Maschine sowie die manuelle Steuerung der Maschine durch einen Facharbeiter.

Dazu werden die Daten aus der CAD-Konstruktion direkt für die Fertigung des Werkstückes verwendet. Um das zu ermöglichen, müssen sie für eine NC-Programmierung übernommen und verarbeitet werden.

Dafür ist die CAD-Software mit einer NC-Software gekoppelt, die dann die Steuerung der entsprechenden Maschinen für das Drehen, Fräsen oder Laserstrahlschneiden usw. übernimmt.

Mit dem NC-Programm wird die Fertigung zunächst am Bildschirm simuliert. Auf diese Weise kann der Fertigungsablauf noch optimiert und Fehler korrigiert werden. So vermeidet man von vornherein Schäden an Werkzeugen und Maschinen, die durch eine fehlerhafte Programmierung entstehen könnten.

Das fertige Programm wird dann direkt an die Maschine (CNC-Maschine) übertragen oder es wird auf einem Datenträger (CD/DVD) gespeichert. So steht es jederzeit zur Nutzung oder Modifizierung bereit, wenn Veränderungen an den zu fertigenden Werkstücken anstehen.

INFO

NC – Numerical control (numerische Steuerung)
Bei der NC-Steuerung gibt man Steuerbefehle in Form von Zahlen und Buchstaben ein. Diese Befehle werden zu Signalen für die Steuerung verarbeitet und als Weg- und Schaltinformationen weitergegeben.

CNC-Maschine – Computer numerical control (computergesteuerte Maschine)

Integrierter EDV-Einsatz im Betrieb

Die Kopplung von CAD- und NC-Systemen ist in vielen Betrieben realisiert und wichtiger Bestandteil des Arbeitsablaufes geworden. Zusätzlich können die mit CAD gewonnenen Daten auch anderen Betriebsbereichen zugänglich gemacht werden. Dazu müssen die Betriebsbereiche und deren Computersysteme miteinander verknüpft werden.

➐ Starthilfe zu Aufgabe 1: Nutze als Grundlage das Beispiel auf den Seiten 56/57.

1. Beschreibe, wie ein CAD-Programm für die Steuerung von Maschinen genutzt werden kann. ○

Neben CAD können folgende Systeme bestehen:

- **CAP** – **C**omputer **A**ided **P**lanning
  CAP bezeichnet die EDV-Unterstützung bei der Arbeitsplanung. Hierbei handelt es sich um Planungsaufgaben, die auf den mit CAD erzeugten Daten aufbauen.
- **CAM** – **C**omputer **A**ided **M**anufacturing
  CAM bezeichnet die EDV-Unterstützung zur technischen Steuerung und Überwachung der Betriebsmittel und deren Funktionen. Maschinen, Anlagen etc. können hierbei direkt gesteuert werden. In das CAM fließen die aus dem CAP gewonnenen Daten ein.
  Ergebnisse des CAM sind: Fertigungssteuerung, Handhabungssteuerung, Transportsteuerung, Lagersteuerung.
- **CAQ** – **C**omputer **A**ided **Q**uality Assurance
  CAQ bezeichnet die EDV-unterstützte Planung und Durchführung der Qualitätssicherung. Die aus CAD, CAP und CAM gewonnenen Daten werden dabei laufend mit CAQ ausgetauscht bzw. optimiert.
  Ergebnisse des CAQ sind: Prüfpläne, Prüfprogramme, Prüfvorschriften, Prüfung am Objekt.

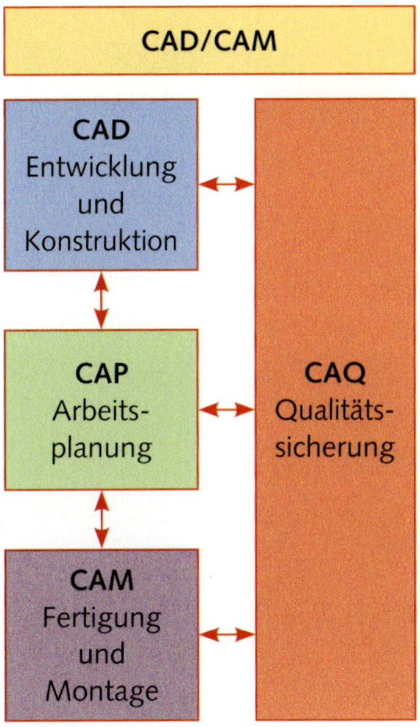

CAD/CAM-Definition

CAD/CAM

Die EDV-technische Verknüpfung von CAD, CAP, CAM und CAQ zu einem Verbundsystem wird als CAD/CAM bezeichnet.
Auf der Basis der im CAD erzeugten Daten werden im CAP Steuerinformationen erzeugt. Diese werden im CAM zum automatisierten Betrieb der Fertigungseinrichtungen eingesetzt. Das CAQ unterstützt dabei die anderen CA-Systeme mit rechnerunterstützten Mess- und Prüfverfahren, Prüfplänen und Prüfprogrammen.

CIM

Die EDV-technische Verknüpfung aller Betriebsbereiche wird als CIM (Computer Integrated Manufacturing) bezeichnet. Hierbei findet ein Zusammenwirken zwischen CAD, CAP, CAM, CAQ und PPS statt. PPS bezeichnet die Produktionsplanung und Produktionssteuerung.

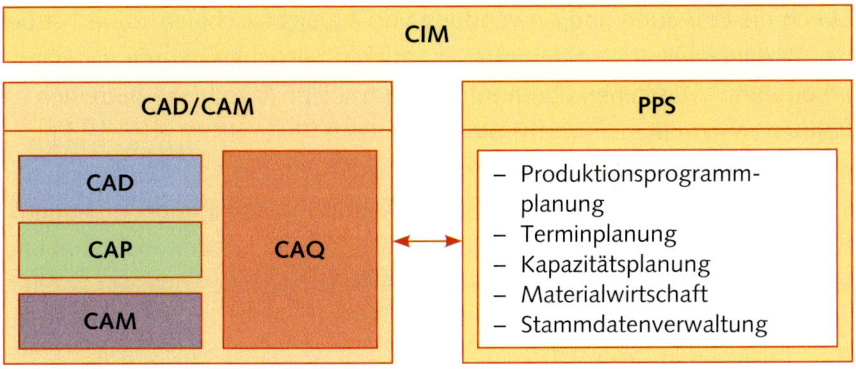

CIM-Definition

Dampfmaschine

3 Technikentwicklung

Die Entwicklung des Menschen ist eng mit der Entwicklung seiner Arbeitsmittel verbunden. Die zielgerichtete Nutzung von Werkzeugen ist ein wesentliches Merkmal, das ihn von anderen Individuen unterscheidet. Bereits in der Steinzeit nutzten die Menschen Werkzeuge (z. B. den Faustkeil), um ihre Existenzbedingungen zu erleichtern. Mit dem Faustkeil konnten sie Holz und Knochen bearbeiten bzw. Tiere zerlegen.

Im Laufe der Menschheitsgeschichte wurden die Arbeitsmittel ständig weiterentwickelt. Besonders die Fähigkeit zur Metallgewinnung hat diese Entwicklung wesentlich beschleunigt. Nun konnten vielfältige Arbeitsmittel hergestellt werden, die den spezifischen Anforderungen des Handwerks, der Jagd oder des Ackerbaus gerecht wurden. Der größte Aufwand wurde allerdings meist für die Weiterentwicklung von Waffen betrieben.
Der Weiterentwicklungsprozess der Arbeitsmittel vollzog sich im Gegensatz zum 18./19. Jahrhundert allerdings sehr langsam. In der Antike gab es bereits erste Handwerksproduktionen und Manufakturen. Auch wurden Wasser- und Windkraft eingesetzt.

Mit dem Beginn der industriellen Entwicklung im 18. Jahrhundert lässt sich rückblickend eine rasante Weiterentwicklung der Arbeitsmittel erkennen. Durch die Erfindung und Anwendung von Arbeitsmaschinen, zunächst bei der Textilherstellung, später auch in anderen Bereichen, wurde die Handarbeit durch Maschinen übernommen. Um solche Maschinen betreiben zu können, nutzte man zunächst die Wasserkraft. Das reichte aber bald nicht mehr aus, vor allem, weil nur dort produziert werden konnte, wo Wasser vorhanden war. Mit der Erfindung der Dampfmaschine änderte sich das. Nun stand ein Antriebsorgan zur Verfügung, das man überall einsetzen und gut an die Leistungsanforderungen der Arbeitsmaschine anpassen konnte.

1. Analysiert in einem Museum eurer Region, in welcher Weise sich typische Arbeitsmittel verändert haben. ○

➚ Starthilfe zu Aufgabe 1: Untersucht dabei besonders, wie die Leistungsfähigkeit und die Handhabung der Arbeitsmittel verbessert wurde.

Die industrielle Produktion hatte eine stürmische Entwicklung der Arbeitsmittel zur Folge. Neue naturwissenschaftliche Erkenntnisse führten zu einer Vielzahl von Erfindungen, die wiederum revolutionäre Veränderungen in der gesamten Produktion auslösten. Neue Maschinen, Verfahren und Werkstoffe ermöglichten bisher nie gekannte Steigerungen der Produktivität. Das beschleunigte sich noch durch die Erfindung neuer Antriebssysteme wie den Verbrennungs- und den Elektromotor.

Commodore PET 2001 von 1978, der erste kommerziell angebotene PC in Deutschland

Eine neue Entwicklungstendenz ergab sich durch die Einführung der Steuerungs- und Regelungstechnik. Auf diese Weise war es möglich, die Bedienung der Maschinen und die Steuerung der Fertigungsvorgänge zu automatisieren. Für den Menschen hatte diese neue Entwicklungsstufe der Arbeitsmittel erhebliche Auswirkungen. Wurden in der ersten Stufe der Industrialisierung die Fertigungsvorgänge von Maschinen übernommen, die vom Menschen nur noch bedient wurden, so erfolgte jetzt die Steuerung durch automatische Systeme, und der Mensch übernahm nur noch Überwachungsfunktionen.
Die Entwicklung setzt sich weiter fort. Immer mehr Überwachungsfunktionen werden von Computern übernommen. Damit werden die Tätigkeitsbereiche des Menschen bei der Fertigung von Produkten immer weiter eingeschränkt.

Laptop

Sein Wirkungsbereich verlagert sich immer mehr auf die Wartung der Anlagen sowie auf die Programmierung der informationsverarbeitenden Technik. Diese Entwicklung trifft für den Bereich des Handwerks allerdings nur sehr begrenzt zu. Dort ist ein hoher Grad an Automation wenig sinnvoll, weshalb in diesem Bereich auch weiterhin handwerkliche Fertigkeiten gefragt sein werden.

Erster Dieselmotor (1897)

Betrachtet man die Entwicklung verschiedener Arbeitsmittel, z. B. Bohrmaschine oder Computer, so ist trotz der Unterschiede in Form und Funktion eine Reihe gemeinsamer Kriterien erkennbar, die ihre Weiterentwicklung bestimmt haben.
Solche Entwicklungskriterien sind:
- Verringerung des Gewichts
- Verringerung der Abmessungen
- Erhöhung der Flexibilität
- Erhöhung der Zuverlässigkeit
- Vereinfachung der Bedienbarkeit
- Erhöhung der Komplexität

1. Analysiere die Gründe für die Entwicklungskriterien der Arbeitsmittel. ○

2. Ermittle die Leistungsdaten der ersten Heimcomputer und vergleiche diese mit Computern der neuesten Generation. Wie groß ist die Leistungssteigerung in Prozent? ◒

Elektromotor (heute)

Transistoren

Integrierte Schaltungen

Elektronenröhren in einem Radio

Betrachtet man die Wirkungen der einzelnen Entwicklungskriterien auf die beiden genannten Arbeitsmittel (S. 63), so lassen sich doch erhebliche Unterschiede feststellen. Die Gewichtsverminderung fällt bei der Bohrmaschine z. B. wesentlich geringer aus, als es beim Computer der Fall ist. Dieser Unterschied ergibt sich aus den unterschiedlichen Funktionsweisen und Aufgabenstellungen beider Arbeitsmittel.
Mit einer Bohrmaschine werden Werkstoffe bearbeitet. Dazu sind eine Reihe von Bauteilen notwendig, die die Energieübertragung auf das Arbeitselement (Bohrer) sichern und die Stabilität der Maschine gewährleisten. In der Regel sind das mechanische Bauteile, bei denen der Gewichtsverminderung und damit auch der Verringerung der Abmessungen Grenzen gesetzt sind. Beim Computer ist die Situation anders. Die Funktion dieses Arbeitsmittels wird in erster Linie durch elektronische Bauteile bestimmt. Diese Bauteile haben sich in den letzten Jahrzehnten grundlegend verändert. Zunächst wurden Elektronenröhren eingesetzt, die viel Raum und viel Energie benötigten. Mit der Entwicklung der Transistoren änderte sich das grundsätzlich. Die Schaltungen im Computer benötigten nur noch einen Bruchteil des Platzes und mussten nicht aufwendig gekühlt werden. Durch die Entwicklung integrierter Schaltungen setzt sich dieser Prozess bis heute fort. Die Abmessungen und das Gewicht werden immer geringer, wobei sich ihre Leistungsfähigkeit und Komplexität ständig erhöht.

Die Entwicklungskriterien (vgl. S. 63) gelten allgemein für alle Arbeitsmittel. Sie wirken sich aber unterschiedlich auf ihre Weiterentwicklung aus.

Aus der Umsetzung der Entwicklungskriterien lassen sich bestimmte Entwicklungslinien von Arbeitsmitteln ableiten:

- Erhöhung der Variabilität und Vielseitigkeit der Einsetzbarkeit (Multivalenz)
- Miniaturisierung (Verkleinerung) der Bauteile sowie des gesamten Arbeitsmittels
- Einsatz neuer Werkstoffe oder Spezialwerkstoffe, die speziell für das Arbeitsmittel entwickelt wurden
- Abnahme der Anforderungen körperlicher Tätigkeiten und Zunahme der Anforderungen geistiger Tätigkeiten

1. Untersuche die Entwicklung eines Arbeitsmittels und beschreibe, wie es sich in den letzten Jahrzehnten verändert hat.

Die folgenden Übersichten machen deutlich, wie genau sich der gesamte Produktionsprozess durch den Einsatz von Computern verändert hat.

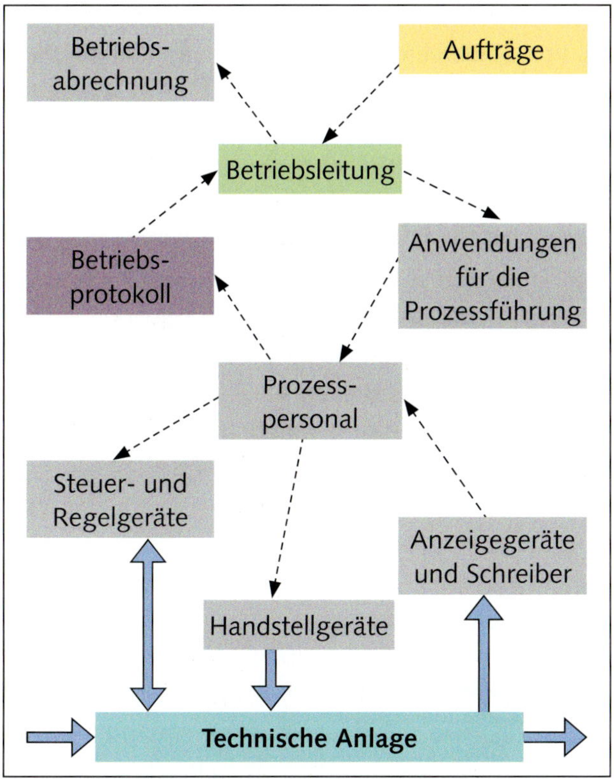

Produktionsprozess ohne computergestützte Automatisierung

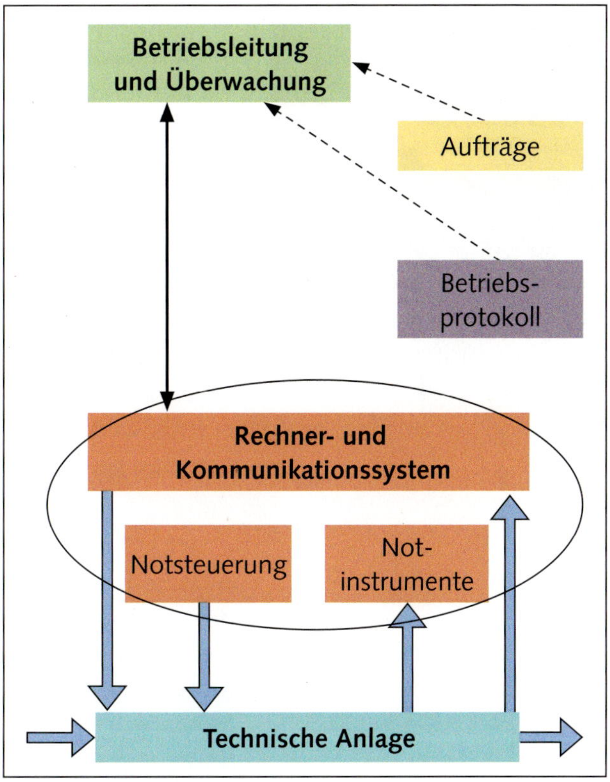

Hohe Automatisierung des Produktionsprozesses durch Computer

Vor- und Nachteile der Automatisierung

Die Automatisierung hat Auswirkungen auf Menschen, Gesellschaft, Umwelt sowie auf den Verbrauch von Energie und Rohstoffen:

Vorteile	Nachteile
– Herstellung besserer, billigerer und gleichmäßigerer Produkte mit weniger Arbeitseinsatz, z. B. bei der Automatisierung chemischer Verfahren – Verringerung der Gefährdung von Menschen, z. B. durch ABS-Systeme oder automatische Schranken – Humanisierung von Arbeitsbedingungen, z. B. in Lackierereien, Gießereien – einfachere und bequemere Handhabung, z. B. durch Automatisierung einer Waschmaschine oder Heizungsanlage	– Freisetzung von Arbeitskräften, z. B. durch Roboter in der Fertigung – Umstrukturierung von Arbeitsplätzen durch die Veränderung von Arbeitsabläufen und Arbeitsinhalten durch Niedriger-/Höherqualifizierung von Arbeitsplätzen, Wegfall von Hilfsarbeiten – Verringerung der sozialen Kontakte, z. B. durch die Einführung von Fahrkarten- und Auskunftsautomaten – Erhöhung des Stresses und Verringerung von entspannenden Tätigkeiten – Überforderung in schwierigen Situationen, z. B. bei sicherheitskritischen Entscheidungen in einem Kernkraftwerk

Qualitätskontrolle in der Computerindustrie

Durch die Entwicklung der Steuerungs- und Regelungstechnik veränderten sich in den letzten Jahrzehnten die Anforderungen bei der Nutzung der Arbeitsmittel. Die Zuführung der Werkstücke übernehmen mittlerweile spezielle Vorrichtungen oder Roboter. Die Steuerung des Fertigungsablaufs an den Maschinen wird von Steuereinrichtungen übernommen, die auch die notwendigen Mess- und Prüfvorgänge ausführen.

Für den Menschen verbleiben im Wesentlichen nur anspruchsvolle, geistige Tätigkeiten, wie die Programmierung des Fertigungsablaufs für die Maschine, die Überwachung des Fertigungsprozesses und die Wartung der gesamten Anlage. Diese Tätigkeiten beinhalten neben hohem Fachwissen und Können eine große Verantwortung. Diese allgemeinen Entwicklungstendenzen der Arbeitsmittel schließen jedoch nicht aus, dass in einigen Berufen weiterhin praktische Fähigkeiten und Fertigkeiten gefordert werden. So sind in Handwerksbetrieben und kleineren Unternehmen immer noch Arbeitsmittel im Einsatz, die weitesgehend von Hand bedient werden.

In der Entwicklung von Maschinen sahen die Menschen nicht immer eine Arbeitserleichterung, sondern vielmehr die Bedrohung ihrer Existenz, was in der Maschinenstürmerei im 19. Jahrhundert seinen Ausdruck fand.
Diese Einstellung änderte sich zu Beginn des 20. Jahrhunderts. Die Entwicklung der Technik war eng mit der Verbesserung der Lebensumstände verbunden. Es entstanden völlig neue Industriezweige wie die Automobilindustrie, die Elektroindustrie und wenig später die Kommunikationsindustrie (Rundfunk, Telefon, Fernsehen). Diese Bereiche schufen eine Vielzahl von neuen Arbeitsplätzen mit unterschiedlichen Qualifikationsanforderungen. Damit hatten mehr Menschen eine Chance auf gesicherte Arbeitsplätze.

Im technischen Fortschritt sah man die entscheidende Voraussetzung für wachsenden Wohlstand. Mit der Entwicklung von Automaten und Robotern änderte sich die Haltung vieler Menschen. Man fühlte sich von dem rasanten technischen Fortschritt überfordert und sah in der wachsenden Automatisierung eine Gefährdung des Arbeitsplatzes. Auch heute haben viele Menschen Sorge, dass technische Neuerungen ihren Arbeitsplatz vernichten. Deshalb muss die Einführung neuer Arbeitsmittel stets mit einer ständigen Fortbildung der Mitarbeiter verbunden sein, um sie weiterhin als qualifizierte und effiziente Arbeitskräfte auf dem Arbeitsmarkt einsetzen zu können.

1. Befragt Mitarbeiter eines Handwerks- und Industriebetriebes, wie sich die Anforderungen an ihre Tätigkeit in den letzten zehn Jahren verändert haben. ○

2. Befragt die Betriebsleitung, welche Maschinen und Anlagen in nächster Zeit beschafft werden und wie sich damit die Anforderungen an die Mitarbeiter ändern. ○

Entwicklungstendenzen der Technik

Die Analyse der Entwicklung der Computer hat bereits deutlich gemacht, dass eine entscheidende Tendenz bei der Entwicklung der Technik die Miniaturisierung der Bauteile ist. So ist jede neue Generation von Mikroprozessoren kleiner und vor allem leistungsfähiger.

INFO

Ein **Nanometer** ist ein Milliardstel Meter (10^{-9} m), also ein Millionstel Millimeter (10^{-6} mm).

In den letzten Jahren ist ein neuer Begriff aufgetaucht, der eine neue Entwicklungsetappe der Miniaturisierung kennzeichnen soll. Es ist die Nanotechnologie. Mit diesem Sammelbegriff bezeichnet man alle Forschungen und Entwicklungen, die sich mit Objekten in der Größenordnung vom Einzelatom bis zu einer Größe von 100 Nanometern (nm) befassen. Vorrangiges Ziel der Nanotechnologie ist es gegenwärtig, die Abmessungen in der Halbleiterelektronik weiter zu verringern, aber auch neue Werkstoffe mit völlig neuen Eigenschaften zu entwickeln. So kann man mithilfe der Nanotechnologie den sogenannten Lotuseffekt (abgeleitet von der Lotusblüte) erzielen, d. h. selbstreinigende Oberflächen erzeugen, die große Veränderungen im Bereich der Gebäudetechnik bewirken könnten. Deshalb spielt die Nanotechnik in der Oberflächenbehandlung bereits eine praktische Rolle.

Eine Oberfläche reinigt sich selbst – der Lotuseffekt.

Ein neuer Bereich in der Biotechnologie ist die Bioelektronik. Dort versucht man, biologische und elektronische Bauelemente zu verbinden. So entwickelt man Biosensoren, die biologische Signale aufnehmen und in elektrische Impulse umwandeln und so von elektronischen Systemen weiterverarbeitet werden können.

Eine weitere Entwicklungstendenz ist die Bionik. Hier versucht man, neue technische Lösungen nach Vorbildern aus der Natur zu entwickeln. Ein Beispiel dafür ist der bionische Handling-Assistent nach dem Vorbild eines Elefantenrüssels. Ein weiteres anschauliches Beispiel bilden die Tragflächen von Flugzeugen. Hier dienten die Flügel von Vögeln als Vorbild bei der Konstruktion.

Bionischer Handling-Assistent: einem Elefantenrüssel nachempfunden

Neue Produkte sind meist das Ergebnis sehr unterschiedlicher Bereiche von Forschung und Entwicklung. Das betrifft die Werkstoffforschung ebenso wie Maschinen- oder Energietechnik.

1. Ermittle Produkte, bei denen die Nanotechnologie bereits genutzt wird, und beschreibe ihre besonderen Eigenschaften. ○

2. Stelle in einer Übersicht die nach deiner Ansicht wichtigsten technischen Neuerungen der letzten Jahre zusammen. ◒

3. Diskutiert, welche Auswirkungen diese Neuerungen auf das tägliche Leben haben. ◒

Analyse technischer Systeme

Um die Funktionsweise eines technischen Gebrauchsgegenstandes zu verstehen, ist es angebracht, seine Bauteile zu ermitteln. Dafür ist es hilfreich, die Funktion dieser Bauteile und ihr Zusammenwirken zu analysieren. Die Kenntnis der Bauteile und ihrer Funktion in dem Gebrauchsgegenstand erleichtert die richtige Handhabung des Gerätes und vermeidet Schäden/ Unfälle durch einen nicht sachgerechten Einsatz. Ein Vergleich von Geräten verschiedener Firmen ermöglicht, die Vor- und Nachteile zu ermitteln und das geeignetste Gerät mit dem besten Preis-Leistungs-Verhältnis herauszufinden. Die technische Analyse könnte an einem Fahrrad vorgenommen werden. Zur besseren Übersicht ist es sinnvoll, eine Tabelle zu nutzen.

Bauteil	Funktion
Rahmen	Bauteile des Fahrrades zusammenzuhalten
Pedale	Fußkraft auf das Fahrrad zu übertragen
...	...

Verfahren zur Lösung technischer Problemstellungen

Im Mittelpunkt technischer Problemstellungen steht in der Regel die Neu- oder Weiterentwicklung eines Produktes. Wenn z. B. ein Unternehmen feststellt, dass die Nachfrage nach ihren Produkten, z. B. einem Handy, nachlässt, muss man überlegen, wie durch verbesserte Handys mit neuen oder erweiterten Funktionen die Nachfrage wieder gesteigert werden kann. Die Vorgehensweise ist immer ähnlich, unabhängig davon, um welche Produkte es sich handelt.

1. Es wird erkannt, dass ein neues oder weiterentwickeltes Produkt notwendig ist, *z. B. weil ein Mobilfunkhersteller feststellt, dass die Handyverkaufszahlen sinken. Viele Kunden wollen nur noch ein Smartphone.*
2. Ableitung einer technischen Aufgabenstellung. Zunächst wird analysiert, welche Verbesserungen die Produkte der Konkurrenz aufweisen, *z. B. beim Smartphone neue Funktionen und ein größerer Speicher.*
3. Erarbeiten von Lösungsvarianten. Es wird diskutiert, welche Funktionen sinnvoll und welche Innovationen umsetzbar sind, *z. B. beim Smartphone keine Zusatzfunktionen anbieten, aber einen günstigeren Preis.*
4. Ermitteln der optimalen Variante. Verschiedene Lösungsvarianten werden verglichen, *z. B. bei welcher Smartphone-Variante entstehen welche Kosten und zu welchem Preis kann es dem Kunden angeboten werden?*
5. Technische Realisierung. Die Produktion wird vorbereitet, *z. B. Konstruktionszeichnungen des Smartphones werden erstellt und das Material sowie die Maschinen geplant.*
6. Fertigung und Erprobung. Beginn der Fertigung, *z. B. des Smartphones,* und zugleich Erprobung der Fertigungsanlage des Produktes.

Computereinsatz bei der Fertigung von Produkten

Unternehmen müssen, um konkurrenzfähig zu bleiben, ihre Produkte immer kostengünstiger herstellen und neue Produkte in einem immer kürzeren Zeitraum entwickeln und produzieren. Somit ist es nicht überraschend, dass der Computer auch in der Fertigung immer mehr an Bedeutung gewinnt. Früher brauchte ein Konstrukteur viel Zeit für den Entwurf neuer Produkte, da diese alle per Hand gezeichnet werden mussten. Ebenso erforderte die technologische Vorbereitung der Produktion einen hohen zeitlichen Aufwand. Es verging also viel Zeit von der Idee für ein neues Produkt bis zum Verkaufsbeginn. Das kann sich heute kein Unternehmen mehr leisten, denn die ursprüngliche Idee für ein neues Produkt wäre zu Beginn der Auslieferung bereits veraltet. Die Entwicklung neuer Produkte erfolgt heute meist am Computer. Dort kann das geplante Produkt dargestellt und variiert werden, bis die optimale Variante gefunden wurde. Daraufhin wird es mithilfe des Computers in technischen Zeichnungen dargestellt. Dazu sind spezielle Computerprogramme (CAD-Programme) notwendig. So können alle Konstruktionsunterlagen für das zu fertigende Produkt im Computer gespeichert werden. Diese können wiederum von speziellen Programmen (CAM-Programme) genutzt werden, um die Maschinen zur Fertigung der Bauteile und deren Montage(roboter) zu steuern. Damit wird der Prozess von der Entwicklung eines Produktes bis zu dessen Fertigung wesentlich verkürzt und gleichzeitig werden die Produktionskosten gesenkt.

Technikentwicklung

Die stürmische Entwicklung der Technik in den letzten 200 Jahren hat die Lebensbedingungen der Menschen völlig verändert. Mit der Erfindung der Dampfmaschine bestand nun die Möglichkeit, die Handarbeit immer mehr durch Maschinen zu ersetzen. Die Dampfmaschine ermöglichte auch den Aufbau eines Eisenbahnnetzes und damit einen schnellen Transport von Gütern und Menschen. Die Nutzung der Elektroenergie machte es möglich, die Dampfmaschinen vielfach durch Elektromotoren zu ersetzen, die zum Antrieb von Maschinen und auch Haushaltsgeräten geeignet waren. Mit der Nutzung der Elektroenergie waren aber auch völlig neue Formen der Informationsvermittlung wie zunächst das Telefon möglich. Mit der Einführung von Rundfunk und Fernsehen begann das Zeitalter der Informationstechnik. Sie erreichte mit der Entwicklung des Computers einen neuen Höhepunkt. Heute ist die Nutzung der Informations- und Kommunikationstechnik in allen Bereichen unseres Lebens selbstverständlich. Ohne diese Technik ist die Existenz unserer Gesellschaft nicht mehr vorstellbar.

1. Ergänze die Tabelle durch die Funktionsbeschreibung der noch fehlenden Teile des Fahrrades. ○

2. Beschreibe an einem Beispiel (z. B Fernsehgerät) die wichtigsten Etappen in der Entwicklung der Informations- und Kommunikationstechnik. ○

In diesem Kapitel wurden technische Systeme und Prozesse aus unterschiedlichen Bereichen dargestellt.

Zunächst wurde gezeigt, wie technische Systeme systematisch untersucht werden müssen, um ihre Funktionsweise und Bauteile besser zu bestimmen. Auf dieser Basis ist es möglich, die zugrunde liegenden Grundprinzipien zu erkennen, zu beschreiben und zu ordnen.

In einem zweiten Abschnitt wurde die Vorgehensweise bei der Lösung technischer Problemstellungen analysiert. Daraus konnte eine Schrittfolge für die prinzipielle Vorgehensweise bei der Lösung technische Probleme wie die Neu- oder Weiterentwicklung von Produkten abgeleitet werden.

Der dritte Abschnitt lieferte einen Überblick über die Einsatzmöglichkeiten von Computern in der Produktion. Es wurde zugleich sichtbar, welche Auswirkungen der Computereinsatz auf den Fertigungsprozess hat und wie sich das auf die beruflichen Anforderungen auswirkt.

Der letzte Abschnitt informierte kurz über neueste Entwicklungen im Technikbereich und stellte die gegenwärtig absehbaren Anwendungsmöglichkeiten dar.

Überprüft euer Wissen anhand folgender Aufgaben:

1. Analysiere ein Gerät oder eine Maschine aus deinem Haushalt, bestimme die wesentlichen Bauteile und beschreibe ihre Funktion. Fasse die Bauteile in einer Tabelle zusammen und ordne sie anschließend den Funktionsorganen zu. ○

2. Erarbeitet auf der Grundlage der Schrittfolge zur Lösung technischer Problemstellungen einen Vorschlag für die Neugestaltung oder Verbesserung eines Produktes (z. B. zur sicheren Lagerung von Speichermedien für den Computer). ●

3. Ermittle die Funktion von Computern bei der Fertigung von Produkten. ○

4. Erkunde in einem Unternehmen der Region, welche Aufgaben in den letzten Jahren von Computern übernommen wurden. ●

5. Beschreibe die Vorteile des Einsatzes von CAD für ein Unternehmen und die Veränderungen der Arbeitsbedingungen für die Mitarbeiter. ◒

6. Beschreibe den Begriff CAD/CAM und notiere, welchen Einfluss das auf den Fertigungsprozess und die Anforderungen an die Mitarbeiter hat. ◒

7. Erkundet in einem typischen Unternehmen in eurer Region, welche Computerkenntnisse für eine Tätigkeit im Unternehmen gefordert werden. ○

8. Befragt Facharbeiter, wie sich durch den Computereinsatz in den letzten Jahren die beruflichen Anforderungen verändert haben. ◒

9. Erkundet in einem Unternehmen, welchen Einfluss der Einsatz von Informations- und Kommunikationstechnologie auf die Mitarbeiterstärke und die Qualifikationsstruktur hatte. ○

10. Erkundet in einem Autohaus, was sich durch die technische Entwicklung in den letzten Jahrzehnten an den Fahrzeugen verändert hat. ○

11. Beschreibe Vor- und Nachteile neuer technischer Entwicklungen. ◒

12. Ermittelt, welche Umweltveränderungen sich in den letzten Jahren durch die Technikentwicklung in eurer Region vollzogen haben. ◒

Proteste gegen den Fluglärm am Frankfurter Flughafen

543
Haupthub 40 t
Hilfshub 8 t
SHB
Saalfelder Hebezeugbau GmbH
Baujahr 1998
MAFI

III Organisation von Arbeit

In diesem Kapitel werden eure Kompetenzen im Bereich Organisation der Arbeit vertieft. Ihr wisst bereits einiges über die Bedeutung von Arbeit und Arbeitsteilung und wie eine gute Arbeit gestaltet sein sollte. Auf den folgenden Seiten geht es in besonderer Weise um die Organisation von Arbeit im Betrieb, die Bewertung dieser Arbeit und auch um den Arbeitsschutz.

- **Was sind eigentlich Betriebe und was versteht man unter den betrieblichen Grundfunktionen?**
- **Was ist mit formeller und informeller Organisation in einem Unternehmen gemeint?**
- **Wie können Unfälle im Betrieb vermieden werden und was regelt der Arbeitsschutz?**
- **Wie kann betriebliches Handeln die Umwelt besser schützen?**
- **Wer bekommt wie viel Lohn und warum?**

1 Organisation der Arbeit zu Hause und im Betrieb

Was ihr schon wisst

Die **Arbeit**

- sichert die Existenz des Menschen
- bestimmt das Ansehen eines Menschen
- beeinflusst alle Bereiche des Lebens

Arbeit ist nicht gleich Arbeit! Es gibt unterschiedliche

Formen der Arbeit

- **Erwerbstätigkeit**
- **Hausarbeit**
- **Schule/Weiterbildung**
- **Ehrenamt**

In diesen Bereichen gibt es in der Gesellschaft

Arbeitsteilung

- **im Haushalt**
- **im Betrieb**
- **zwischen Betrieben**
- **weltweit**

Arbeit muss organisiert werden. Zu unterscheiden sind bei der

Organisation von Arbeit

- **Aufbauorganisation**
- **Ablauforganisation**

Die **Gestaltung der Arbeit**

und der Arbeitsaufgaben hat großen Einfluss auf die Leistung, die Motivation und das Wohlbefinden der Erwerbstätigen.

Schließlich wisst ihr, dass wir alle einen Beitrag leisten müssen für

Umweltschutz und Nachhaltigkeit

im Haushalt und im Betrieb.

Lest euch folgende Zeitungsartikelausschnitte durch:

Q

Frauen fordern bundesweit gleiche Bezahlung

[…]. Die roten Beutel sind Teil einer Aktion des Equal Pay Day (EPD), an dem sich Frauen auf der ganzen Welt beteiligen. Der Tag soll auf die Lücke beim Gehalt zwischen Männern und Frauen aufmerksam machen, die Handtaschen symbolisieren die roten Zahlen in den Geldbörsen der Frauen. Denn Frauen verdienen immer noch deutlich weniger als Männer. Hierzulande haben Frauen in Vollzeitbeschäftigung 21,6 Prozent weniger Einkommen als Männer […].

Quelle:
DIE ZEIT: http://www.zeit.de/karriere/beruf/2012-03/ankuendigung-equal-pay-day

Q

Chlorgas-Unfall in Fleischfabrik: Sieben Verletzte

In einer Fleisch- und Wurstwarenfabrik […] sind sieben Mitarbeiter durch Chlorgas verletzt worden. Eine Beschäftigte hatte beim Füllen einer Reinigungsanlage offenbar einen Fehler gemacht, sodass ein Chlorgasgemisch aus der Anlage strömte. Die Mitarbeiter […] atmeten das Gemisch ein und kamen zur Behandlung in ein Krankenhaus […]. Das Amt für Arbeitsschutz hat die weiteren Ermittlungen übernommen.

Quelle:
WZ: http://www.wz-news-line.de/home/panorama/chlorgas-unfall-in-fleischfabrik-sieben-verletzte-1.947085

Q

Rekord-Krankenstand in NRW

Der Krankenstand in NRW ist so hoch wie nie […]. Arbeitnehmer waren 2011 im Durchschnitt 13 Tage krankgeschrieben. […] Ein gutes Betriebsklima ist auch aus einem anderen Grund essenziell: Die Statistik zeigt, dass psychische Erkrankungen ein immer gewichtigerer Grund für Krankschreibungen werden. […]

Quelle:
WZ: http://www.wz-news-line.de/home/politik/nrw/rekord-kranken stand-in-nrw-1.947395

Q

Philips gibt Produktion von TV-Geräten ab

Der Elektronikkonzern Philips lagert endgültig sein Fernsehgeschäft aus. Die TV-Sparte des Unternehmens werde in ein Joint Venture übergehen, das sich zu 70 Prozent im Besitz des Hongkonger Konzerns TPV Technology befindet, teilte Philips am Montag mit.

Quelle:
Abendblatt: http://www.abendblatt.de/wirt-schaft/article2236114/Philips-gibt-Produktion-von-TV-Geraeten-ab.html

Q

Ölleck vor der Küste: Brasilien will Milliarden von Chevron

Zwei Lecks auf dem Chevron-Ölfeld „Frade“ verseuchen die Umwelt – für den Vorfall will Brasilien insgesamt gut 20 Mrd. Dollar von dem US-Konzern. Der hingegen sieht sich als Opfer und spricht von einer „Serie von Ungeheuerlichkeiten“. Brasiliens Staatsanwaltschaft hat nach einem neuen Ölleck vor seiner Küste eine zweite Milliardenklage gegen Chevron und Transocean eingereicht.

Quelle:
FTD: http://www.ftd.de/unternehmen/industrie/:oelleck-vor-der-kueste-brasilien-will-milliarden-von-chevron/70018514.html

1. a) Ordnet den Ausschnitten der Zeitungsartikel die Themen dieses Kapitels zu: Unfallverhütung/Arbeitsschutz, Organisation im Betrieb, Umweltschutz, Arbeitsbewertung/Entlohnung. ○

b) Tragt in der Klasse zusammen, was ihr zu diesen Themen bereits wisst. ○

Betriebe in einer marktwirtschaftlichen Ordnung

INFO

Die Begriffe Betrieb und Unternehmen werden häufig synonym verwendet. Streng ausgelegt gelten Betriebe als technisch-wirtschaftliche Einheiten, während der Begriff „Unternehmen" die juristischen und finanziellen Einheiten umfasst.

In diesem Kapitel sollen euch Kenntnisse über die Organisation betrieblicher Arbeit vermittelt werden. Damit ihr aber z. B. die Aufbauorganisation eures Praktikumsbetriebes versteht, müssen wir erst klären, warum es eigentlich Unternehmen gibt. Ihr wisst bereits, dass von Unternehmen Sachgüter und Dienstleistungen bereitgestellt werden, um die vielfältigen Bedürfnisse der Bürgerinnen und Bürger eines Landes zu befriedigen.

Doch zuallererst sind Unternehmen Einrichtungen, in denen Beschäftigte und Eigentümer ihr Einkommen für sich und ihre Familien erzielen wollen. Für die Arbeit bekommt der Arbeitnehmer oder die Arbeitnehmerin ein Einkommen und der Unternehmer oder die Unternehmerin erzielt mit dem Unternehmen Gewinn.

Weiter ist zu klären, was die immer wiederkehrenden, die sogenannten betrieblichen Grundfunktionen sind.

Lest euch dazu zunächst den Dialog in der Tischlerei Bode durch:

Herr Bode bei der Arbeit

B

Dialog in der Tischlerei Bode

Herr Meiser: „Tag, Meister Bode – gut, dass ich Sie treffe. Ich habe hier mal den „Muster-Flaschenhalter" mitgebracht.

Meister Bode: „Hallo, Herr Meiser, was haben Sie da?"

Herr Meiser: „Wir wollten doch neben den bestellten Gartenmöbeln dieses Jahr für unsere Kunden einen hölzernen Flaschenhalter passend zur Fußballeuropameisterschaft produzieren. Na, was sagen Sie zu diesem neuen Produkt?"

Meister Bode: „Sieht ja echt super aus, Herr Meiser! Aber lassen Sie uns kurz besprechen, welche Aufgaben in unserem Betrieb zu erledigen wären. Zuerst wäre zu klären, wann wir den Flaschenhalter auf den Markt bringen können und wie viel wir eigentlich produzieren wollen. Ach ja, und was soll das Ganze eigentlich kosten? Haben Sie schon einmal durchgerechnet, wie viel uns die Produktion kosten wird und für wie viel Geld wir den Flaschenhalter dann verkaufen können, um Gewinn zu machen?"

Herr Meiser: „Na ja: Der eine Dickenhobel ist defekt und wird erst in zwei Wochen repariert. Außerdem sind Frau Kramer und Herr Stein noch krank. Holz ist noch genug im Lager. Fehlt aber noch die Berechnung der Kosten …"

Meister Bode: „Das heißt also, in ungefähr zwei Wochen könnten wir mit der Produktion anfangen, sofern es sich lohnt! Aber davon gehe ich aus! Wenn Sie die Produktionskosten fertig berechnet haben, setzen Sie sich doch mal mit Frau Schlüter zusammen und entwerfen Sie ein Werbekonzept für unseren Flaschenhalter. Wir sprechen dann am Montag weiter."

Betriebliche Grundfunktionen: Beschaffung – Produktion – Absatz

Damit ein Betrieb ein Produkt herstellen kann, muss es zuerst sogenannte „Produktionsfaktoren" beschaffen. Produktionsfaktoren sind:
- Arbeit, z. B. Arbeitskräfte
- Betriebsmittel, z. B. Maschinen zur Herstellung von Produkten, wie Sägen, Bohrer oder Ähnliches
- Werkstoffe, z. B. Holz (Grundstoff) oder Leim (Hilfsstoff)

Beschaffung: Um ein Produkt herzustellen, muss man dafür sorgen, dass die benötigten Materialien und Arbeitskräfte zur richtigen Zeit und in der gewünschten Menge im Betrieb vorhanden sind. Außerdem muss geklärt werden, woher die Materialien kommen und wer sie anliefert.

Produktion: Nachdem alle wichtigen Produktionsfaktoren beschafft wurden, hat der Betrieb nun die Aufgabe, sein Produkt zu produzieren! Allgemein versteht man unter Produktion die Erstellung von Sachgütern. Dabei ist eine Planung der einzelnen Produktionsschritte sehr wichtig. So muss z. B. geklärt werden, in welcher Reihenfolge die einzelnen Arbeitsschritte ablaufen und welche Werkzeuge und Maschinen benötigt werden. Außerdem wird darüber entschieden, in welcher Menge und mit welcher Ausstattung ein bestimmtes Produkt hergestellt wird.

Absatz: Ein Betrieb muss für seine Produkte Käufer finden, sonst macht er keinen Gewinn. Das Verhalten und die Wünsche der Verbraucher muss man kennen, damit man sich mit seinen Angeboten auf deren Bedürfnisse einstellen kann. Außerdem muss klar sein, welche Ziele verfolgt werden sollen. Will man z. B. den Bekanntheitsgrad eines Produktes erhöhen oder soll ein neues Produkt auf den Markt gebracht werden? Wenn diese Punkte geklärt sind, stellt sich die Frage, auf welchem Weg diese Ziele verfolgt werden. Dabei spielen alle Maßnahmen eine Rolle, die dazu dienen, ein Produkt bekannter zu machen und zu verkaufen, z. B. durch Werbung.
Dies ist eine sehr vereinfachte Darstellung, die sich insbesondere auf einfache Sachgüter wie unseren Flaschenhalter gut anwenden lässt. Bei der Produktion komplexerer Güter oder auch im Dienstleistungsbereich fällt die Beschreibung der drei Funktionen nicht immer ganz leicht.

1. Liste auf, welche Aufgaben mit der Herstellung des Flaschenhalters einhergehen. Sortiere diese anschließend den drei Grundfunktionen zu. ○

2. Erkläre die drei betrieblichen Grundfunktionen an einem selbstgewählten Beispiel ◒
a) aus dem Bereich der Sachgüter und
b) aus dem Bereich der Dienstleistungen.

Absatzstrategien verändern sich

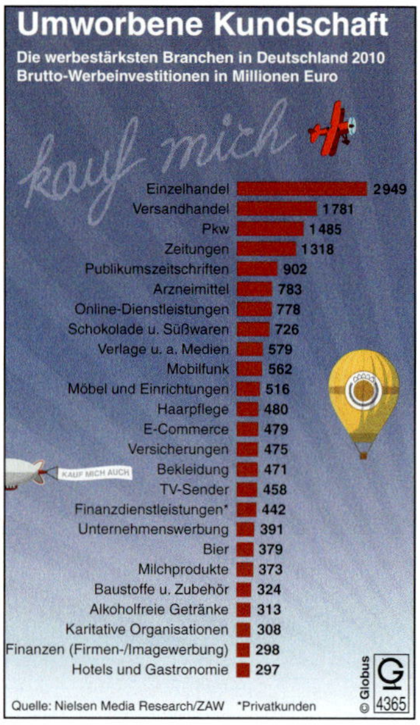

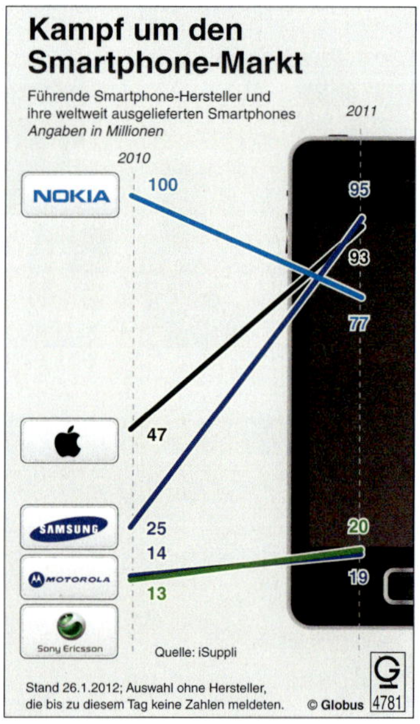

Q

Lesen im digitalen Zeitalter

[...] Während des Frühstücks in Ruhe die Tageszeitung durchzublättern gehört für viele zu einem gelungenen Start in den Tag. Doch oftmals fehlt hierfür die Zeit. Dann müssen Alternativen her, und diese sind inzwischen meist digital. Neuigkeiten findet der Leser auf den Internetseiten der Verlage. Viele Zeitungen kann er sich dort als E-Paper ansehen oder Beiträge als Podcast runterladen. Cross-Media-Publishing nennt sich dieses Konzept: Derselbe Inhalt wird in verschiedenen Medien und Formaten bereitgestellt und aufbereitet. Hinzu kommen zusätzliche Hintergrundinfos oder Fotostrecken. Und natürlich darf ein Meinungsaustausch zum gelesenen Artikel im Internet nicht fehlen. Auch im Bereich des Buchmarktes hat das digitale Zeitalter längst Einzug gehalten: E-Books, die schnell auf Lesegeräten gespeichert werden können, sind zunehmend in den Online-Shops der Buchhändler zu finden. Und auf zahlreichen iPods sind Hörbücher gespeichert. Der Markt mit solchen Buch-CDs oder -Downloads boomt besonders. Hörbücher gelten als Umsatzgaranten und bringen nach Angaben des Börsenvereins des Deutschen Buchhandels jährlich etwa 200 Millionen Euro ein. Das hat auch Folgen für die Verkaufsstrategien der Verlage. Wurden früher nur Bestseller oder Standardliteratur als Hörbuch veröffentlicht, kommt bei vielen Neuerscheinungen mittlerweile die Hörversion gleichzeitig mit dem Printexemplar auf den Markt. Bekannte und einprägsame Stimmen wie Christian Brückner (Synchronsprecher von Robert de Niro) oder Dirk Bach sind besonders gefragt und treiben den Verkauf des jeweiligen Hörbuchs zusätzlich in die Höhe. Diese Entwicklungen sind Beispiele für einen umfassenden Strukturwandel: Unser Leben und damit unsere Konsumgewohnheiten verändern sich aufgrund technologischer Entwicklungen. Dank leistungsstarker Handys, Smartphones, Tablet-PCs oder Netbooks sind Informationen und Unterhaltung ständig und überall abrufbar. Auf diese Veränderungen muss die Medienbranche reagieren, will sie weiterhin erfolgreich bestehen. Eine ähnliche Herausforderung brachte übrigens die Erfindung des Fernsehens mit sich. Das TV hat das Radio und das Kino damals aber nicht wie ursprünglich befürchtet ersetzt, sondern vielmehr verändert. Neue Märkte sind entstanden. Und neue Märkte bieten damals wie heute Chancen für alle Akteure, die bereit sind, die Herausforderungen anzunehmen.

Quelle:
Maren Kienaß, in: Handelsblatt Newcomer, Ausgabe 13, April 2011

1. „Neue Märkte bieten damals wie heute Chancen für alle Akteure." Erläutere und beurteile diese Meinung.

2. Ermittle Beispiele für den Absatz via Netbooks und Smartphones in den in der Grafik genannten Branchen. Zum Beispiel kann ich heute einen Pkw im Internet kaufen.

Starthilfe zu Aufgabe 1: „Neue Märkte" sind neue Produkte und neue Absatzwege, die sich durch technische Neuerungen ergeben.

Organisation eines Unternehmens

In der Bundesrepublik Deutschland gibt es mehrere Millionen Unternehmen ganz unterschiedlicher Art und Größe, die mit ihren Produkten und Dienstleistungen untereinander im Wettbewerb stehen, und zwar nicht nur innerhalb Deutschlands, sondern auch mit anderen Ländern. Sie müssen Entscheidungen über ihre Produkte und über die Organisation in ihrem Unternehmen treffen und die Arbeit so organisieren, dass alles reibungslos läuft. Was es mit den Grundfunktionen Beschaffung, Produktion und Absatz auf sich hat, habt ihr bereits erfahren.

Ohne eine gute Organisation der betrieblichen Abläufe würde in jedem Unternehmen schnell ein Chaos ausbrechen und keiner wüsste, was eigentlich zu tun ist. Deshalb: Überall dort, wo viele Menschen zusammenarbeiten, muss die Arbeit organisiert werden, damit ein Unternehmen die drei betrieblichen Grundaufgaben Beschaffung – Produktion – Absatz auch erfüllen kann. Häufig verwendet man dazu Organigramme, die die Zusammenhänge zwischen Abteilungen oder Mitarbeitern aufzeigen. Hier ein Beispiel:

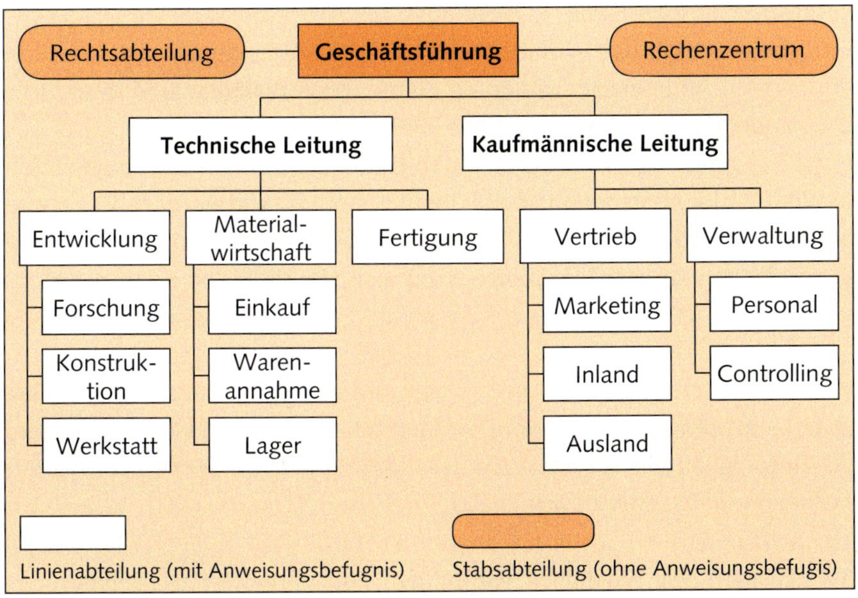

Aufbauorganisation

1. Erläutere, wie die betrieblichen Grundfunktionen
   a) an deiner Schule,
   b) in deinem Praktikumsbetrieb und
   c) in einem Unternehmen deiner Wahl erfüllt werden.

2. Ermittle die Aufbauorganisation deines Praktikumsbetriebes oder eines anderen Unternehmens. Bereite zu diesem Zweck ein Gespräch mit einem Mitarbeiter oder dem Eigentümer vor Ort vor.

INFO

formal
die äußere Form betreffend
informell
nicht offiziell; ohne formalen Auftrag

Die informelle Organisation eines Unternehmens

Aufbau- und Ablauforganisation eines Betriebes werden als die formale Organisation eines Betriebes bezeichnet. Aber viele Vorgänge spielen sich in einem Betrieb auf einer ganz anderen, auf der informellen, d. h. nicht offiziellen Ebene ab.

B Martin, 33 Jahre, Versicherungsfachangestellter: „Zurzeit fällt es mir wirklich schwer, mich auf die Arbeit zu konzentrieren. Wir haben gerade unser erstes Baby bekommen und meine Nächte sind im Augenblick wirklich kurz. Manche Kollegen beschweren sich schon und meinen, ich leiste zu wenig."

Sonja, 24 Jahre, Groß- und Außenhandelskauffrau: „Seitdem ich in dieser Abteilung arbeite, habe ich das Gefühl, ich schaffe viel mehr als vorher. Meine Kollegen hier sind aber auch viel hilfsbereiter und freundlicher. Da fühle ich mich viel wohler, wenn ich morgens zur Arbeit komme."

Kollegen bei einer Geburtstagsfeier

Die Qualität der Beziehungen der Arbeitnehmer im Betrieb untereinander nennt man Betriebsklima. Es beeinflusst die Arbeitszufriedenheit, die Leistungsbereitschaft, das Wohlbefinden und das Verhalten zu Hause und in der Familie. Andererseits wirken sich familiäre Verhältnisse und besondere Umstände auf das Arbeitsverhalten im Betrieb aus. Ihr kennt das auch aus eurer Klassengemeinschaft. Den einen Mitarbeiter mag man, den anderen nicht. Das ist von Stimmungen abhängig. Krankheit und Ärger in der Familie haben meistens einen großen Einfluss auf die Arbeit. Oder: Eine alleinstehende Mutter mit der Doppelbelastung von Haushalt und Beruf hat mehr Stress als ein Mann, der sich voll auf seinen Beruf konzentrieren kann.

Weitere Probleme können sein: die Angst um den Arbeitsplatz, der Aufschub einer längst fälligen Beförderung, andauernder Streit mit dem Vorgesetzten, die Eintönigkeit der Arbeit. Auch der Führungsstil von Vorgesetzten wirkt sich stark auf das Betriebsklima aus.

1. Erläutert, wie Situationen, wie auf dem Foto dargestellt, das Betriebsklima beeinflussen können. Übertragt dies auf euer Klassenklima.

2. Erklärte den Cartoon in der Randspalte.

3. Führe weitere Beispiele an, die zeigen, wie die Organisation eines Unternehmens durch die informellen Beziehungen beeinflusst werden kann.

4. Nimm Stellung zu folgender Aussage: *„Die Unternehmensführung muss sich bemühen, die positiven Effekte der informellen Beziehungen in einem Unternehmen zu fördern."* Formuliere dazu Beispiele.

"What we need in this organisation is more personal contact."

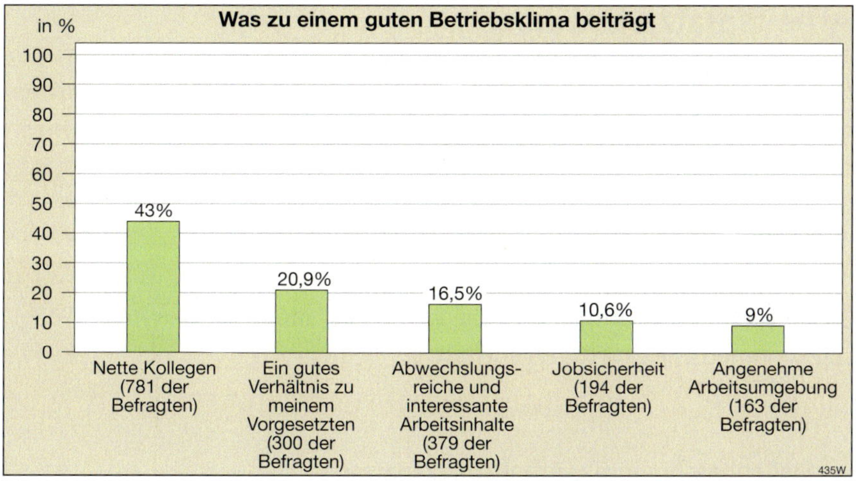

Quelle: www.rp-online.de/public/bilder showinline/aktuelles/beruf/arbeitswelt/24947, nach einer Studie des Karriereportals Monster

Es gibt Faktoren, die auf das Betriebsklima Einfluss haben. In einer Abteilung arbeiten z. B. zwei Personen, die auch private Beziehungen haben, etwa als Nachbarn, als Mitglied in einem Sportverein, in einer Partei, im Kegelclub.

Informelle Gruppen bilden sich aber auch aufgrund von sozialen Gemeinsamkeiten wie Herkunft, Alter oder gemeinsamen Interessen, die nicht mit offiziellen betrieblichen Vorgängen in Zusammenhang stehen. Dies können z. B.

- Tischgruppen in der Kantine,
- Plaudergruppen,
- Anhänger von Fußballmannschaften,
- Nationalitäten (Ausländer, Immigranten) sein.

Solche informellen Gruppen können sich positiv auswirken. Es gibt aber auch viele Beispiele, die zeigen, dass schnell Probleme entstehen können.

Schulfoto einer Klasse

B Reiner Enders und Wolfgang Stolz sind Mitglieder in dem ortsansässigen Fußballverein und Kollegen in der gleichen Abteilung in einem Unternehmen. Am Samstagabend bei einer Vereinssitzung kam es zwischen den beiden zu einer heftigen Meinungsverschiedenheit über die Jugendarbeit in dem Verein. Schon länger gibt es Streitigkeiten zwischen ihnen, die sich leider auch auf die Arbeit auswirken. Kollegen beschweren sich schon beim Chef …

1. Untersucht das Arbeitsklima innerhalb eurer Klasse und benennt, was eure Arbeit beeinflusst.

2. Diskutiert die Cliquenbildung in eurer Klasse und deren Einfluss auf das Arbeitsklima in der Klasse.

3. Entwickelt Lösungansätze für den Konflikt zwischen Reiner Enders und Wolfgang Stolz und dessen mögliche positive Auswirkungen.

Arbeitsplatzerkundung

Die Erkundung eines Arbeitsplatzes kann sehr dabei helfen, zu erfahren, was eine Person an einem Arbeitsplatz macht, unter welchen Bedingungen sie arbeitet, welche Qualifikation sie zur Erledigung der Aufgaben benötigt usw. Die Arbeitsplatzerkundung beinhaltet drei wichtige Schritte:

Vorbereitung

1. Vorbereitung

Soll die Erkundung erfolgreich sein, ist sie sorgfältig vorzubereiten. Als Beispiel nehmen wir eine Kfz-Werkstatt.

Stellenbeschreibung, Arbeitsplatzanalyse

Für viele Arbeitsplätze im Betrieb oder in einer Verwaltung gibt es eine Stellenbeschreibung. Was steht in solch einer Stellenbeschreibung?

Bezeichnung der Stelle: *Reparatur*
Stelleneinordnung/Vorgesetzte Stelle(n): *Geschäftsführung*
Nachgeordnete Stelle(n): *keine*
Ort der Stelle: *Werkstatt*
Stellenaufgabe: *Reparatur von Pkws*
Stellenziele: *Service für Stammkundschaft verbessern, gelegentliche Mitarbeit bei laufenden Arbeiten*
Befugnisse: *Der Stelleninhaber/die Stelleninhaberin darf eigenständig Aufträge der Stammkundschaft annehmen.*
Anforderungen an den Stelleninhaber/-in: –
Ausbildung: *Kfz-Mechatroniker/-in*
Fachkenntnisse: *EDV-Kenntnisse*
Erfahrung: *kann eingearbeitet werden*
Persönliche Eigenschaften: *Kontaktfreudigkeit*
Arbeitszeit: *40 Stunden*

Kfz-Mechatronikerin bei der Reparatur

Eine Stellenbeschreibung wird vor allen Dingen für zwei Aufgaben benötigt:
- Sie beschreibt die Anforderungen, die eine Person für diese Stelle erfüllen muss.
- Sie ist eine Grundlage für die Festsetzung der Entlohnung.

Die Merkmale einer Stellenbeschreibung (Arbeitsaufgabe, Eingabe (Input), Betriebsmittel, Arbeitsablauf, Arbeitssituation, Umgebungseinflüsse und die Ausgabe (output)) sind euch bereits bekannt. Am Beispiel des Arbeitsplatzes einer Bürokauffrau in der Schule habt ihr gelernt, wie man eine Stelle beschreiben kann. Schaut euch nun die folgende Stellenausschreibung an und analysiert diese mithilfe des Rasters auf der gegenüberliegenden Seite. Berücksichtigt ebenfalls die euch bereits bekannten Merkmalen eines Arbeitsplatzes.

Stellenangebot: Kfz-Elektriker/Mechatroniker (m/w)
Beschäftigung: Vollzeitbeschäftigte/r
Ihre Aufgaben: Wartung, Reparatur und Instandsetzung der gesamten elektrischen und elektronischen Anlagen an Fahrzeugen (Lkw/Busse), Fehlerdiagnose und Fehlerbeseitigung, Durchführung der gesetzlichen Untersuchungen.
Ihr Profil: Wir erwarten eine abgeschlossene Berufsausbildung mit dem Schwerpunkt Elektronik, eine mehrjährige Berufserfahrung, gute EDV-Kenntnisse sowie eine zuverlässige und saubere Arbeitsweise. Ein Führerschein der Klasse C wäre wünschenswert. Des Weiteren erwarten wir eine selbstständige Arbeitsweise, hohe Einsatzbereitschaft, Flexibilität und ein freundliches Auftreten.
Wir bieten: Leistungsgerechte Bezahlung – Urlaubs- und Weihnachtsgeld – unbefristetes Beschäftigungsverhältnis – Weiterbildungsmöglichkeiten – individuelle Mitarbeiterbetreuung im angenehmen Arbeitsumfeld eines innovativen Unternehmens.

2. Durchführung
Vor der Durchführung müsst ihr klären, wer welche Aufgaben übernimmt. Während der Durchführung solltet ihr euch in Gruppen aufteilen und die Erkundungsaufgaben ausführen. Die Ergebnisse haltet ihr für die sich anschließende Auswertung schriftlich fest.

Durchführung

3. Auswertung
Die Ergebnisse dieser Arbeitsplatzerkundung werden dann in der Klasse ausgewertet: Was war gut? Was muss beim nächsten Mal besser gemacht werden?

Auswertung

1. Stellt Fragen für die Erkundung des Arbeitsplatzes eines Kfz-Elektrikers/Mechatronikers zusammen, die ihr im Anschluss auf einem Fragebogen zusammenfasst. ●

2. Erkundet, wie sich der Arbeitsplatz unter dem Einfluss neuer Technologien gegenüber früher verändert hat. ●

2 Unfallverhütung und Arbeitsschutz

Die Berufstätigkeit oder auch das Praktikum bergen Gefahren. Schaut euch dazu an, in welchen Bereichen welche Unfälle im Jahr 2009 passiert sind.

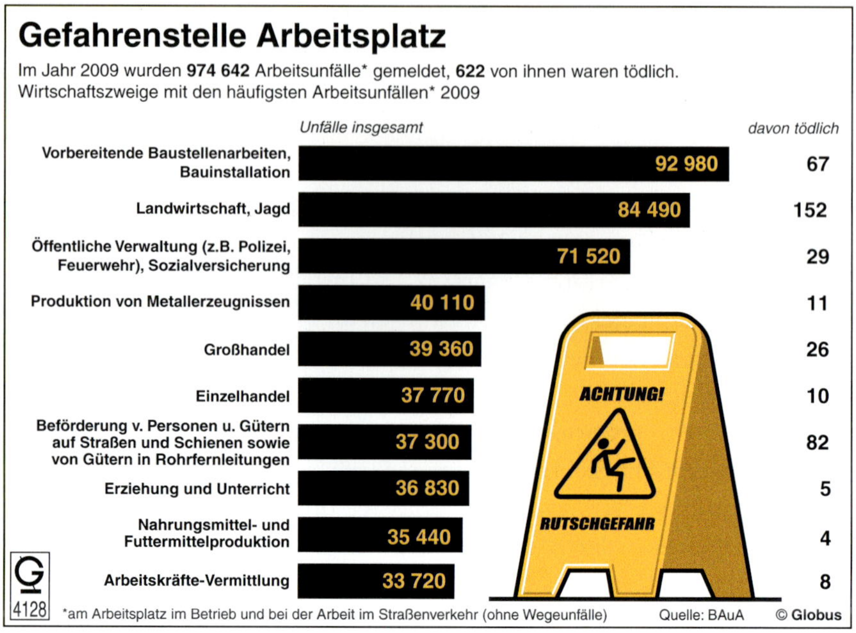

Für euer Betriebspraktikum können z. B. die folgenden Regeln gelten:

Q

Allgemeine Regeln zur Unfallverhütung

- Mängel an Maschinen, Werkzeugen, Leitern und allen anderen Arbeitsgeräten solltest du sofort melden! Sonst erleidet vielleicht der Nächste einen Unfall, bevor er den Fehler bemerkt hat.
- Entferne nie Schutzvorrichtungen und Sicherheitseinrichtungen. Sonst ist der Unfallschutz an der Maschine nicht mehr gewährleistet.
- Schütze dich bei gefährlichen Arbeiten. Schutzbrillen, Helme usw. sind jahrelang erprobt und haben viele vor ernsten Verletzungen bewahrt.
- Hantiere nicht an fremden Maschinen. Zu jeder Maschine gehört eine spezielle Bedienungsanweisung; an jeder Maschine wirst du angelernt. Schon beim Einschalten können nämlich Unfälle geschehen, z. B. dadurch, dass in Drehbänken lose eingespannte Werkzeuge weggeschleudert werden.
- Trage enganliegende Kleidung beim Arbeiten an Maschinen und Triebwerken! Weite Kleidung, lose Bänder, lange Haare werden durch umlaufende Teile von Maschinen leicht erfasst.
- Lies die Unfallverhütungsvorschriften und befolge sie genau! Fast für jeden Berufszweig gibt es bestimmte Unfallverhütungsvorschriften. Sie sind die „Spielregeln der Arbeit“, werden von den Berufsgenossenschaften erlassen und sind aus langjähriger Erfahrung entstanden.

Quelle: Maschinenbau- und Kleineisenindustrie-Berufsgenossenschaft, Das Leben liegt noch vor dir – Ein Leitfaden für junge Leute, Seite 5

„Halb so schlimm, Kopfschmerzen hatte ich schon vorher."

„Für diesen Sprung würdest Du beim Eislaufen die Höchstnote bekommen!"

Ohne Worte

Arbeitsschutz

Durch Artikel 1 Abs. 1 (Schutz der Menschenwürde), Artikel 2 Abs. 2 (Recht auf körperliche Unversehrtheit) und Artikel 20 (Sozialstaatsprinzip) des Grundgesetzes hat der Schutz von Leben und Gesundheit der Arbeitnehmer eine verfassungsrechtliche Grundlage. Das beinhaltet aber kein Grundrecht auf eine risikofreie Arbeitswelt, weil dies das menschliche Erkenntnisvermögen überschätzen und weithin jede Nutzung von Technik verhindern würde. Aus verfassungsrechtlichen Gründen hat also der Arbeitsschutz die Aufgabe, die Arbeitnehmer vor gesundheitlichen Gefährdungen zu schützen. Über den unmittelbaren Gesundheitsschutz hinaus gehören auch die Förderung der menschengerechten Gestaltung der Arbeit und die Erhaltung der Arbeitskraft zu den Aufgaben des Arbeitsschutzes.

„Das kannste glauben, das wirkt hundertprozentig."

Sozialer Arbeitsschutz

Zum sozialen Arbeitsschutz gehören insbesondere der Arbeitszeitschutz und die Vorschriften für besonders schutzbedürftige Personengruppen (Mütter, Jugendliche, Schwerbehinderte).

1. Analysiert die Statistik auf Seite 84. Diskutiert die möglichen Gefahren in den genannten Branchen. ◒

2. Beschreibt, welche Unfallgefahren auf den Karikaturen dargestellt werden. ○

3. Erkundet in Betrieben Arbeitsschutzmaßnahmen. In größeren Betrieben solltet ihr den/die zuständige(n) Sicherheitsbeauftragte(n) befragen. ●

Mutterschutz

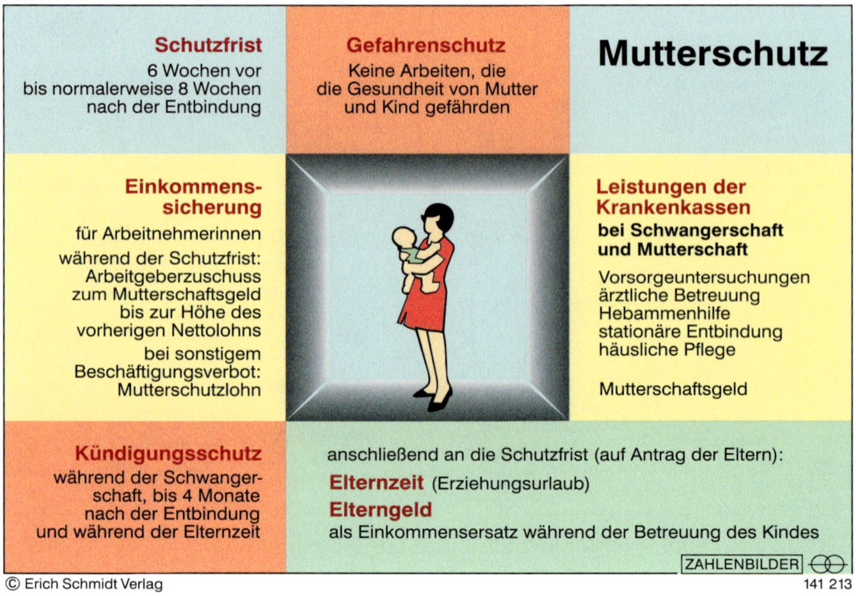

Jugendarbeitsschutzgesetz

Der Jugendarbeitsschutz gilt für Jugendliche unter 18 Jahren. Kernpunkt sind Arbeitszeitregelungen. Um die Heranwachsenden zu schützen, dürfen sie keine gefährlichen und zu schweren Arbeiten zugeteilt bekommen. Pflicht ist der Besuch des Berufsschulunterrichts, für den Jugendliche von der Arbeit freigestellt werden müssen.

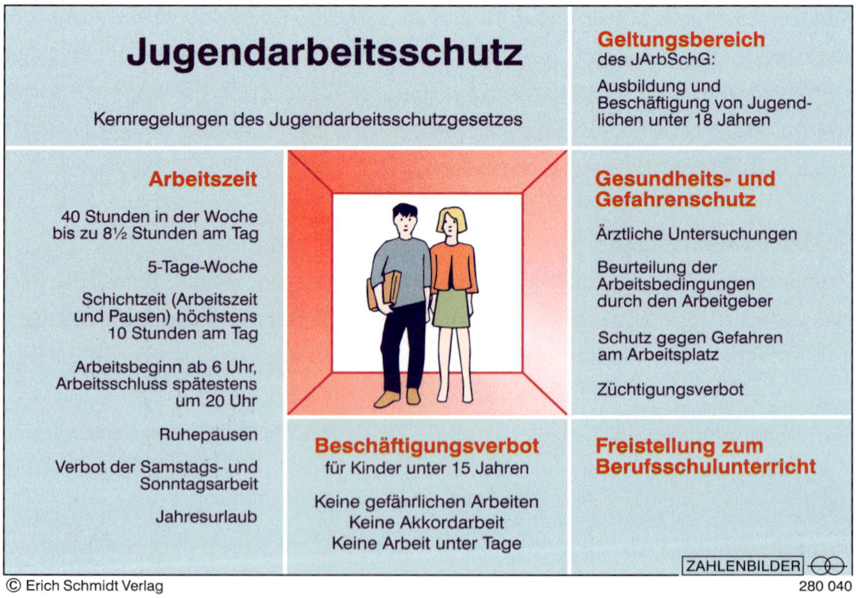

1. Werte die Schaubilder aus. Was regeln der Mutterschutz und der Jugendarbeitsschutz? ○

Technischer Arbeitsschutz
Zum technischen Arbeitsschutz zählen beispielsweise die Sicherheit von gefährlichen Anlagen, Gerätesicherheit, Schutz vor schädlichen Einwirkungen. Aus den Vorgaben der Verfassung hat der technische Arbeitsschutz insbesondere die Aufgabe, Arbeitnehmer vor gesundheitlicher Gefährdung bei der Arbeit und durch die Arbeit zu schützen.

Arbeitsstätten und Betriebshygiene (Arbeitsstättenverordnung 1976)
Arbeitsräume und -plätze müssen eine bestimmte Größe haben. Beleuchtung, Belüftung und Klima müssen stimmen. Es sind Pausen-, Umkleide-, Liege-, Sanitär- und Sanitätsräume einzurichten. Es ist darauf zu achten, dass Arbeitnehmer vor schädlichen Gasen und Dämpfen sowie vor zu viel Staub und zu starkem Lärm geschützt werden.

Werkzeuge, Maschinen, technische Anlagen und Fahrzeuge (Gerätesicherheitsgesetz 1968)
Sicherheitstechnische Gesichtspunkte können am besten bereits bei der Produktion verwirklicht werden. Daher dürfen Produzenten und Importeure Maschinen, Werkzeuge und andere Arbeitsmittel nur in den Verkehr bringen, wenn sie den geltenden Sicherheitsvorschriften und den sonstigen sicherheitstechnischen Regeln entsprechen, sie also bei ordnungsgemäßer Benutzung ungefährlich sind. Darüber hinaus sind Anlagen, von denen besondere Gefahren ausgehen können, regelmäßig zu prüfen.

Gefahrstoffe (Gefahrstoffverordnung 1986)
Gefährliche Stoffe – z. B. giftige, ätzende, hochentzündliche oder Krebs erzeugende – müssen gekennzeichnet sein, damit entsprechende Schutzmaßnahmen getroffen werden können. Es gibt besondere Vorschriften über das Inverkehrbringen solcher Stoffe. Außerdem gelten für den Umgang mit gefährlichen Stoffen besondere Sicherheitsvorkehrungen und Verpflichtungen zur Information der Beschäftigten.

Persönliche Schutzausrüstungen (Arbeitssicherheitsgesetz 1973)
Auch wenn der Grundsatz gilt, dass persönliche Schutzausrüstung nur einzusetzen ist, wenn andere technische Möglichkeiten nicht oder nicht ausreichend Unfallgefahren ausschließen: Zur Sicherheit am Arbeitsplatz kann und muss jeder selbst beitragen. Beim Schweißen muss beispielsweise eine Schutzbrille, beim Arbeiten mit ätzenden Stoffen müssen Schutzhandschuhe getragen werden. Um ständig an sicherheitsgerechtes Verhalten zu erinnern, gibt es zahlreiche optische und akustische Warnhinweise.

1. Beurteile, ob sich Arbeitsschutz auch wirtschaftlich lohnt.

2. Erkundet in der Schule Regelungen zum Arbeits- und Unfallschutz. Berücksichtigt dabei insbesondere die Technikräume in eurer Schule.

Starthilfe zu Aufgabe 1: Berücksichtige bei deinen Überlegeungen, welche Kosten bei Unfällen ggf. entstehen können.

3 Wirtschaftliches Handeln und Umweltbelastung

Wir alle haben Interesse an einer sauberen Umwelt. Alle möchten saubere Luft atmen, in sauberen Seen schwimmen usw. Gleichzeitig möchte jeder nach Möglichkeit wenig belastet werden, wenn es um den eigenen Beitrag zu einer gesunden Umwelt geht. Belastend können etwa höhere Ausgaben sein (z. B. teurere Mehrwegprodukte im Haushalt) oder mehr Zeit, die aufgewendet werden muss (z. B. bei der Nutzung von Bus und Bahn statt des eigenen Autos). Gleichwohl stecken der Staat und die Betriebe viel Geld in den Umweltschutz.

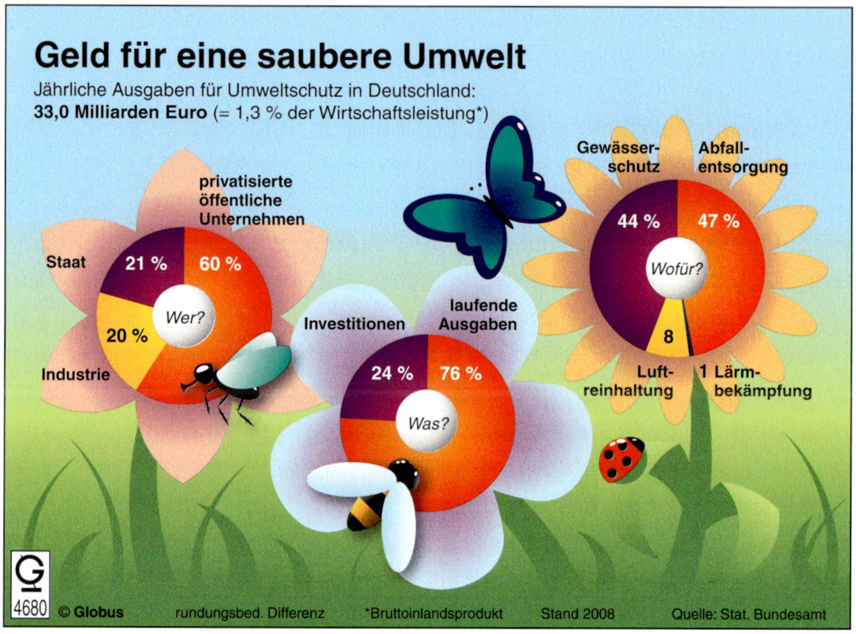

Der Artikel aus dem Handelsblatt auf der folgenden Seite erklärt das grundlegende Dilemma beim Umweltschutz. Aber er ist nicht ganz leicht zu verstehen; deswegen wird er im Anschluss für euch erklärt.

1. „Alle sind für eine saubere Umwelt, aber jeder möchte so wenig wie möglich belastet werden!" Diskutiert den Satz und findet Beispiele aus der Sicht von Konsumenten und Produzenten.

2. Betrachte die Grafik „Geld für eine saubere Umwelt" und
- a) nenne Beispiele, welche Maßnahmen der Staat für eine saubere Umwelt ergreifen kann.
- b) nenne Beispiele für betriebliche Investitionen in den Umweltschutz.
- c) ermittle, wie viel Euro der Staat und die Unternehmen 2008 für die Abfallentsorgung ausgegeben haben.
- d) recherchiere auf den Seiten des Statistischen Bundesamtes (www.destatis.de), ob sich die Zahlen seit 2008 verändert haben.

Starthilfe zu Aufgabe 2 a): Orientiert euch dabei an den Angaben in der Blume „Wofür?".

Q **Erst langsam Sorge um Ökosysteme**

Wo Firmen wachsen, muss die Natur meist weichen. Die Gier nach Größe und Gewinn hat den rasanten Verlust der Artenvielfalt mit verschuldet. Bei einigen Konzernen beginnt ein Umdenken: Sie wollen expandieren, ohne dabei Lebensgrundlagen zu zerstören. [...] Während viele Führungskräfte den Klimaschutz als relevant erachten, nehmen sie den Schwund von Ökosystemen, Tier- und Pflanzenarten kaum wahr. „Sie unterschätzen die finanziellen und rechtlichen Markenwertrisiken für ihr Geschäft. BP ist ein ausgezeichnetes Beispiel", warnt Barbara Wieler von der Beratungsgesellschaft Pricewaterhouse Coopers. [...] Dabei hat der Schwund an Biodiversität allein 2008 je nach Schätzung Verluste bis zu 4,5 Milliarden US-Dollar verursacht. Grund für die weit verbreitete Ignoranz: Leistungen für das Ökosystem haben in der Regel keinen Marktpreis. Kosten für Umweltschäden tragen Versicherer, die Bevölkerung und Steuerzahler. Biodiversität ist wirtschaftsrelevant, nicht nur für Landwirtschaft, Fischerei, Lebensmittel- und Getränkehersteller, sondern für viele Branchen. Eine intakte Umwelt ist die Geschäftsgrundlage beispielsweise für Papier- und Holzwirtschaft, Touristik, Öl- und Gasindustrie, Bergbau, Energieproduktion, Handel sowie Chemie- und Pharmaindustrie. [...] Wer nicht nachhaltig handelt, dem droht Schaden für sein Geschäft. [...] Wer dies ignoriert, verliert im Extremfall die gesellschaftliche Akzeptanz. [...]

Q **Was bedeutet das? Wir erklären den Handelsblatt-Artikel für euch:**

Dass viele Unternehmen auf den Schutz der natürlichen Lebensgrundlagen bislang keinen großen Wert legten, ist nicht neu. Das hat aber weniger mit bösem Willen zu tun, als vielmehr mit fehlenden Marktpreisen. Was bewirken Marktpreise? Marktpreise bilden sich überall dort, wo etwas angeboten und nachgefragt wird. Flohmärkte und Internetauktionsbörsen sind zwei Beispiele dafür, aber auch Supermärkte und Tankstellen zählen dazu. Die Preise lenken die Entscheidungen der Käufer und Verkäufer und zeigen an, welche Güter dringend benötigt werden und knapp sind. Bei einigen nützlichen Dingen wie der Artenvielfalt oder den Ökosystemen funktioniert der Mechanismus leider nicht. Der Grund: Diese sogenannten öffentlichen Güter sind frei zugänglich und kostenlos zu haben. Ein Markt kommt also überhaupt nicht zustande und damit auch kein Preis. Die Menschen können eben nicht daran gehindert werden, ein öffentliches Gut zu nutzen. Bestes Beispiel ist die Luft zum Atmen und das Klima, das wir beispielsweise täglich mit CO_2 durch das Autofahren belasten. Das hat zur Folge, dass die Kosten für die Beseitigung schlimmer Umweltschäden nicht diejenigen tragen, die sie auch verursacht haben. Die Gemeinschaft muss dafür aufkommen. Deshalb haben viele Unternehmen, aber auch Privatpersonen kaum Anreize, auf die Umwelt zu achten.

INFO

Biodiversität bedeutet biologische Vielfalt und steht für den Artenreichtum von Tieren und Pflanzen auf der Erde.

INFO

Ökosystem ist der Begriff für ein bestimmtes Gebiet, in dem Tiere, Pflanzen und der gesamte Lebensraum in gegenseitiger Abhängigkeit miteinander leben, wie z.B. eine Wüste oder der tropische Regenwald. Je artenreicher das Ökosystem, umso stabiler ist es.

Quelle:
Handelsblatt Newcomer Ausgabe 10, 2010, Susanne Bergius, S. 3

INFO

Markenwertrisiko beschreibt die Möglichkeit, dass das Ansehen einer bekannten Marke wie beispielsweise Coca-Cola®, Nike® oder Apple® abnimmt. Auslöser können firmeneigene Entscheidungen, Qualitätsprobleme, Skandale und vieles mehr sein. Sie können zur Folge haben, dass viele Menschen die Marke, also das Produkt oder das Unternehmen, kritischer sehen und nichts mehr von ihr kaufen.

Quelle:
Handelsblatt Newcomer Ausgabe 10, 2010, Simone Malz, IÖB Oldenburg, S. 3

Betriebserkundung

Eine wichtige Methode für die Analyse von wirtschaftlichen Sachverhalten ist die Erkundung von Lernorten außerhalb der Schule. Durch Gespräche mit Unternehmerinnen und Unternehmern oder den Beschäftigten erhaltet ihr einen realistischen Einblick in die Arbeits- und Wirtschaftswelt.

Für eine Betriebserkundung kommen Unternehmen aus den Wirtschaftsbereichen Landwirtschaft, Industrie und Dienstleistung infrage:

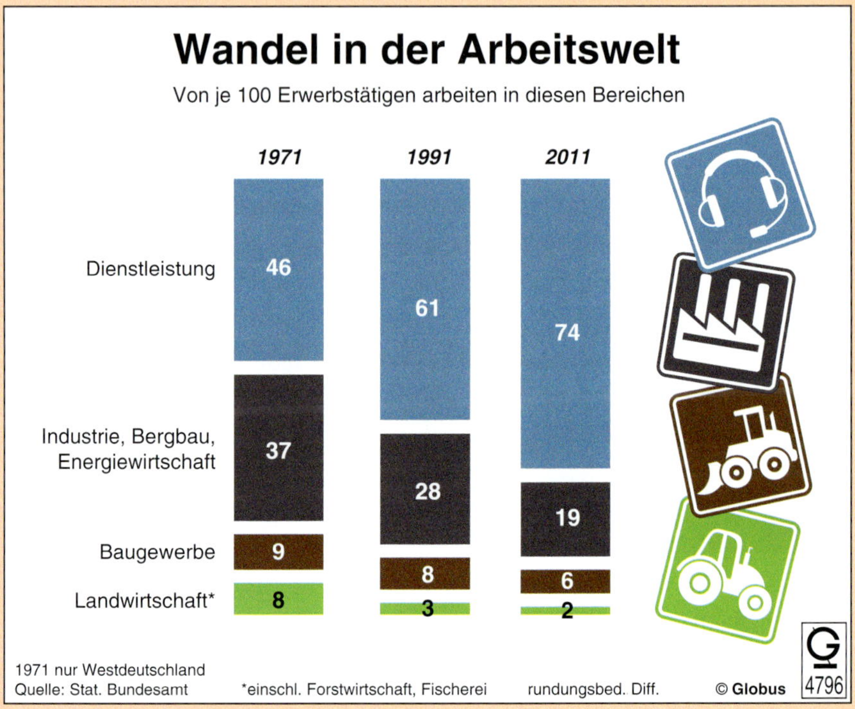

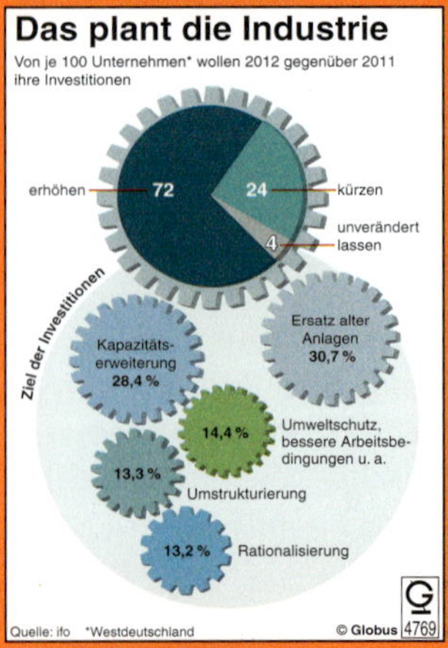

Hier findet ihr einen Vorschlag, wie ihr eine Betriebserkundung vorbereiten, durchführen und nachbereiten könnt.
Es gibt dabei zwei Varianten: Ihr wählt einen allgemeinen Schwerpunkt für eure Erkundung, passend zu den Themen in diesem Kapitel. Ausgangsfragen dazu könnten z. B. sein:

- Grundfunktionen: Wie sind die betrieblichen Grundfunktionen organisiert? (Beschaffung – Produktion – Absatz)
- Organisation: Wie ist der Betrieb organisiert?
- Umweltschutz: Was unternimmt der Betrieb in Sachen Umweltschutz? (vgl. hierzu Grafik in der Marginalie)
- Arbeitsschutz: Wie ist der Arbeitsschutz im Betrieb geregelt?
- Arbeitsbewertung und Entlohnung: Auf welcher Grundlage werden die Beschäftigten entlohnt?

Alternativ bereitet ihr auf dieser Grundlage eine Erkundung vor (vgl. S. 82).

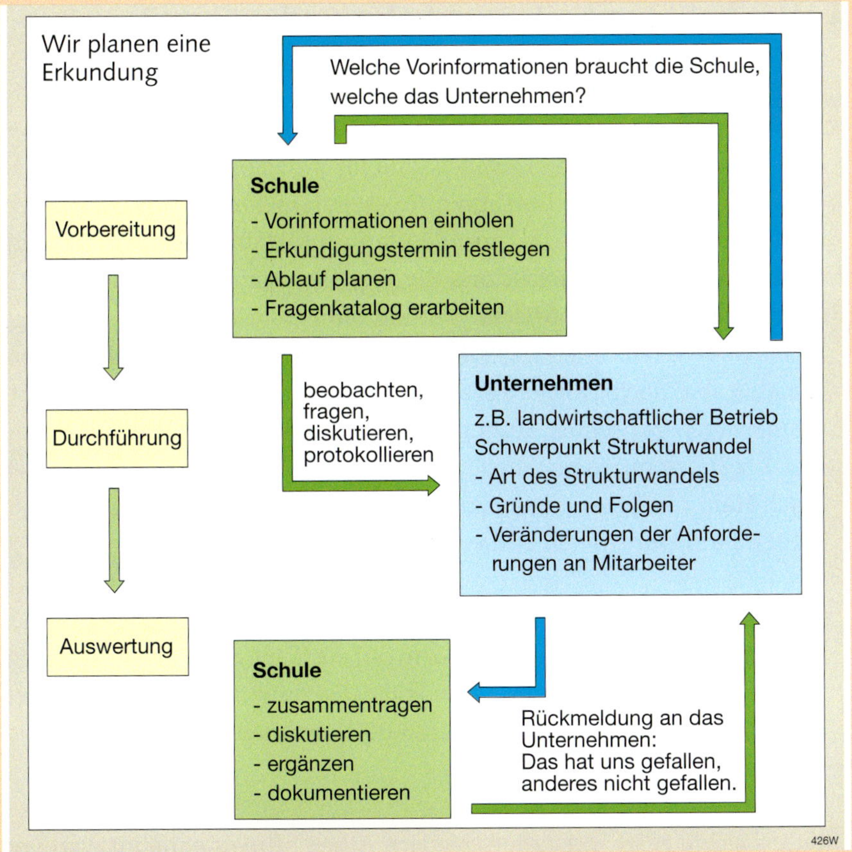

1. Vorbereitung

In beiden Fällen müsst ihr euch zunächst gut vorbereiten. Mit eurer Lehrkraft zusammen wählt ihr ein Unternehmen aus, das für eine Erkundung infrage kommt. Dann muss beim Unternehmen angefragt werden, ob ihr in einem bestimmten Zeitraum einen Besuch machen könnt. Im Anschluss könnt ihr im Unterricht die Erkundungsschwerpunkte festlegen und Fragen entwickeln. Diese solltet ihr aufschreiben und dem Ansprechpartner im Unternehmen rechtzeitig zukommen lassen, damit dieser sich gut vorbereiten kann.

2. Durchführung

Vor der Durchführung müsst ihr klären, wer welche Aufgaben übernimmt. Während der Durchführung solltet ihr euch in Gruppen aufteilen und die Erkundungsaufgaben ausführen. Die Ergebnisse haltet ihr für die anschließende Auswertung im Unterricht schriftlich fest.

3. Auswertung

Nach der Erkundung folgt die Auswertung der Ergebnisse. Dies könnt ihr z. B. mit Plakaten oder einer Wandzeitung machen. Die Präsentation der Ergebnisse sollte die wichtigsten Antworten auf eure Fragen enthalten. Wichtig ist in diesem Zusammenhang, dass ihr eure Beobachtungen und Erfahrungen nicht automatisch auf alle Betriebe übertragt.

Vorbereitung

Durchführung

Auswertung

Klassentreffen

4 Wer bekommt wie viel Lohn und warum?

B Beim ersten Klassentreffen nach zehn Jahren sehen sich David und Robert nach langer Zeit wieder. Beide hatten gemeinsam den Hauptschulabschluss gemacht und die zweijährige Berufsfachschule besucht. Nachdem sie dort ihren Realschulabschluss erworben hatten, haben sie gemeinsam eine Ausbildung zum Metallbauer in der Maschinenfabrik vor Ort gemacht und die Gesellenprüfung mit gutem Erfolg bestanden. Auch die Meisterprüfung haben sie zusammen abgelegt. Danach arbeiteten sie zwar schon in verschiedenen Unternehmen, besuchten aber noch gemeinsam einige Fortbildungen. David arbeitet heute immer noch bei seiner Ausbildungsfirma und ist zum Abteilungsleiter der Kfz-Reparaturwerkstätten aufgestiegen. Robert zog nach einiger Zeit nach Hannover, wo er einen gut bezahlten Job bekommen hat. In seiner neuen Firma leitet auch er die Kfz-Reparaturwerkstätten.

Als die beiden sich über ihren Lohn unterhalten, stellen sie fest, dass sie ganz unterschiedlich verdienen, obwohl sie beide das Gleiche machen. Sodass David feststellt: „Im Grunde machst du ja nichts anderes als ich auch, nur dass du monatlich satte 500 Euro mehr hast. Eigentlich ist das nicht gerecht …“

Die Geschichte zeigt, wie unterschiedlich Arbeit oftmals entlohnt wird und dass häufig die Frage auftaucht, welcher Lohn denn nun „gerecht“ ist. Eigentlich müssten David und Robert gleich viel verdienen, sie haben die gleiche Qualifikation und betreuen beide den gleichen Aufgabenbereich.

Die Frage, ob Robert nun zu viel oder David zu wenig verdient, was also „gerechter“ Lohn ist, lässt sich jedoch nicht einfach beantworten.

Die Lohnhöhe hängt von verschiedenen Dingen ab, wie z. B.:
- dem Berufsabschluss
- der beruflichen Erfahrung
- der Länge der Betriebszugehörigkeit
- der Verantwortung, die man übernimmt
- der Größe der Firma, in der man arbeitet
- der Branche, in der man tätig ist (hier sind die Automobil- und die Chemiebranche Spitzenreiter bei der Höhe des Einkommens)

1. Benenne Gründe, warum das Einkommen von Robert höher ist als das seines Schulfreundes David. ○

2. Vergleiche die unterschiedlichen Einkommenshöhen im nebenstehenden Artikel und nenne Gründe, warum die Gehälter so unterschiedlich sind. ◒

Gehaltsvergleich, häufigste Berufe:

1. Bürokauffrau Ø 1716 €
2. Industriekauffrau Ø 2164 €
3. Steuerfachangestellte Ø 1855 €
4. Kaufmann im Groß- und Auß. Ø 1981 €
5. Einzelhandelskaufmann Ø 1683 €
6. Sachbearbeiterin Büro Ø 2072 €
7. Softwareentwickler Ø 3436 €
8. Altenpflegerin Ø 1720 €
9. Physiotherapeutin Ø 1717 €
10. Arzthelferin Ø 1460 €
11. Sekretärin Ø 2145 €
12. Speditionskaufmann Ø 2348 €
13. Controller Ø 3593 €
14. Koch Ø 1596 €
15. Rechtsanwaltsfachangest. Ø 1657 €

Quelle: http://www.gehaltsvergleich.com/, 10.4.2012

B Ein neuer Abteilungsleiter ist in Davids Unternehmen für den Entwicklungsbereich eingestellt worden. Wer neu in eine Firma kommt und gleich als Abteilungsleiter eingestellt wird, muss schon etwas „auf dem Kasten“ haben. Und so wird Davids neuer Kollege F. Kuhn genauso hoch entlohnt wie David, obwohl er noch nicht so lange in dem Unternehmen arbeitet. Seine Leistung und die hohe Verantwortung werden gut bezahlt (Leistungsprinzip).

Herr Arndt

Aber darf Leistung der einzige Bewertungsmaßstab für Einkommen sein? Falls ja, was geschähe mit solchen Menschen, die nicht am Erwerbsleben teilnehmen können, weil sie z. B. krank oder unfreiwillig arbeitslos sind? Sie blieben ohne Einkommen, müssten vielleicht auf ihre Ersparnisse zurückgreifen oder schlimmstenfalls sogar betteln gehen.

Allerdings können auch Menschen, die arbeiten, häufig größere finanzielle Belastungen haben als andere. Georg K. muss als alleinverdienender Familienvater für fünf Personen sorgen. Hier entlastet der Staat Herrn K., indem er weniger Steuern zahlen muss und zusätzlich Kindergeld bekommt. Er erhält also mehr Lohn als ein Junggeselle (Sozialprinzip).

B Herr Arndt arbeitet als ungelernter Arbeiter in einer Raffinerie. Er sorgt als Verlader dafür, dass die Tanklastzüge ordnungsgemäß abgefertigt werden. Er hat darauf zu achten, welche Firmen bedient werden, damit später bei den Rechnungen kein Irrtum auftritt.

Herr Droste ist Elektroschweißer. Sein Team muss die notwendigen Reparaturen sofort ausführen. Da die Anlage rund um die Uhr läuft, muss er im Schichtdienst, d. h. auch nachts arbeiten.

Herr Nolte arbeitet in der Telefonzentrale einer Raffinerie. Er vermittelt die ein- und ausgehenden Telefongespräche, meldet Besucher an und ist für die Frankierung der Post zuständig.

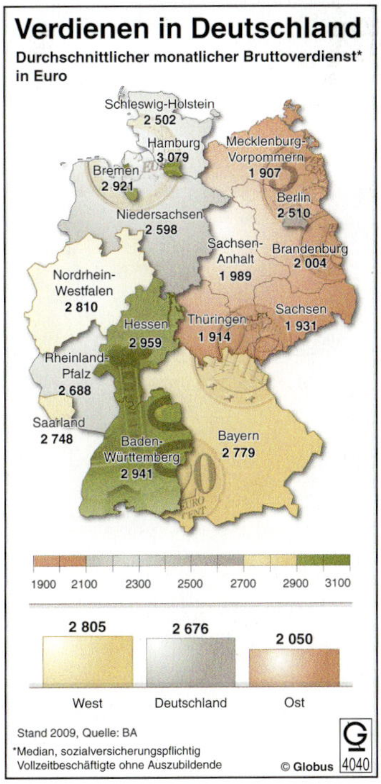

1. Nach dem Leistungsprinzip soll die Höhe des Einkommens der Leistung des Arbeitnehmers entsprechen. Beurteile, ob sich das Leistungsprinzip auch auf die Tätigkeiten von Herrn Arndt, Herrn Droste und Herrn Nolte anwenden lässt.

2. Begründe, warum Familien mit Kindern weniger Steuern zahlen.

3. Erkläre, inwieweit die Ausbildungqualität, die Arbeitsbedingungen und die Situation auf dem Arbeitsmarkt Einfluss auf die Lohnhöhe haben.

4. Analysiere die Grafik in der rechten Randspalte.

5 Wie werden Arbeitnehmer entlohnt?

INFO

Beispiel für die Berechnung des Akkordlohnes: Schafft Herr Lummer 160 m² am Tag so erhält er 160 m² x 3 Min./m² = 480 Min x 18 Ct. = 86,40 €

Arbeitseinkommen werden je nach Berufen unterschiedlich bezeichnet (siehe Tabelle). Bei der Entlohnung von Arbeitern werden im Wesentlichen die Lohnformen Zeit-, Leistungs- und Prämienlohn unterschieden.

Arbeitseinkommen

Bezeichnung	Empfänger
Lohn	Arbeiter
Gehalt	Angestellte und Beamte
Honorar	Ärzte, Rechtsanwälte, Architekten ...
Provision	Versicherungsvertreter
Sold	Soldaten
Ausbildungsvergütung	Auszubildende

Quelle: www.werner-blattner.de/downloads/Wirtschaft/einkommensarten.html

Büroarbeit

Der Zeitlohn

Frau Malek ist Bürokauffrau in einer Speditionsfirma. Sie erhält ein Monatsgehalt von 1 900 Euro brutto. Herr Kemper ist als Lagerarbeiter bei der Spedition angestellt. Er erhält einen Stundenlohn von zwölf Euro. Beide erhalten Zeitlohn.

Zeitlöhne beziehen sich auf die Anwesenheit am Arbeitsplatz und werden gezahlt, wenn

- der Arbeitnehmer das Arbeitstempo nicht bestimmen kann. So weiß z. B. Frau Malek nicht sicher, wie viele Lkws sie an einem Tag abzufertigen hat.
- es bei der Arbeit auf Qualität, Sorgfalt, Genauigkeit ankommt.
- die geleistete Arbeit nur schwer oder gar nicht messbar ist.

Pflasterarbeiten

Leistungslohn (Akkord- und Prämienlohn)

Der Akkordlohn

Frau Böttner ist Fliesenlegerin. Pro Quadratmeter verlegter Fliesen erhält sie 15 Euro. Herr Lummer ist Maler. Für den Außenanstrich eines Hauses wird ihm eine Zeit von drei Minuten pro Quadratmeter vorgegeben, d. h., in der Zeit sollte er den Quadratmeter schaffen (Vorgabezeit). Pro Minute erhält er 18 Cent Lohn. Beide erhalten Akkordlohn.

Frau Böttner erhält *Stückgeldakkord*. Die Höhe ihres Lohnes ist nur abhängig von der messbar erbrachten Arbeitsleistung. Je mehr Quadratmeter sie an einem Tag fliest, desto mehr verdient sie.

Herr Lummer erhält *Stückzeitakkord*. Abgerechnet wird ebenfalls die messbare Arbeitsleistung. Unterschreitet er die Vorgabezeit (Arbeitszeit bei normaler Leistung), schafft er eine größere Quadratmeterfläche und erhält auch mehr Lohn. Kann er allerdings den Quadratmeter nicht in den 3 Minuten schaffen, so erhält er einen Grundlohn. Akkordlöhne werden auch an Arbeitsteams gezahlt (Gruppenakkord).

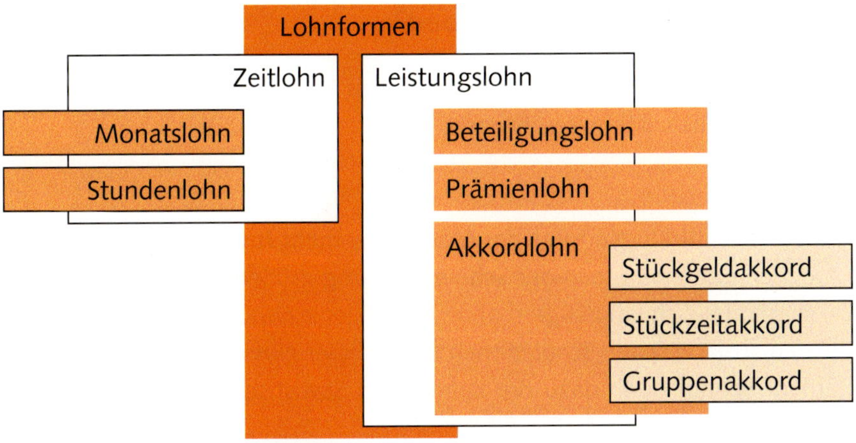

Der Prämienlohn

Herr Pahl ist Autoverkäufer für Neuwagen beim Autohaus Thiel. Er erhält einen geringen monatlichen Grundlohn und für jedes verkaufte Auto zusätzlich eine Prämie. Sein Verdienst kann von Monat zu Monat unterschiedlich sein: Je mehr Autos er absetzt, desto höher ist sein Verdienst.

Auch in Produktionsbetrieben ist es möglich, dass eine zusätzliche Entlohnung durch Zahlung einer Prämie zwischen Betrieb und Mitarbeitern vereinbart wird.

INFO

Als Prämie bezeichnet man eine als Auszeichnung oder Anerkennung gewährte Leistung.

Beratung für eine Versicherung

Der Beteiligungslohn

Herr Berg arbeitet als Schichtführer in einem Industrieunternehmen. Das Unternehmen beteiligt seine Mitarbeiter am Unternehmensgewinn. Herr Berg erhält Beteiligungslohn. Der Beteiligungslohn wird zusätzlich zum Lohn und Gehalt gezahlt und hängt vom Erfolg des Unternehmens ab. Die Arbeitnehmer fühlen sich „ihrem" Unternehmen stärker verbunden und sind eher bereit, hohe Leistungen zu erbringen.

Die gebräuchlichsten Beteiligungsmodelle sind:

1. die *reine Gewinnbeteiligung:* Der Gewinnanteil wird ausgezahlt und steht zur freien Verfügung.
2. die *Kapitalbeteiligung:* Der Arbeitnehmer bekommt das Geld nicht bar ausgezahlt, sondern er wird am Kapital des Unternehmens beteiligt, z. B. durch Personalaktien oder er erwirbt Ansprüche an einer Betriebsrente.

1. Ordne die Lohnformen den Fotos in der Randspalte zu. ○

2. Lege eine Tabelle an und ermittle die Vor- und Nachteile der Lohnformen sowohl aus Sicht der Arbeitnehmer als auch aus Sicht der Arbeitgeber. ◒

3. Begründe, warum einer Erzieherin kein Akkordlohn gezahlt werden kann. ◒

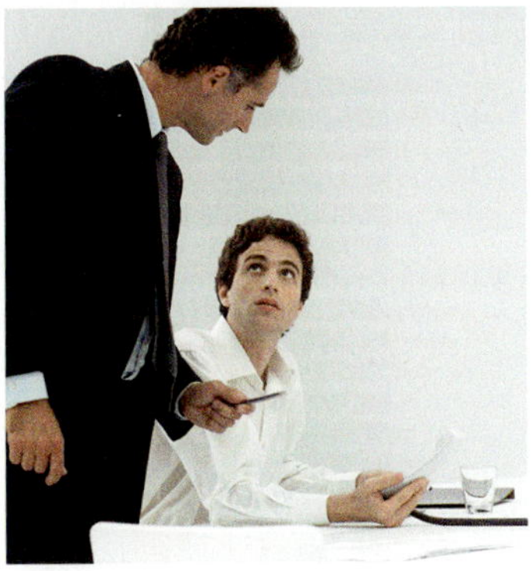

Abteilungsleiter Personalwesen

Gleicher Lohn für gleiche Arbeit?

Die schulische Ausbildung schafft bei jungen Menschen die Startvoraussetzungen für das spätere Berufsleben.

Bildung

Anhaltende Bildungserfolge der Mädchen – mehr Jungen ohne Abschluss

Mädchen haben heute in der Schulausbildung größere Erfolge als Jungen. Diese sind bei Schulabgängern ohne Abschluss inzwischen in der Mehrzahl. Bei den ausländischen Schülerinnen und Schüler gibt es ebenfalls auffällige Zahlen. Schaut euch dazu die Zahlen des Statistischen Bundesamtes in Wiesbaden an:

Abgangsjahr 2010			
	Absolventen insgesamt in %	darunter weiblich in %	darunter Ausländer in %
ohne Hauptschulabschluss	6,1	4,8	12,8
mit Hauptschulabschluss	20,8	17,8	37,6
mit Realschulabschluss	40,5	40,8	35,6
mit Fachhochschulreife	1,6	1,7	1,6
mit allgemeiner Hochschulreife	31,0	34,9	12,4

Quelle: www.destatis.de, 11.4.2012

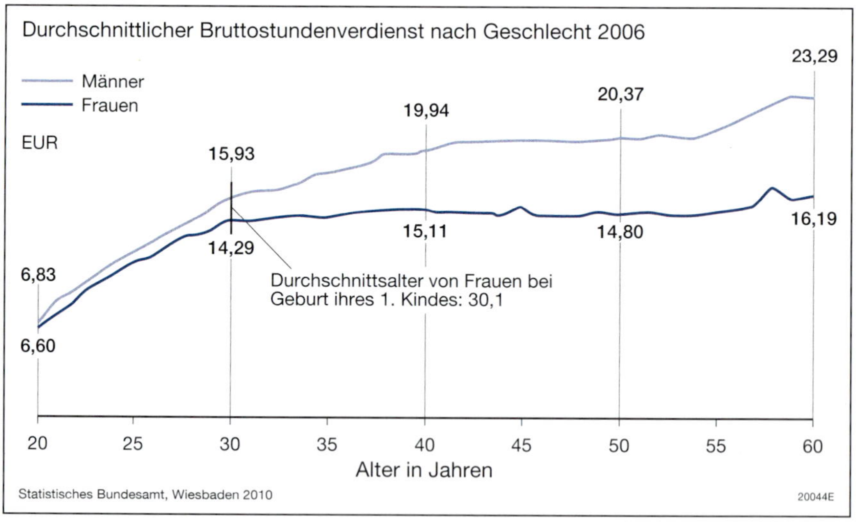

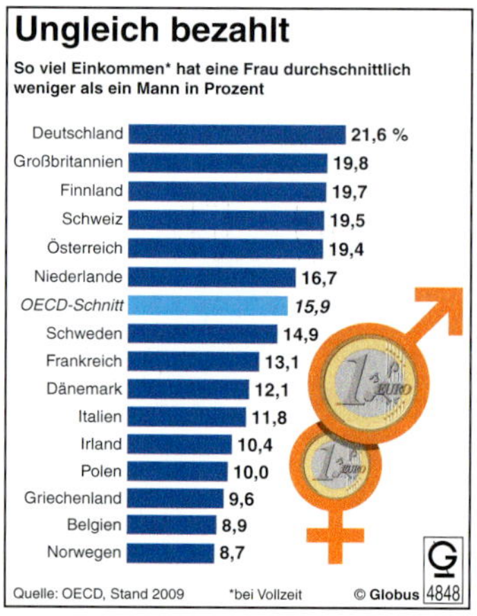

Das Phänomen der ungleichen Bezahlung von Mann und Frau ist kein deutsches. Wie ihr der Grafik links entnehmen könnt, trifft man ungleiches Einkommen von Männern und Frauen in ganz Europa an. Allerdings nimmt Deutschland eine traurige Spitzenposition ein …

Trotz einer guten Ausbildung verläuft das Berufsleben für viele Frauen anders als für Männer. Die Entscheidung für einen typischen Frauenberuf, aber auch die Art und Weise, wie Frauen ihr Berufsleben gestalten (müssen), haben Auswirkungen auf das Einkommen. Insgesamt gesehen verdienen Frauen erheblich weniger als Männer.

Der durchschnittliche Stundenlohn von Frauen liegt dabei um rund 22 Prozent unter dem der Männer. Zwar verdienen Frauen in Deutschland im Vergleich mit anderen Ländern viel, jedoch gehört Deutschland zu den Staaten mit der größten Ungleichheit bei der Bezahlung von Männern und Frauen. Dafür gibt es verschiedene Gründe, wie z. B.:

- Frauen arbeiten häufig in Teilzeit, da sie der Doppelbelastung Beruf und Familie ausgesetzt sind.
- Teilzeitarbeit wird schlechter bezahlt und es bestehen geringere Aufstiegschancen.
- Frauen bekommen Kinder und scheiden dann öfter und länger aus als Väter; das entwertet ihre Berufserfahrung.
- Frauen arbeiten häufiger als Männer in Leichtlohngruppen, die schlechter bezahlt werden.

Sicher gibt es kein „gerechtes Entgelt", aber es ist ungerecht, wenn Frauen bei gleicher Arbeit benachteiligt werden.

1. Fasse die Informationen der beiden Statistiken auf Seite 96 zusammen und stelle die Aussagen mit eigenen Worten dar. ○

2. Erkläre, warum Frauen, obwohl sie in der gleichen Branche tätig sind, weniger verdienen als Männer in der gleichen Stellung. ◒

3. Zwischen den beiden Statistiken auf Seite 96 scheint ein Widerspruch zu bestehen. Begründe, warum es die Gleichung „Gleiche oder bessere Schulausbildung = gleicher oder besserer Verdienst" nicht gibt. ◒

4. Beschreibe die Karikatur und nimm Stellung zum dargestellten Problem. ◒

B Tanja hat eine Ausbildung zur Tischlerin angefangen. Sie unterhält sich mit ihrem Chef Herrn Meyer:

Tanja: „Herr Meyer, ich weiß, dass alle Betriebe die Grundfunktionen Beschaffung, Produktion und Absatz erfüllen müssen. Wie läuft das denn hier?"

Herr Meyer: „Also, ich mache ein Beispiel: Ein Kunde kommt zu uns und gibt einen großen Schrank in Auftrag. Wir müssen dann planen: Woher bekommen wir das passende Holz zu einem günstigen Preis? Wer kann den Tisch bei uns anfertigen, d.h., wer hat Zeit und die erforderlichen Qualifikationen? Was muss der Schrank kosten, damit wir auch einen Gewinn machen? Wenn alles geklärt ist, stellen wir den Schrank her und verkaufen ihn am Ende hoffentlich an einen zufriedenen Kunden."

Tanja: „Das habe ich verstanden. Mein Freund macht eine Ausbildung in einem großen Unternehmen, das Massenware herstellt, also keine Einzelstücke nach Kundenwunsch anfertigt. Was ist da anders?"

Herr Meyer: „Im Prinzip nichts. Aber Beschaffung, Produktion und Absatz laufen schon anders ab. Vor allem muss man herausfinden, was die Konsumenten wollen, wofür sie Geld ausgeben ..."

Was wir hier erkennen können:

- Betriebe müssen Gewinn machen, damit die Beschäftigten (Unternehmer und Arbeitnehmer) dauerhaft ihr Einkommen sichern können.
- Alle Betriebe haben die Grundfunktionen Beschaffung, Produktion und Absatz zu erfüllen.

B Tanja spricht in der Pause mit ihrem Kollegen Tom in der Tischlerei.

Tanja: „Mir ist aufgefallen, dass der Internetauftritt unserer Firma ganz veraltet ist. Wer ist hier für Werbung und diese Dinge zuständig?"

Tom: „Das macht der Meyer alles selbst. Aber da wir so viel zu tun haben, kommt er nicht dazu, alles aktuell zu halten."

Tanja: „Aha, und was sind deine Aufgaben hier?"

Tom: „Ich mache vor allem die Zeichnungen am Computer für die Werkstücke. Da muss man ganz genau sein, damit nachher nichts schiefläuft im Holzschnitt. Läuft heute alles über den PC. Da ich hier der Einzige bin, der das kann, darf ich eigentlich nicht krank werden oder Urlaub machen ... Aber der Chef meint, wir kommen schon klar."

Tanja: „Da kommt der Sohn vom Chef, lass uns mal das Thema wechseln."

Was wir hier erkennen können:

- Betriebe müssen die Arbeit gut organisieren, damit die Abläufe reibungslos funktionieren.
- Es gibt unterschiedliche Arten von Organisation: die Aufbauorganisation (wer macht was?), die Ablauforganisation (was geschieht wie?) und die informelle Organisation (die z.B. Folgen für das Betriebsklima hat).

B Tanja arbeitet mit ihrem Kollegen Stefan an einem Werkstück.
Tanja: „Sag mal, was ist mit deiner rechten Hand passiert?"
Stefan: „Vor drei Jahren hab ich mal beim Sägen nicht aufgepasst. Da habe ich einen Teil des Fingers verloren. Das war ganz schön heftig."
Tanja: „Oje, wie finde ich denn heraus, wie ich mich vor solchen Unfällen schützen kann?"
Stefan: „Das ist in der Ausbildung immer wieder Thema. Außerdem ist dort an der Wand eine große Schautafel, wo du alle Warnhinweise und Schutzmaßnahmen findest."
Tanja: „Soll ich bei dem schweren Brett mit anfassen?"
Stefan: „Lieber nicht, da hebst du dir noch einen Bruch. Ich will doch nicht mit dem Jugendarbeitsschutzgesetz zu tun bekommen (lacht)."

Was wir hier erkennen können:
- Eine Ausbildung im Betrieb, die Berufstätigkeit oder auch das Betriebspraktikum bergen Gefahren.
- Es gibt daher allgemeine Maßnahmen zur Unfallverhütung, aber auch spezielle Regeln und Maßnahmen für bestimmte Branchen und Betriebe.
- Der Jugendarbeitsschutz soll dafür Sorge tragen, dass Heranwachsende geschützt werden.

B Tanja hat ein Ausbildungsgespräch mit Herrn Meyer.
Herr Meyer: „Und Tanja, wie gefällt dir denn der Beruf der Tischlerin bisher?"
Tanja: „Sehr gut! Aber ich habe mal eine Frage zur Entlohnung. In der Ausbildung bekomme ich ja eine Ausbildungsvergütung. Und was wäre später, wenn Sie mich z. B. übernehmen?"
Herr Meyer: „Wenn es mit dir weiter so gut läuft, denke ich darüber nach. Dann würde ich dir ein Monatsgehalt von etwa 1 600 Euro zahlen."
Tanja: „Das wäre ja viel weniger als das Gehalt vom Tom!"
Herr Meyer: „Naja, du wärst ja dann Berufsanfängerin. Tom hat schon mehrere Weiterbildungen gemacht, ist zehn Jahre älter und hat auch eine Familie. Dann verdient man auch mehr."
Tanja: „Eigentlich würde ich später gerne mal so ca. 3 500 Euro im Monat verdienen."
Herr Meyer: „Wenn das so ist, solltest du dir überlegen, nach der Lehre das Abitur nachzuholen und zu studieren. Dann könnte das vielleicht was werden. Aber in unserer Branche kann man nicht unbedingt ganz große Sprünge machen …"

Was wir hier erkennen können:
- Was ein „gerechter" Lohn ist, lässt sich nicht einfach beantworten. Die Lohnhöhe hängt von verschiedenen Dingen ab, wie z. B. dem Berufsabschluss, der beruflichen Erfahrung, der Länge der Betriebszugehörigkeit.
- Eine bessere Ausbildung erhöht die Chancen auf einen höheren Lohn.

Du solltest darstellen können, welche Aufgaben die Organisation eines Unternehmens hat, und erläutern können, welche Bedeutung Arbeitsschutz und Unfallverhütung haben. Weiterhin hast du erfahren, warum sich Lohnhöhen unterscheiden und welche Lohnformen es gibt. Schließlich hast du deine Kenntnisse über die Bedeutung des Umweltschutzes erweitert. Die folgenden Aufgaben sollen dich bei der Überprüfung deines Wissens unterstützen:

1. „Unternehmen sind dazu da, uns mit den Produkten zu versorgen, die wir für das tägliche Leben benötigen!" Beurteile diese Aussage. ◒

2. Sind die Aussagen richtig oder falsch? Begründe deine Meinung. ◒

a) Der Absatz gehört zu den betrieblichen Grundfunktionen.
b) Dienstleistungsbetriebe produzieren nichts.
c) Bei der „Beschaffung" geht es nicht nur um Material, sondern z. B. auch um Arbeitskräfte.
d) Die Absatzwege bleiben immer gleich, daran ändert der Strukturwandel nichts.

3. Untersuche, welche Aussage richtig ist. ○

a) Die Organisation eines Unternehmens ist nur etwas für besonders ordentliche Personen.
b) Die Organisation ist überhaupt das Wichtigste für ein Unternehmen.
c) Wer kreativ ist, braucht keine Organisation, der weiß auch so, was er machen kann.
d) Die Organisation eines Unternehmens legt fest, wer, was, womit und wann macht.

4. Erläutere die Aussagen der beiden Karikaturen und stelle sie in einen Zusammenhang. ◒

"... und jetzt räumen Sie bitte Ihre Schilder weg; sie erhöhen die Stolpergefahr!"

"Ich sage mal so: Wir sind mit guten Tipps für Sie nicht übertrieben früh dran!"

5. „Besondere rechtliche Regelungen sind für Unternehmer und die Beschäftigten eines Unternehmens, z. B. im Bereich des Arbeitsschutzes, völlig überflüssig. Alle Beteiligten haben doch das gleiche Ziel. Viele Gesetze machen das Leben in einem Betrieb nur viel schwieriger."
Diskutiert diese Aussage und begründet eure Meinung dazu.

6. Erkläre die Grafik „Was tun gegen Klimawandel?" Berücksichtige dabei vor allem, worin der konkrete Beitrag der einzelnen Maßnahmen bestehen könnte.

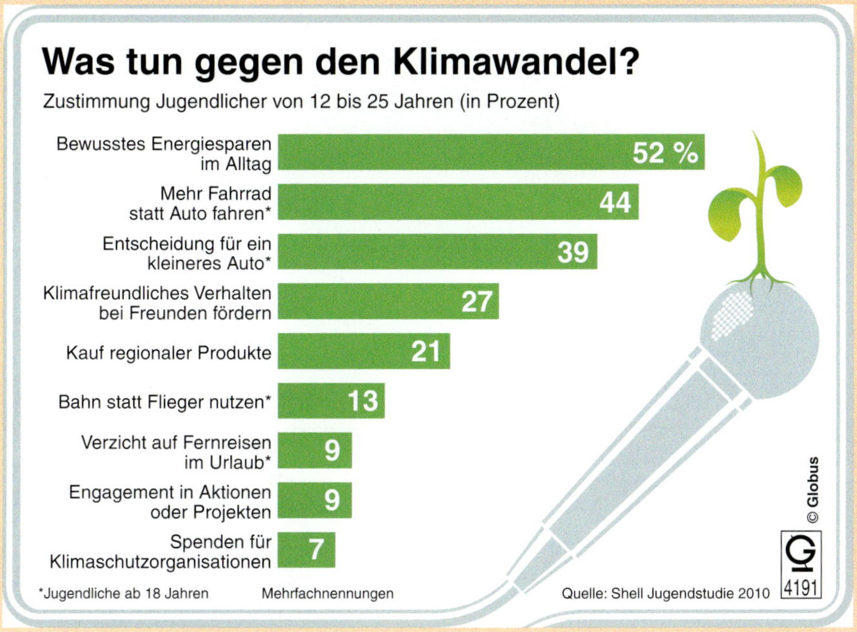

7. Stelle Überlegungen an und begründe, welche Maßnahmen mit Blick auf den möglichen Effekt für das Klima besonders nützlich und welche weniger nützlich sind.

8. Erkläre, was der Zeichner der Karikatur rechts kritisieren will.

9. Zähle auf, welche Formen des Prämienlohnes es gibt.

10. Ordne die folgenden Vor- und Nachteile der Lohnformen in eine Tabelle (siehe Muster) ein und ergänze weitere Aspekte.
- fester Stundenverdienst/festes Gehalt
- geringer Anreiz, mehr zu leisten
- größerer Leistungsanreiz: hoher Stundenverdienst bei mehr Leistung
- Überbelastung hat Erkrankungen zur Folge
- Arbeitgeber muss die Leistung überwachen.
- schonender Umgang mit Maschinen, Werkzeugen
- hastiges und unvorsichtiges Arbeiten

	Vorteile	Nachteile
Zeitlohn		
Akkordlohn		

Kundenservice

IV Ökonomisch geprägte Situationen und Strukturen des Zusammenlebens

In diesem Kapitel setzt ihr euch mit der wichtigen Funktion von Märkten und Preisen auseinander und untersucht den Einfluss von Werbung. Gerade der Supermarkt verwendet viele Strategien, wie man Konsumenten/-innen zum Kauf von Gütern beeinflussen kann. Wichtig ist natürlich auch der Zusammenhang von Konsum und Ökologie und die Frage, welchen Beitrag jeder Einzelne dazu leisten kann, sich umweltbewusster zu verhalten.

Im Einzelnen geht es um die folgenden Fragen:

- **Was sind eigentlich Märkte und welche Aufgaben haben sie?**

- **Wie kann man mithilfe eines Denkmodells untersuchen, wie sich Preise bilden, und wie sieht dieser Prozess in der Realität aus?**

- **Wie kann Werbung den Konsumenten beeinflussen?**

- **Welche Verkaufsstrategien gibt es im Supermarkt?**

- **Welche ökologische Verantwortung hat der private Haushalt?**

Auf dem Wochenmarkt

1 Märkte und Preise

Was sind Märkte?

B

Schöbers auf dem Wochenmarkt

Eine Gemüsesuppe soll es heute bei Familie Schöber geben. Max geht mit seinem Vater auf den Wochenmarkt. Beim ersten Gemüsestand holt Herr Schöber den Einkaufszettel hervor. Für die Gemüsesuppe benötigen sie Möhren, Erbsen, Blumenkohl, Rosenkohl, Porree, Schnittlauch, Petersilie und Kohlrabi.

Ein Bund Möhren kostet 99 Cent. Der wird genommen und auch zwei Stangen Porree. „Herrlicher Blumenkohl, heute im Angebot", hören sie. „Lass uns dort mal hingehen", meint Max zu seinem Vater. An „Meiers Gemüsestand" entdeckt Herr Schöber, dass die Möhren nur 66 Cent kosten. „Das ist aber ärgerlich", denkt Herr Schöber. „Eigentlich kaufen wir dort immer, auch wenn meine Frau mit über den Wochenmarkt geht."

Sie kommen zum Blumenkohlstand. „Sieh mal, Max, 1,90 Euro der Kopf. An dem anderen Stand kostete der Kopf, genauso groß und schön wie hier, nur 1,80 Euro. Und wie der die Leute durch sein Schreien anzieht! Aber der Kohl sieht wirklich nicht schlecht aus. Ich laufe nicht noch mal zurück wegen 10 Cent. Und den Rosenkohl und Schnittlauch nehmen wir auch gleich mit. Die frischen Erbsen sind zu teuer, da kaufen wir lieber ein paar Bohnen. Die Eier holen wir am Nachbarstand."

Kurz vor ein Uhr kommen sie auf dem Heimweg noch mal am Wochenmarkt vorbei. Nur noch wenige Käufer sind auf dem Markt. „Schau mal dort, der Stand, Max, die Marktfrau ändert gerade das Preisschild für den Blumenkohl." „Der Kopf jetzt für einen Euro!", ruft sie.

Was Märkte gemeinsam haben

Wenn ihr die Geschichte aufmerksam gelesen habt, werdet ihr feststellen, dass ihr hier eine Fülle von Vorgängen beobachten könnt, die für viele andere Märkte gelten, die ihr auch kennt:

- Verkaufte Mengen und Preise hängen offenbar zusammen: So muss die Marktfrau, die ihren Blumenkohl nicht wieder mit nach Hause nehmen will, den Preis herabsetzen.
- Offenkundig gibt es auf dem Wochenmarkt unterschiedliche Märkte: einen für Blumenkohl, einen für Kartoffeln, einen für Erbsen usw.
- Die Nachfrager haben Preisvorstellungen. Entspricht das Angebot diesen nicht, werden sie vermutlich ein Gut durch ein andersartiges ersetzen – etwa Erbsen durch Bohnen.
- Die einzelnen Märkte hängen zusammen. Wenn andere Marktbesucher sich ähnlich wie Schöbers für Bohnen statt für Erbsen entscheiden, hat das Auswirkungen auf den Erbsenpreis. Der Preis für Erbsen wird fallen, da die Anbieter sonst auf ihrer Ware „sitzen bleiben". Bei einer Gemüsesuppe kann man den einen oder anderen Bestandteil weglassen und trotzdem gelingt die Suppe. Das sind dann austauschbare Güter. Bei anderen Gütern sind zwei oder mehr notwendig miteinander verbunden, z. B. Hardware und Software bei Computersystemen (sich ergänzende Güter).

Wir halten fest: **Märkte sind Orte, an dem sich Angebot und Nachfrage treffen. Sie sind Orte der Preisbildung.**

Austauschbare Güter

Sich ergänzende Güter

Der Markt als Treffpunkt von Angebot und Nachfrage

1. Erkläre an Beispielen, was man unter austauschbaren und sich ergänzenden Gütern versteht. ○

2. „Gebrauchte Cabrios kosten in den Sommermonaten mehr als im Winter." Erläutere, warum das so sein könnte. ◒

Geldmarkt (Börse)

Gebrauchtwagenmarkt

Flohmarkt

Aufgabe von Märkten

Märkte sind überall dort zu finden, wo etwas angeboten und nachgefragt wird. Bereits im Mittelalter wurden die Städte durch einen Marktplatz geprägt. Meistens lag dieser in der Mitte der Stadt. Auch heute noch zieren wunderschöne Marktplätze viele Altstädte.

INFO

Auf den Märkten im Mittelalter wurden auch Dienstleistungen von Schustern, Barbieren, Kesselflickern, Scherenschleifern, Schneidern usw. angeboten.

So wie auf den heutigen Wochenmärkten fand schon im Mittelalter ein reges Handelstreiben statt. Geschäftstüchtige Händlerinnen und Händler boten Rüben, Hühner, Ziegen, Eier und viele andere Dinge des Alltags zum Kauf an. Sie warben um Käufer und feilschten um Preise. Allerdings unterschied sich der Handel von damals zu heute wesentlich. Der Tausch bestimmte die Geschäfte: Ware gegen Ware – z. B.: Eier gegen Mehl – oder später eben Ware gegen Geld.

Handel und Märkte veränderten sich ganz stark mit der Zunahme der Industrialisierung und der Entstehung von Fabriken. Eine Arbeitsteilung wurde notwendig. Die Herstellung von Gütern erfolgte kaum noch im eigenen Haushalt. Großproduzenten gaben die erzeugten Waren an Händler weiter. Der Verkauf erfolgte zum überwiegenden Teil schon in Läden oder Warenhäusern mit mehreren Beschäftigten. Der Marktplatz verlor als Handelszentrum mehr und mehr an Bedeutung.

1. Erkundet einen Wochenmarkt in eurer Nähe. Wo findet er statt? Welche Produkte werden angeboten? Welche Vor- und Nachteile hat das Angebot auf dem Wochenmarkt z. B. gegenüber dem Angebot in einem Supermarkt?

2. Erkundigt euch, ob es in eurem Ort/eurer Stadt Namen von Straßen oder Plätzen gibt, die an Märkte und Handel erinnern.

3. Schneide Kleinanzeigen aus Lokal- oder Regionalzeitungen aus und klebe diese geordnet nach Angebot und Nachfrage in dein Heft. Unterscheide auch zwischen Märkten für Produkte und Dienstleistungen.

Marktgeschehen

Der Austausch von Gütern und Dienstleistungen gegen Geld ist heute nicht mehr allein an einen bestimmten Platz gebunden. Telefonverbindungen in alle Welt machen Absprachen, die sich auf Käufe und Verkäufe beziehen, in Minuten möglich. Dafür wurden früher häufig Wochen benötigt.
Hier handelt es sich oft um internationale Märkte. Durch neue Techniken entstanden ganz neue Märkte und Marktzugänge: So können z. B. über das Internet Angebote eingeholt und Bestellungen aufgegeben werden.

Auf dem heutigen Wochenmarkt werden hauptsächlich Obst, Gemüse und Blumen gehandelt. Auf Flohmärkten können altes Spielzeug, alte Möbel, Schallplatten oder Haushaltsgeräte erstanden werden; in vielen Städten gibt es in der Adventszeit Weihnachtsmärkte. Ebenso sind Kaufhäuser, Fachgeschäfte, Friseursalons oder Restaurants Märkte.

Alle Märkte, die bisher genannt wurden, könnt ihr besuchen; es gibt sie als tatsächlichen Ort. Bei vielen Märkten ist das anders: Zum Beispiel sind im Anzeigenteil von Tageszeitungen Angebote und Nachfragen zu finden. Sucht eine Familie eine neue Wohnung, hat jemand eine gebrauchte Skiausrüstung zu verkaufen, ein Autohändler einen Gebrauchtwagen oder ein Partyservice seine Dienstleistungen anzubieten, dann werden Kleinanzeigen aufgegeben. Es gibt also auch Wohnungsmärkte, Stellenmärkte, Gebrauchtwagenmärkte usw. Selbstverständlich gibt es auch Geld- und Kapitalmärkte, auf denen Geld angeboten und nachgefragt wird.
Meist werden als Märkte nur die genannt, auf denen Konsumenten Güter nachfragen. Es gibt aber auch Märkte, die fast ausschließlich für Unternehmen interessant sind. Sie finden dort Vorprodukte, z. B. Papier und Druckfarbe für Druckereien, Grundstücke für Unternehmen, Arbeitskräfte und Kapital.

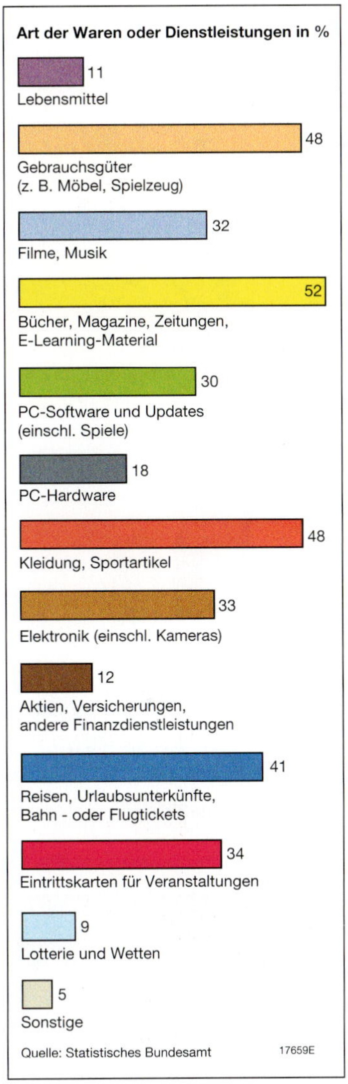

Einkaufen im Internet (2008)

Auch ein Restaurant ist ein Markt.

Preisbildung am Markt

Modelle als Erkenntnishilfen

Karte

Stadtplanungsmodell

Modellauto

Die drei Bilder stellen jeweils ein Modell dar. Vergleicht ihr das Modellauto mit einem tatsächlichen Auto, dem Original, dann stellt ihr fest, dass das Modell zwar eine Anschauung und Vorstellung von einem wirklichen Auto vermittelt, nicht aber das Original selbst ist. Das Modellauto ist beispielsweise sehr viel kleiner. In ihm sind nicht alle Apparaturen wie im Original usw. Dennoch erhaltet ihr durch das Modell eine Vorstellung von der Gestalt des Originalautos. Ähnliches gilt auch für die beiden anderen Bilder: Mithilfe des Stadtplanungsmodells können sich die Architekten ein Bild davon machen, wie ein neuer Stadtteil aussehen könnte. Ein Stadtplan ist nützlich, um sich in einer fremden Stadt orientieren zu können. Er ist ein Abbild der Straßen und Plätze, die Stadt sieht jedoch tatsächlich anders aus.

Menschen schaffen sich oft Modelle, damit sie die Wirklichkeit besser erkennen und verstehen können. Diese Modelle beziehen sich nicht nur auf konkrete Gegenstände, sondern auch auf Gedanken und Vorstellungen. Mit solchen Denkmodellen versucht man, das komplizierte Wirtschaftsgeschehen in seinen wesentlichen Zusammenhängen besser zu begreifen.

Aber Vorsicht! Modelle haben auch ihre Tücken, da sie nämlich die Eigenschaft haben, nie die ganze Wirklichkeit zu erfassen. Sie werden nur für einen ganz bestimmten Zweck und unter einer ganz bestimmten Sichtweise konstruiert. Um ein Modell zu verstehen, ist es wichtig zu wissen, was durch das Modell deutlich gemacht werden soll und welche Annahmen gemacht werden, damit es funktioniert.

In den nachfolgenden Abschnitten lernt ihr solch ein wichtiges Denkmodell kennen, das immer wieder für das Untersuchen von wirtschaftlichen Vorgängen verwendet wird.

Angebot ▶ **Marktpreisbildung** ◀ **Nachfrage**

1. In den drei Abbildungen auf dieser Seite werden Modelle vorgestellt. Beschreibe, wofür sie benutzt werden könnten. ○

2. Notiere Aspekte, die sich mit diesen Modellen nicht erklären lassen. ◒

3. Stelle dar, warum ein Stadtplaner auf die Verwendung von Modellen nicht verzichten kann. ◒

Bedingungen für einen vollkommenen Markt

Das Modell vom Markt

Wir überlegen uns ein Marktmodell. Es soll deutlich machen, wie im Idealfall die Preisbildung am Markt erfolgt. Dazu nehmen wir Folgendes an:

1. In unserem Marktmodell gibt es viele Anbieter, die sich Konkurrenz machen, aber auch viele Nachfrager. Keiner kann deshalb den Markt allein beherrschen, also großen Einfluss auf die anderen und deren Verhalten ausüben.

2. Die Nachfrager wollen zum günstigsten Preis kaufen, die Anbieter einen möglichst hohen Gewinn erzielen. Beide streben einen möglichst hohen Nutzen bzw. Gewinn an.

3. Sowohl die Anbieter als auch die Nachfrager wissen genau, zu welchen Preisen auf dem Markt Produkte angeboten werden. Für alle Marktteilnehmer herrscht also vollkommene Marktübersicht.

4. Die auf dem Markt angebotenen Produkte haben alle die gleiche Qualität. Deshalb wählen die Nachfrager die Produkte allein nach der Höhe des Preises aus.

5. Weder Anbieter noch Nachfrager bevorzugen aus persönlichen, räumlichen oder zeitlichen Gründen einen Marktpartner. Freundschaften, Ortsnähe und Zeitdruck spielen also für die Wahl des Anbieters oder des Nachfragers keine Rolle (keine Bevorzugung).

Wenn diese Annahmen gelten, dann bestimmen Angebot und Nachfrage den Preis.

1. Ein Markt, auf dem Preisbildung ausschließlich nach Angebot und Nachfrage erfolgt, muss fünf Bedingungen erfüllen. Stelle Beispiele zusammen, die zeigen, dass eine Bedigung nicht erfüllt ist.

INFO

Gleichgewichtspreis
Alle Konsumenten, die zum Gleichgewichtspreis p Eier kaufen wollen, können diese auch kaufen, weil zu diesem Preis genauso viele Eier nachgefragt werden: Angebot und Nachfrage gleichen sich bei diesem Preis aus. Man sagt: Zu diesem Preis wird der Markt geräumt.

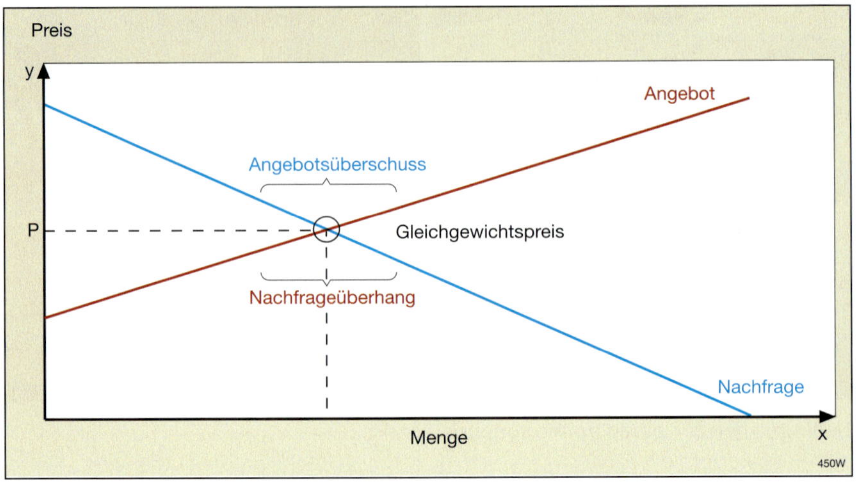

Preisbildung im Modell – Angebot und Nachfrage

Betrachten wir zunächst die Nachfrage. Allgemein kann man sagen: Hat ein Produkt einen hohen Preis, so werden wenige davon gekauft, bei einem niedrigen Preis dagegen viele.
Trägt man in einer Grafik (siehe oben) auf der x-Achse die Menge der Produkte ein und auf der y-Achse den Preis, dann ergibt sich die Nachfragekurve. Die Nachfragekurve zeigt ein wichtiges „Wirtschaftsgesetz", das Gesetz der abnehmenden Nachfrage: Je höher der Preis, desto geringer die Nachfrage.
Bei dem Angebot gilt, dass es mit dem Preis steigt. Jeder Anbieter ist bereit, für einen hohen Preis mehr Produkte anzubieten als für einen niedrigen. Zeichnen wir hier die Kurve, dann ergibt sich die Angebotskurve.

Preis	Anzahl der angebotenen CDs	Anzahl der nachgefragten CDs
€ 4,10	2	12
€ 6,12	3	10
€ 7,65	4	7
€ 9,18	5	5
€ 11,22	6	4
€ 14,80	9	2
€ 17,86	12	1

Die Angebots- und die Nachfragekurve schneiden sich in einem Punkt. Dieser Punkt kennzeichnet den Gleichgewichtspreis: Angebot und Nachfrage halten sich die Waage.
Liegt der Preis oberhalb des Gleichgewichtspreises, würde mehr angeboten, aber weniger nachgefragt werden (Angebotsüberschuss). Der Preis würde also auf den Gleichgewichtspreis sinken. Ist dagegen der Preis niedriger als der Gleichgewichtspreis, würde mehr nachgefragt, aber weniger angeboten. Der Nachfrageüberhang würde den Preis nach oben drücken.

1. Bestimme mithilfe der Tabelle, wie groß jeweils Angebot und Nachfrage bei einem bestimmten Preis sind. Welches ist der Gleichgewichtspreis? ○

2. Beantworte mithilfe des Diagramms folgende Fragen: ◒
a) Wie kommt der Gleichgewichtspreis zustande?
b) Welche Folgen hat der Angebotsüberschuss für den Konsumenten?
c) Welche Auswirkungen hat der Nachfrageüberhang für den Konsumenten?

Starthilfe zu Aufgabe 1: Erstelle auf einem DIN-A4-Blatt eine Grafik, in die du die Werte aus der Tabelle überträgst.

Diesen Mechanismus kann man in vier Regeln fassen:

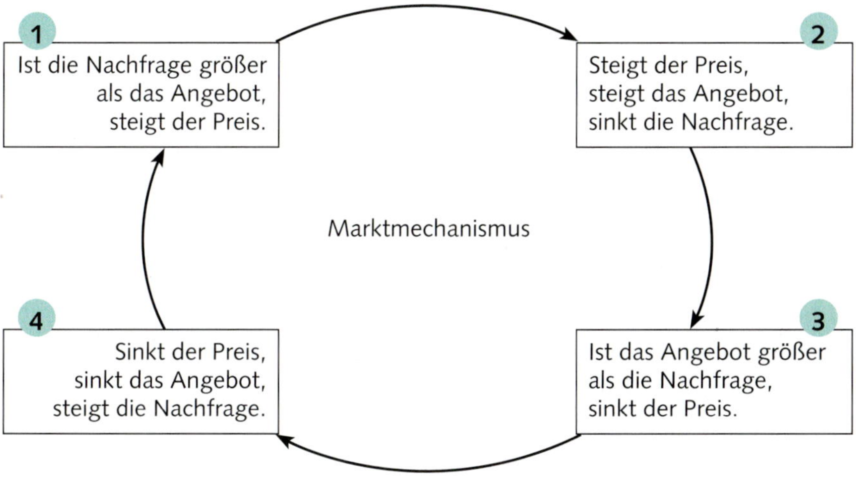

Wie der Marktmechanismus im Idealfall funktioniert

Dass es diesen Preismechanismus gibt, kann man gelegentlich sogar an einem Tag beobachten:

B Als die ersten Erdbeeren im Frühsommer auf den Markt kamen, drängten sich die Käufer vor den Ständen. Alle versuchten, ein Körbchen zu bekommen. Die Marktverkäufer merkten, dass die Nachfrage trotz des hohen Preises, den sie angesetzt hatten, größer war als ihr Angebot. Da sie noch mehr verkaufen wollten, bestellten sie telefonisch frische Ware und erhöhten den Preis, nicht eben stark, aber doch spürbar. Doch jetzt kippte die Situation: Die Käufer, die den stärksten Wunsch nach frischen Erdbeeren hatten, hatten schon gekauft, den anderen war der Preis überwiegend zu hoch – das Angebot war plötzlich größer als die Nachfrage. Da die Händler die Erdbeeren nicht bis zum nächsten Markttag aufbewahren konnten, blieb ihnen nichts anderes übrig, als die Erdbeeren preiswerter anzubieten.

Großes Angebot und wenige Käufer: eine günstige Situation für die Käufer

1. Erläutere, welche Auswirkungen es auf den Preis hat, wenn ◒
- nach einem schneearmen, milden Winter die Geschäfte auf ihren Skisachen und Schlitten sitzen geblieben sind.
- zur Hauptreisezeit sehr viele Urlauber Benzin nachfragen.
- im Frühjahr zunächst wenige Erdbeeren, in der Haupterntezeit sehr viele und zu Saisonende nur noch einige besondere Sorten angeboten werden.

2. Stell dir vor, dass DVD-Spieler den Markt überschwemmen. ◒
- Wie müssten sich der Regel nach die Preise entwickeln?
- Welche Auswirkungen könnte das auf einzelne Hersteller haben?
- Was geschähe dann wiederum mit dem Preis?

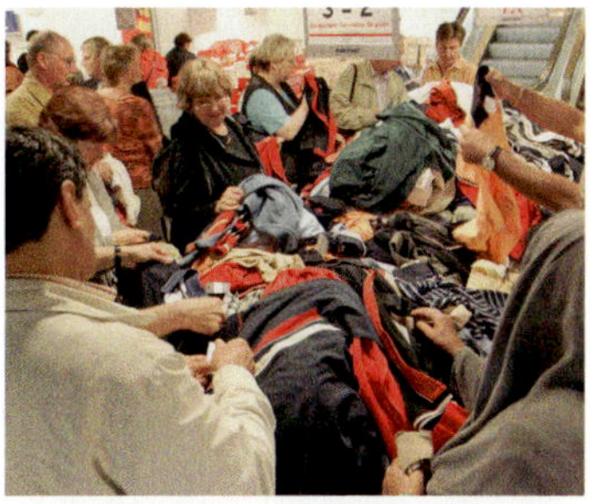

Kleines Angebot und viele Käufer: eine günstige Situation für den Verkäufer

Preisbildung in der Marktwirklichkeit

Bisher habt ihr am Modell kennengelernt, welche Bedingungen auf dem Markt herrschen müssen, damit ausschließlich Angebot und Nachfrage den Preis bestimmen.

Es wäre schön, wenn die Regel von Angebot und Nachfrage wie im Modell funktionieren würde. Doch leider ist es in der Wirklichkeit selten so, denn hier spielen noch viele andere Dinge eine Rolle, die man berücksichtigen muss:
- Anbieter und Nachfrager haben oft persönliche Gründe, ihre Geschäfte mit dem einen oder anderen Partner zu machen.
- Oft sind örtliche Gegebenheiten wichtig, wie z.B. die Erreichbarkeit eines Geschäftes oder die Fahrtzeit dahin.
- Viele Menschen kaufen unter Zeitdruck und können so keine aufwendige Auswahl treffen.
- Es gibt nur einen oder wenige Anbieter auf dem Markt.
- Die Nachfrager haben eine mangelnde Übersicht über das Angebot.

Dorfladen

Die Regel, dass Angebot und Nachfrage den Preis bestimmen, ist deshalb nicht die Regel, sondern häufig die Ausnahme. Sie zeigt dennoch wichtige wirtschaftliche Zusammenhänge auf.

B Frau Berger will einen Kuchen backen, weil sich unerwartet Besuch angemeldet hat. Sie stellt fest, dass sie kein Mehl hat. Bergers wohnen auf dem Dorf. Im einzigen Geschäft am Ort ist das Mehl aber viel teurer als im Supermarkt in der zwölf Kilometer entfernten Kreisstadt. Frau Berger kauft trotzdem im Ort.

Geschäfte unter Kegelbrüdern

Familie Hörster will sich zu Weihnachten einen neuen DVD-Spieler leisten. Kegelbruder Franz, ein Freund von Herrn Hörster, besitzt ein Elektrogeschäft. Bei ihm ist das Gerät, das sich Herr Hörster ausgesucht hat, aber 50 Euro teurer als bei der Konkurrenz. Frau Hörster möchte dieses Geld sparen. Dazu Herr Hörster: „Das kann ich doch nicht machen. Was meinst du wohl, wie Franz guckt, wenn er zu uns kommt?"

Riesige Auswahl

Herr Steinmann möchte ein neues Fahrrad kaufen. Er steht ratlos beim Fahrradhändler. Die verschiedenen Marken, die technischen Besonderheiten, die unterschiedlichen Materialien, Ausstattung, Zubehör und die Preisspannen machen es ihm schwer, eine Wahl zu treffen. „Wer findet da noch durch?", stöhnt er und überlegt, was er tun kann.

1. Erläutere, welche Gründe Frau Berger, Herr Hörster und Herr Steinmann für ihr Verhalten haben.

2. Notiere Möglichkeiten, wie sich die drei noch verhalten könnten.

Funktion der Preise

B Saskia und Anja bummeln durch die Stadt. Anja will sich neue Jeans kaufen. Zunächst gehen sie in die Boutique „Smart" in der Einkaufspassage. Die Hose „Memory", die Anja gut gefällt und ihr perfekt passt, ist sehr teuer. „In unserem Briefkasten lag heute Morgen ein Werbezettel einer anderen Boutique", sagt Saskia, „lass uns doch da mal hingehen." Sie gehen also in die Reichenstraße. Der Laden sieht nicht gerade toll aus, aber die Auswahl ist riesig. Anja findet sogar die „Memory" und hier kostet die Jeans 15 Euro weniger. Als Anja ihrem Vater vom Einkauf und den Preisen in der „Smart"-Boutique erzählte, sagt er nur: „Hast du dir mal überlegt, welche Mieten gezahlt werden müssen? Stell dir doch mal vor, welche Kosten die Geschäfte da haben." „Schön", sagt Anja, „aber trotzdem kaufe ich ab jetzt lieber in der Reichenstraße."

Das zeigt, dass der Konsument nicht deshalb einen Preis zahlt, weil die Herstellung Kosten verursacht. Konsumenten interessieren sich für den Preis von Produkten, nicht für die Kosten, die ein Unternehmer hat. Ausschlaggebend ist, wie ihr wisst, die Nachfrage auf dem Markt.

Die Kosten sind aber für die Anbieter wichtig, denn der Preis, den sie am Markt erzielen, ist wesentlich für den Bestand ihres Unternehmens. Ist der mögliche Preis für ein Produkt zu niedrig, werden Verluste gemacht, die auf Dauer das Unternehmen gefährden. Durch die Preise müssen also mindestens die Kosten gedeckt werden. Der Inhaber der Boutique „Smart" hat wegen der hohen Kosten einen hohen Preis für die Jeanshose festgesetzt. Erfolgreich war dieses Verhalten nicht, denn der Inhaber konnte nicht so viele Jeans verkaufen, wie dies bei einem geringeren Preis möglich gewesen wäre. Das zeigt Anjas Kaufverhalten. Die Boutique hätte versuchen müssen, ihre Kosten zu senken, z. B. dadurch, dass sie die Waren preiswerter einkauft und einen günstigeren Mietpreis aushandelt.

Eine wichtige Funktion für den Konsumenten ist die Vergleichsfunktion. Vor dem Kauf eines Gutes oder der Inanspruchnahme einer Dienstleistung wird in den meisten Fällen die Höhe der Preise verglichen. Besonders vor größeren Anschaffungen ist solch ein Vergleich empfehlenswert. Heute kann man das ganz bequem über das Internet erledigen. Es gibt zahlreiche Online-Dienste, die Preisvergleiche anbieten. Bei den meisten gibt man einfach die gesuchte Warenbezeichnung und die geplante Ausgabenhöhe ein. Es werden dann verschiedene Anbieter und Preise aufgelistet. Für bestimmte Warengruppen wie z. B. Computerartikel, CDs, Bücher oder CD-ROMs gibt es spezielle Suchmaschinen für Preisvergleiche.

1. Recherchiere im Internet nach günstigen Angeboten für Inlineskater in der Preiskategorie 35–45 Euro. ○

INFO

3 Funktionen der Preise

Ausgleichsfunktion:
Die Preise auf den Märkten sorgen dafür, dass sich die angebotenen und nachgefragten Gütermengen ausgleichen.

Signal- oder Informationsfunktion:
Die Preise auf den Märkten zeigen an, welche Güter dringender nachgefragt werden und welche Güter keine Rolle mehr spielen.

Lenkungsfunktion:
Die Preise auf den Märkten lenken die Produktionsfaktoren (Arbeitskräfte, Rohstoffe, Kapital/Maschinen, Geld) dorthin, wo sie benötigt werden.

2 Werbung beeinflusst das Verhalten von Verbrauchern

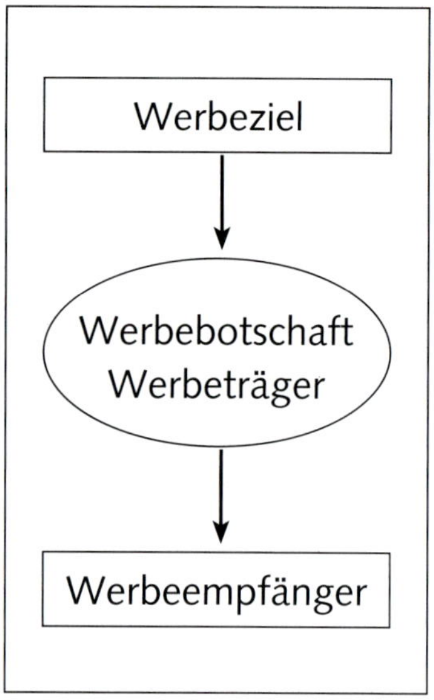

Grundmodell der Werbung

Jugendliche und Werbung

Weshalb sind Jugendliche eine bevorzugte Zielgruppe der Werbenden? Gründe dafür sind u. a.:
- sie besitzen noch keine festen Kaufgewohnheiten
- sie verhalten sich gegenüber Neuem unkritischer als Erwachsene, da ihnen oft die Lebenserfahrungen fehlen
- sie beeinflussen das Kaufverhalten der Eltern und Freunde
- sie unterliegen sehr viel stärker sogenannten Gruppenzwängen, z. B. durch den Freundes- und Bekanntenkreis
- sie handeln spontaner
- sie bleiben einer Marke über einen längeren Lebenszeitraum treu
- sie hatten noch nie so viel Geld zur Verfügung wie heute

INFO

Mark Twain sagte einmal sinngemäß: „Werbung ist die Kunst, auf die Hirne der Leute zu zielen und den Geldbeutel zu treffen."

Die Rolle der Werbung

Wer Waren herstellt, will sie auch verkaufen. Aber woher sollen die Verbraucher wissen, welche Waren man wo bekommt? Werbung ist deshalb zunächst ein Mittel, um:
- dem Verbraucher Produkte und Dienstleistungen bekannt zu machen,
- über sie zu informieren,
- das Bedürfnis für sie zu wecken,
- ein positives Image aufzubauen und
- den Verbraucher zum Kauf anzuregen.

Deshalb wird Werbung auch stets die „Schokoladenseite" des Produktes, seinen Nutzen und seine Vorteile, aber nicht seine Schwachstellen darstellen. Das gelingt umso besser, wenn die Werbung neben den sachlichen Informationen auch Gefühle, Wertschätzungen und Einstellungen des Konsumenten anspricht und zu beeinflussen versucht. Den Wirkungsablauf von Werbung beschreibt man mit der sogenannten AIDA-Formel:

A = attention = Aufmerksamkeit erregen
I = interest = Interesse auf das Produkt lenken
D = desire of possession = Besitzwunsch anregen
A = action = zum Handeln, Kaufen bringen

Starthilfe zu Aufgabe 1:
Stellt euch die folgenden Fragen:
- Was soll das Ziel eurer Werbestrategie sein?
- Was soll als Information bei den Kunden ankommen?
- Wie wollt ihr die Kunden erreichen (TV, Zeitung usw.)?
- Für wen ist euer Produkt gedacht (Jugendliche, Senioren usw.)?

1. Entwickelt in kleinen Gruppen nach dem Grundmodell der Werbung eine Werbestrategie für eine neue Seife o. Ä.

2. Untersucht einen TV-Werbespot oder eine Anzeige aus einer Tageszeitung und beschreibt, mit welchen Mitteln versucht wird, das AIDA-Prinzip zu berücksichtigen.

13 Fragen für die Auseinandersetzung mit Werbung

1. Für welche Ware wird geworben?
2. Womit wird geworben (Plakat, Anzeige)?
   = Werbemittel
3. Wo wird geworben (Zeitung, Fernsehen)?
   = Werbeträger
4. An wen wendet sich die Werbung (Jugendliche, Hausfrauen)?
   = Zielgruppe
5. Welche Informationen enthält die Werbung über Preis und Qualität?
6. Ist mit den Informationen ein Preis- und Qualitätsvergleich mit vergleichbaren Waren möglich?
7. Besteht die Werbung überwiegend aus Text oder Bildern?
8. Haben Texte und Bilder etwas miteinander zu tun?
9. Was ist neben der Ware noch abgebildet?
10. Wie lautet – falls vorhanden – der Werbespruch?
    = Slogan
11. Wendet sich die Werbung nur oder hauptsächlich an Gefühle?
12. Wie versucht die Werbung, Aufmerksamkeit zu erzeugen?
13. Welche Informationen stellen für den Verbraucher tatsächlich eine Hilfe dar?

Werbung: Information oder Manipulation?

Welche Informationen aus der Werbung helfen den Verbrauchern denn nun wirklich? Diese Frage bewegt natürlich jeden Verbraucher und jede Verbraucherin.

Für den Verbraucher ist Werbung vor allem dann nützlich, wenn sie ihm Informationen liefert, die es ihm ermöglichen, Vergleiche mit anderen Angeboten anzustellen; wenn sie Angaben über den Preis, die Menge und die Qualität des angebotenen Produkts enthält. Solche informierende Werbung findet ihr überwiegend in Tageszeitungen, auf Handzetteln von Kaufhäusern, Supermärkten, Fachgeschäften und auf Plakaten.

Im Fernsehen, im Radio und in Illustrierten überwiegt dagegen Werbung, die das Gefühl des Konsumenten anspricht und ihn zum Kauf zu überreden versucht. Konkrete Aussagen über das Produkt oder eine Dienstleistung werden kaum gemacht, die Preisangaben fehlen dort meistens.

Informierende Werbung

Litfaßsäule

1. Wähle eine Werbung aus und untersuche sie mithilfe der 13 Fragen.

2. Erkläre, warum man Sportstars auch lebende Litfaßsäulen nennt.

3. Sammelt Werbemittel, die an Jugendliche gerichtet sind. Untersucht, wie diese damit besonders angesprochen werden.

Warenpräsentation

Verkaufsfläche

Werbung für junge Kunden

Die Anbieter von Produkten und Dienstleistungen wissen, dass Kinder und Jugendliche eine lohnende Kundengruppe sind. Darum wollen sie euch als Kunden gewinnen. Werbefachleute haben euch als Zielgruppe untersucht, um herauszufinden, wie ihr lebt, was für euch wichtig ist, welche Bedürfnisse ihr habt und welche noch in euch geweckt werden können. Auf der Grundlage dieser Untersuchungen werden in den Unternehmen oder von Werbeagenturen Werbestrategien entwickelt und die Werbeträger und Werbemittel ausgesucht. Das Ziel dieser Anstrengungen: Ihr sollt möglichst zu markenbewussten und kauffreudigen Kunden geformt werden, je früher desto besser.

Unternehmen müssen ihre Produkte und Dienstleistungen verkaufen. Auf welche Weise sie dieses tun, zeigt das Beispiel eines Jeansladens.

Verkaufsstrategien im Jugendmarkt Jeansladen
Den Kauf von Jeans haben Marktforscher untersucht und die Ergebnisse in folgenden Zahlen festgehalten: In „Jungen Modeläden" und Jeansketten sind über die Hälfte der Kunden (58 %) 14- bis 24-Jährige. Selbst in „Modischen Fachgeschäften", in denen vor allem die 25- bis 54-Jährigen bzw. die „Ewig-Jugendlichen" einkaufen, stellen die Teens immerhin noch 42 % der Kundschaft, weil diese Geschäfte meist über ein umfangreiches Markenangebot verfügen.

Wie sollte nun idealerweise ein Geschäft aussehen, um als „Junger Modeladen" oder als „Modisches Fachgeschäft" erkannt und akzeptiert zu werden? Wie muss die Ware präsentiert werden? Dazu gibt es eine ganze Reihe von Grundregeln, die von den Betreibern entsprechender Geschäfte beachtet werden.

Schaufenster

Schaufenster

1. Das Bild der Ware muss locken.
   Stichwort: Schaufenster
2. Die Ware muss attraktiv und übersichtlich gezeigt werden.
   Stichwort: Dekoration im Laden
3. Das Angebot muss logisch nach Marken und Größen sortiert sein.
   Stichwort: Warenanordnung
4. Die Ware und die Verkaufsatmosphäre müssen den Jugendlichen „anmachen" – der Kunde soll sich in der Umgebung wohlfühlen.
   Stichwort: Waren- und Shop-Präsentation
5. Der Laden ist nicht einfach nur Umschlagplatz von Ware gegen Geld. Die Ware als Markenartikel und das Personal als Verkaufsteam und Kundenpartner verleihen dem Geschäft ein Flair und individuelles Image, sodass Einkaufen zum Erlebnis wird. Stichwort: Kundenbindung durch Imageförderung

Jugendliche sind auch beim Geldausgeben, sei es beim Einkaufen in Musikgeschäften oder wenn sie etwas essen gehen, am liebsten unter sich, am liebsten an Orten, wo die „richtige" Musik spielt, man sich duzt, wo sie eine Atmosphäre vorfinden, die ihnen gefällt. Musikshops und Fast-Food-Restaurants sind zu Treffpunkten geworden. Ebenso werden beim Einkauf von Kleidung Läden bevorzugt, wo Jugendliche keine anonymen Kunden sind, sondern sachkundig beraten werden.

INFO

Ein wichtiges Mittel, um Kinder und Jugendliche über Werbeanzeigen zu erreichen, sind die Kinder- und Jugendzeitschriften.

1. Nenne Märkte, die sich vorwiegend an Kinder/Jugendliche richten. ○

2. Stelle fest, an welchen Kauforten in deiner Umgebung Jeans angeboten werden. ○

3. Erkunde diese Kauforte, indem du untersuchst, inwieweit die fünf Grundregeln der Warenpräsentation umgesetzt werden. ◒

Im Supermarkt

Frischeabteilung

3 Der Supermarkt

Ist der Supermarkt eine Käuferfalle?

B

Herr Winter schießt ein Eigentor

Walter Winter verstand die Welt nicht mehr. Da kam doch seine Frau daher und erklärte ihm, es sei kein Geld mehr auf dem Konto und dabei war doch erst der 23. Schuld daran sei der Supermarkt, behauptete sie, das sei ihr heute so richtig klar geworden. Sie habe sogar einige Sachen zurückstellen müssen, weil das Geld nicht gereicht hätte. Peinlich!

Nun, was hatte ihr Leichtsinn mit dem Supermarkt zu tun? Was hatte sie überhaupt gegen den Supermarkt? Ein wahrer Segen ist er. Preiswert kann man dort einkaufen. Besonders günstig sind die Sonderangebote. Alles bekommt man unter einem Dach, bei großer Auswahl. Alles liegt griffbereit in den Regalen und niemand stört einen, keine aufdringliche Verkäuferin, die einen zum Kauf treibt, keiner. Gemütlich ist es dort auch, mit Musik und so. Beim nächsten Mal würde er selbst einkaufen und dann würde er es ihr zeigen!

Und dann verstand Herr Winter die Welt überhaupt nicht mehr. Er, der schon in der Schule als der beste Rechner galt, stand an der Kasse des Supermarktes und konnte selbst nicht bezahlen. Aber was sollte er zurückbringen? Den Wein, den er auf dem Weg vom Gemüsestand zur Fleischtheke entdeckt hatte? Oder die Konfektschachtel, die ihm zwischen Fleischtheke und Käsestand aufgefallen war?

Oder? Oder? ... Sollte seine Frau wirklich recht haben? Ach was, am Supermarkt konnte es doch nicht liegen. Niemand hatte ihm etwas aufgeschwatzt und schließlich hat man doch einen freien Willen, oder?

Keiner kann abstreiten, dass der Einkauf im Supermarkt Vorteile hat: Der Supermarkt bietet eine große Auswahl, die Ware ist meistens frisch. Man spart Zeit, weil vieles unter einem Dach angeboten wird und man nicht von Geschäft zu Geschäft laufen muss. Andererseits stimmt es aber auch, dass viele Leute mehr kaufen, als sie eigentlich wollen. Beim Einkauf von Lebensmitteln passiert das z. B. jedem zweiten Kunden. Sind all diese Leute Verschwender, schlechte Rechner oder schlicht dumm?

Wohl kaum! Nur viele wissen nicht, „wie" es kommt, dass sie erst an der Kasse merken, was sie alles in den Einkaufswagen gepackt haben.
Tatsächlich haben sich clevere Verkaufsexperten einige Tricks ausgedacht, wie sie die Kunden dazu bringen können, dass sie, fast ohne es zu merken, doch das eine oder andere zusätzlich einkaufen.

Noch ist der Kunde nicht im Laden

Noch ist der Kunde draußen oder zu Hause. Wenn man ihn in den Laden holen will, muss man ihn hereinlocken. Auf Handzetteln, die in die Briefkästen in der näheren Umgebung geworfen werden, durch Anzeigen in Tageszeitungen oder durch Plakate in den Schaufenstern des Geschäftes wird mit Sonderangeboten geworben, die oft so verlockend sind, dass man etwas zu versäumen glaubt, wenn man nicht zugreift. Und schon steht der Kunde im Geschäft. An Sonderangeboten verdienen die Geschäfte meist nur wenig oder gar nichts, aber das Ziel ist erreicht: Der Kunde ist im Laden.

Haltet den Kunden!

Verkaufsstrategen haben Kunden beim Einkauf genau beobachtet und festgestellt: Je länger ein Kunde im Geschäft bleibt, desto mehr gibt er im Durchschnitt aus. Aus dieser Erkenntnis heraus haben sie sich nun die Frage gestellt: Wie kann ich erreichen, dass der Kunde möglichst lange im Laden bleibt?

Dazu gibt es einige Dinge, die der Betreiber eines Supermarktes beachten kann. Das Ziel ist, dass die Kunden sich wohlfühlen, lange bleiben und viel kaufen.

Wo es gemütlich ist, da bleibt man gern. Der Eingangsbereich ist in warmes Licht getaucht und oft mit Pflanzen geschmückt. Supermärkte sind meist fensterlos. Damit sie nicht wie bedrohliche Höhlen wirken, sind sie hell und freundlich bis in den letzten Winkel ausgeleuchtet. Besonders die Obst- und Gemüseabteilung erscheint in sonnigem Licht. Geschickt angebrachte Spiegel vermitteln das Gefühl, sich in einem Paradies aus Obst und Gemüse zu befinden. Dort kann der Kunde die Ware auswählen, anfassen, prüfen. An der Fleischtheke wird manchmal mit Rotlicht gearbeitet, welches das Fleisch frisch und schmackhaft erscheinen lässt.

INFO

Eingang zum Supermarkt

Auch Leute, die eigentlich gar nicht in das Geschäft wollten, finden sich unversehens darin wieder, aber wieso? Supermärkte werden möglichst so angelegt, dass die Eingangstür zu ebener Erde liegt und so „schwimmt" so mancher mit dem Kundenstrom hinein. Schwellen und Stufen wären, wie Verkaufspsychologen herausgefunden haben, nur hinderlich.

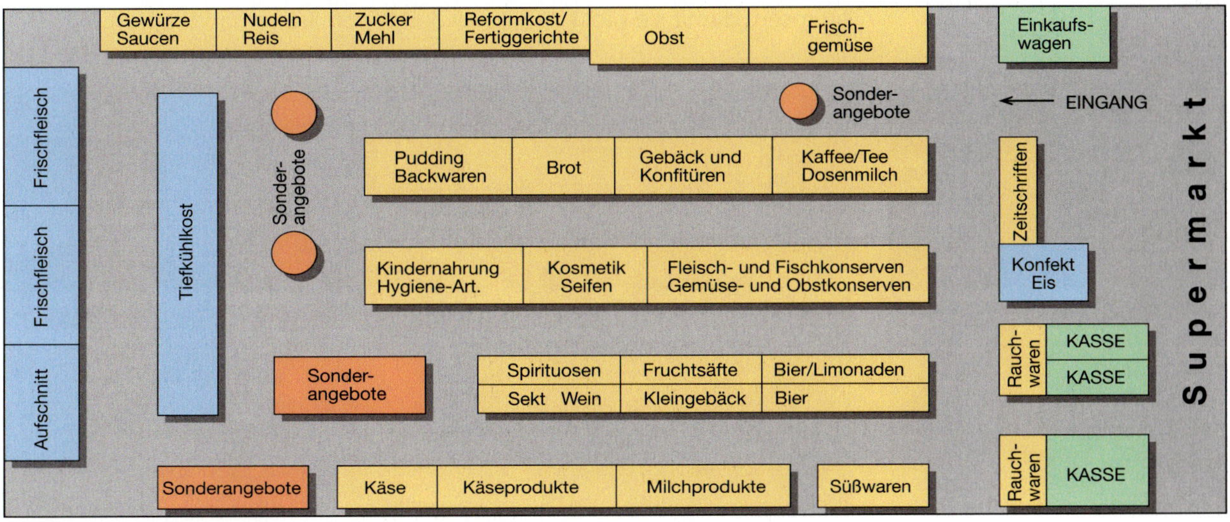

Grundriss Supermarkt

Gemütlich wirkt es auch, wenn angenehme Musik ertönt. Welche Musik gespielt wird, ist genau ausgetüftelt. Vormittags Schlager für die Hausfrauen, nachmittags wird es poppiger, aber nie aufdringlich, aufregend oder einschläfernd. Eingängige Melodien mit 72 Bassschlägen pro Minute sind zu hören. Das entspricht der Pulsfrequenz eines gesunden ausgeglichenen Menschen. Und zur Weihnachtszeit wird es dann feierlich.

Aber auch die Kinder sollen sich wohlfühlen. Für sie stehen spezielle Mini-Einkaufswagen bereit, sodass sie wie die Erwachsenen am Einkauf teilnehmen können. Und so macht der Supermarkt Spaß.

Auch auf die Raumtemperatur wird geachtet, sie beträgt 19 °C.

Artikel des täglichen Bedarfs und Sonderangebote sind gezielt über den gesamten Supermarkt verteilt, sodass die Kunden bei ihrem Einkauf an fast allen Regalen vorbei müssen. Das kostet Zeit und wer länger bleibt und vieles sieht, kauft auch mehr.

Außerdem wird im Supermarkt häufig umgeräumt, damit der Einkauf nicht zur Routine wird. Der Kunde soll die Artikel suchen und neu entdecken. Aus demselben Grund haben fast alle Supermärkte ihre Frischfleischabteilung im hinteren Teil des Ladens.

Die Gänge im Markt sind mit Absicht nicht zu eng und nicht zu breit angelegt, im Idealfall sind sie zwei Meter breit. Einerseits will man vermeiden, dass sich die Kunden berühren, denn man hat beobachtet, dass in diesem Falle die Kunden Ware, die schon fast im Einkaufswagen gelandet war, reflexartig zurücklegen. Anderseits will man vermeiden, dass die Kunden mit ihren Einkaufswagen wie auf einer Rennbahn durch den Laden eilen. In den Gängen stehen Schüttkörbe als „Stopper“. Diese sollen die Kunden bremsen, damit sie nicht zu schnell durch den Supermarkt laufen.

Stopper

Schüttkorb

Schüttkörbe sind flach und haben eine Aufwölbung in der Mitte. Die Ware liegt darin kreuz und quer. Mit dem Eindruck „große Mengen" verbindet der Käufer „billig", und damit es auch nach großen Mengen aussieht, türmt man die Ware hoch auf, wobei die Aufwölbung am Boden des Schüttkorbes behilflich ist. Dass im Korb nur wenig Ware liegt, sieht man nicht. Das Preisschild für diese Ware ist nicht gedruckt, sondern für die Schnäppchen einfach mit Filzstift auf ein Stück Pappe geschrieben.

INFO

Preisangabe

Bei allen verpackten Produkten muss immer der Preis für 100 g, 1 kg oder 1 l am Regal im Supermarkt angebracht sein. So ist ein Preisvergleich unter gleichartigen Produkten möglich, wenn die Verpackungen unterschiedlich groß sind.

Nachrechnen und nachdenken sollte man, bevor man bei dem „Doppelpack" oder bei der „Familien- oder Vorratspackung" zugreift. Ist das Angebot bei einem Vergleich mit dem Preis und Menge der einfachen Packung tatsächlich günstiger und braucht man diese Menge überhaupt? Das gilt auch, wenn man auf sogenannte Kombiplatzierungen trifft. Da stehen z. B. neben den Nudeln Dosentomaten. Nur meist sind die Dosentomaten an dieser Stelle teurer als jene, die im Regal mit den Gemüsekonserven stehen.

Für exklusive Waren: ein Platz auf der Haupttribüne

Nicht nur die Verteilung der unterschiedlichen Produkte über das Ladenlokal hat Einfluss auf den Umsatz, die Platzierung der Ware im Regal selbst ist fast noch wichtiger. Es hat sich bei zahlreichen Untersuchungen erwiesen, dass der gleiche Artikel unterschiedlich oft verkauft wird, wenn er auf unterschiedlicher Höhe im Regal platziert wird.

Sogenannte Muss-Artikel, Waren also, die wir oft brauchen, stehen unten im Regal. Dazu gehören Salz, Mehl, Zucker, Butter usw. Wenn sich der Kunde an dieser Stelle bückt, bemerkt er auch andere Artikel, die er nicht unbedingt braucht, z. B. Impulsartikel.

INFO

Bei den sog. **Impulsartikeln** greift der Kunde spontan zu. Er hat den Kauf dieser Artikel vorher nicht geplant, aber sie erscheinen ihm so verlockend, dass er sie haben möchte. Beispiele sind Zeitschriften, Sonderangebote, Süßigkeiten.

Die goldene Kassenzone

Vor der Kasse staut sich meist der Kundenstrom. Hier in der goldenen Kassenzone werden die verkaufsträchtigsten Waren angeboten. Die Kunden müssen warten, schauen sich um, greifen zu und lassen Tabakwaren, Schnapsfläschchen und, besonders wenn Kinder dabei sind, auch Kaugummi, Bonbons, Schokoriegel in den Einkaufswagen wandern. Quengelware nennen die Verkaufsexperten selbst dieses Angebot.

1. Stelle noch einmal die genannten Vorteile eines Einkaufs im Supermarkt zusammen. Fallen dir noch weitere ein? ○

2. Erkunde einen Supermarkt in deiner Nähe. Überprüfe, ob die Verkaufsstrategien, die in den Texten dargestellt wurden, im Supermarkt tatsächlich angewendet werden. ●

3. Erstellt in Gruppen ein Plakat, auf dem ihr Regeln für den Einkauf im Supermarkt gestaltet, die euch helfen, nicht auf die Tricks hereinzufallen. ●

Preisvergleiche bei Alltagskäufen

Die Verbraucherberatungsstelle und die Zeitschrift „test" als Informationsquellen werden meist nur bei der Anschaffung hochwertiger Gebrauchsgüter genutzt. Beim Einkauf des täglichen Bedarfs könnte eine Menge Geld gespart werden, wenn die Verbraucher sich mit zwei Gewohnheiten auseinandersetzten: Bezugsquellentreue und Markentreue.

Bezugsquellentreue meint, dass Verbraucher oft den täglichen Einkauf nur in „ihrem" Geschäft tätigen, also keine Preisvergleiche zwischen den Geschäften vornehmen. Manchmal kann es viel günstiger sein, die Marke zu wechseln und nicht das Geschäft.
Markentreue bedeutet, dass Verbraucher in „ihrem" Geschäft eine weitere Einschränkung ihrer Wahlmöglichkeiten vornehmen, weil sie nur „ihre" Marke kaufen und nicht zwischen den verschiedenen Marken unterscheiden. Die Werbung zielt vielfach auf diese Markentreue ab. Hier gilt es, sorgfältig zu prüfen.

B Frau Müller geht immer im Supermarkt um die Ecke einkaufen. Hier bekommt sie alles, was sie braucht. Sie kümmert sich nicht um Sonderangebote anderer Geschäfte.
Wenn sie Milch kauft, muss sie von der Marke „Schmecktgut" sein. Andere Marken trinkt sie nicht gerne.

Produkt	Menge	Markenartikel	Preis	preisgünstiges Angebot	Preis	Ersparnis
1 Paket Nudeln 1 kl. Ds. Erbsen, extra fein 1 Glas Gewürzgurken 1 Dose Bockwürste 1 Glas Mayonnaise 1 Becher Magerjoghurt	?	?	?	?	?	?
Summe:	–	–		–		

Beispiel: Ein Preisvergleich bei den Zutaten für einen Nudelsalat

1. Untersuche eine Tageszeitung in Hinblick auf die enthaltenen Verbrauchertipps.

2. Lege eine Tabelle (siehe oben) an und führt den Preisvergleich in mehreren Geschäften deiner Wahl durch.

3. Nimm Stellung zu folgender Aussage: „Wer sich flexibel zwischen Produkten entscheidet, kann manchmal mehr Geld sparen, als wenn er das gleiche Produkt in verschieden Geschäften vergleicht."

Beim Kauf von Gebrauchsgütern: Planmäßig vorgehen

Wer ärgert sich nicht, wenn er sich z. B. eine hochwertige Hi-Fi-Anlage angeschafft hat und danach feststellt, dass sie woanders wesentlich preiswerter angeboten wird? Deshalb solltet ihr beim Kauf hochwertiger Gebrauchsgüter planvoll vorgehen.
Solch ein Plan könnte in folgenden Phasen ablaufen:

Problemphase

Zunächst heißt es, eure Probleme zu erkennen, d. h. zu analysieren, welche Fragen für euch selbst wichtig sind. Solche Fragen könnten sein:

- Wie viel Geld steht mir zur Verfügung und welches Geräteangebot gibt es in dieser Preislage?
- Welche Anforderungen stelle ich an das Gerät?
- Welche Ausstattung soll es haben?
- Welche Marken kommen infrage?
- Wo kann ich es kaufen?
- Welche Geräte sind besonders preisgünstig?
- Welche Serviceleistungen bieten die Geschäfte?

Die Informationsphase

Um die Fragen zur ersten Phase beantworten zu können, müsst ihr euch Informationen beschaffen.
Informationsquellen können sein:

- Prospektmaterial
- persönliche Beratung in Fachgeschäften
- sachkundige Bekannte
- Informationsmaterial und persönliche Beratung in Verbraucherberatungsstellen
- Testberichte der Stiftung Warentest
- Radio- und TV-Sendungen, Berichte in Zeitschriften u. a.

Die Beurteilungsphase

Diese Phase ist die schwierigste bei der Kaufentscheidung, denn ihr müsst nun die Informationsquellen beurteilen und auswerten.

Beurteilen heißt einfach ausgedrückt: Sind die Informationsquellen für eine Entscheidung brauchbar oder nicht? Sie sind dann brauchbar, wenn sie

- über die benötigten Informationen Auskunft geben,
- einen Überblick über das aktuelle Angebot verschaffen,
- den Kaufgegenstand anschaulich darstellen und
- die Handhabung des Gegenstandes ermöglichen.

Ferner sollten sie schnell verfügbar, kostenlos oder zumindest preiswert und allgemein verständlich sein.

Nun geht es an das Auswerten der Informationsquellen. Dazu ist es sinnvoll, zunächst Kriterien aufzustellen, die ihr miteinander vergleichen wollt. Für Hi-Fi-Anlagen könnten es z. B. folgende Kriterien sein:

Marke	System	Ausstattung	Qualitätsmerkmale	Preis

Zu diesen Kriterien sucht ihr aus den Informationsquellen die entsprechenden Angaben heraus und vergleicht sie.

Die Entscheidungsphase

Ihr möchtet das Produkt wahrscheinlich dort kaufen, wo es am preiswertesten angeboten wird. Doch Vorsicht! Ihr solltet nicht nur auf den Preis achten, sondern auch Folgendes bedenken und erkunden:

- Welcher Beschaffungsaufwand (Weg, Zeit) ist mit dem Kauf verbunden? Lohnt sich eine weite Fahrt, wenn dort das Gerät z. B. fünf Euro billiger angeboten wird als an eurem Wohnort?
- Welche Serviceleistungen werden geboten? Ist z. B. das fachgerechte Aufstellen der Hi-Fi-Anlage im Preis enthalten? Hat die Firma einen Kundendienst, falls das Gerät einmal defekt ist? Oder: Ist die beiliegende Bedienungsanleitung verständlich?
- Achtung! Nicht immer gibt es einen Zusammenhang zwischen Preis und Qualität, d. h., auch ein billiges Produkt kann solide, leistungsfähig und preiswert sein.

Bevor ihr den Kaufvertrag abschließt, solltet ihr mit dem Händler auch einige rechtliche Fragen abklären, z. B. über

- Lieferbedingungen,
- Zahlungsbedingungen, Preisnachlässe,
- Garantiezeit und -umfang,
- Nachkauf von Ersatzteilen u. Ä.

Die Kontrollphase

Ob eure Entscheidung für ein bestimmtes Gerät richtig war oder nicht, zeigt sich erst, wenn ihr es in Betrieb nehmt. Ihr solltet auf jeden Fall z. B. anhand der Betriebsanleitung überprüfen, ob alle Teile mitgeliefert wurden und betriebsbereit sind.

Stellt ihr beim ersten Gebrauch Mängel fest, so solltet ihr es reklamieren. Die Verbraucherberatung kann euch dabei helfen.

Expertenbefragung

Niemand hat die Zeit, sich vor jedem Einkauf umfassend zu informieren. Dennoch sollte man auf jeden Fall mehrere Angebote vergleichen. Dafür könnt ihr euch in einer Verbraucherberatungsstelle beraten lassen.

Verbraucherberatungsstellen sind öffentliche Einrichtungen, bei denen sich jeder Verbraucher kostenlos oder gegen eine geringe Gebühr unparteiisch beraten lassen kann. Sie beraten in den Bereichen Wohnen, Ernährung, Versicherung, Sparen, Umwelt, Recht des Verbrauchers usw.

1. Vorbereitung

Bereitet eine Expertenbefragung vor mit einem Vertreter der Verbraucherberatung. Dazu bearbeitet ihr folgende Punkte:

1. Ermittelt die für euren Wohnort zuständige Verbraucherberatungsstelle mit Anschrift, Telefonnummer und Internetadresse. Wie heißen eventuelle Ansprechpartner?
2. Nehmt Kontakt auf und sprecht ab, worüber ihr euch unterhalten wollt. Vielleicht kann man euch vorab Material für eure Erkundung zusenden.
3. Vereinbart, ob eine Expertin/ein Experte zu euch in die Klasse kommt oder ob ihr den Experten/die Expertin aufsucht.
4. Überlegt euch in arbeitsteiligen Gruppen Fälle aus dem täglichen Leben, in denen die verschiedenen Beratungsbereiche helfen können, und stellt dann den Experten diese Fälle vor.
5. Überlegt, wie ihr die Gesprächsergebnisse festhalten wollt (z. B. Aufnahmegerät, Videokamera, schriftliches Protokoll).
6. Stellt zusammen, was der Experte/die Expertin von euch wissen muss, z. B. Jahrgang, Unterrichtsthema, Anzahl der Schülerinnen und Schüler usw.
7. Sprecht Verhaltensregeln ab.

2. Durchführung

Die Expertenbefragung kann mit einem oder mehreren Experten durchgeführt werden. Denkt auch schon während der Durchführung an die spätere Präsentation der Ergebnisse und macht Fotos oder nehmt das Gespräch mit einem Diktiergerät oder einem MP3-Player auf.

3. Auswertung

Für die Auswertung bringt ihr eure Notizen und Aufzeichnungen in Reinschrift und fasst sie zusammen. Überlegt euch, was gut gelaufen ist und was nicht so gut. Ihr könnt das Gespräch in Form eines Protokolls auswerten und z. B. in der Schülerzeitung veröffentlichen. Vergesst nicht, dieses Protokoll auch an den Experten zu schicken. Er kann so sehen, wie seine Ausführungen bei euch angekommen sind.

Vorbereitung

Durchführung

Auswertung

4 Konsum und ökologische Verantwortung

Umweltsünder Haushalt

In unserer Konsumgesellschaft werden Waren in Hülle und Fülle angeboten und verbraucht. Konsum macht Spaß. Doch bei aller Freude hat der Konsum auch Schattenseiten. Jeder, der konsumiert, sollte sich auch Gedanken über die Auswirkungen seines Konsums machen. Zum Beispiel darüber, welchen Einfluss der Konsum auf die Umwelt hat.

Aus den Augen, aus dem Sinn – so dachten jahrzehntelang die Verbraucher und füllten Woche um Woche unbekümmert Mülltonnen und Abfallcontainer. Durch diese Gedankenlosigkeit wuchs der Müllberg viele Jahre, Eine Entwicklung, die in den Medien fast tagtäglich präsent ist.

Aber nicht nur beim Umgang mit dem Abfall sind wir Verbraucher täglich gefordert. Vielmehr müssen wir alle Bereiche im Auge behalten, bei denen wir durch unser Handeln die Umwelt nachhaltig negativ beeinflussen. Um der negativen Beeinflussung entgegenzuwirken, können wir uns schon durch einfache Verhaltensregeln eine ökologische Verhaltensweise aneigenen.

- Bei Hausputz umweltverträgliche Reiniger und Waschmittel in geringer Dosierung benutzen.
- Schmutzige Wäsche in der Regel bei 60 °C waschen und nicht immer gleich kochen.
- Die Wäsche auf der Leine statt im Trocker trocknen, was natürlich auf dem Land einfacher ist als in der Stadt.
- Das tägliche Baden durch Duschen ersetzen.
- Beim Kauf von Schulheften oder Druckerpapier recyceltes Papier verwenden.
- Lavendelblüten anstatt chemische Mottenkugeln in den Kleiderschrank legen.

Manche Vorschläge hören sich nahezu albern an, aber in der Summe ließe sich so ein erheblicher Nutzen für die Umwelt erzielen.

1. Überprüfe dein Umweltverhalten.
Lege eine Liste an und trage darin ein, welche Verpackungsmaterialien an einem Tag durch deine Hände gegangen sind.
Erläutere, welchen Abfall du davon vermeiden könntest.

2. Benenne weitere ökologische Verhaltensweisen, mit denen man sich im Alltag umweltbewusster verhalten könnte.

3. Nenne Gründe, warum Menschen, obwohl sie die angeführten ökologischen Verhaltensregeln kennen, bewusst ein anderes Verhalten im Alltag leben.

Abschied von der Ex-und-Hopp-Mentalität

B

Die Entsorgung von Müll

In Deutschland fallen jährlich ca. 380 Millionen Tonnen Müll an, darunter 37 Millionen Tonnen Hausmüll. Würde man diese gesamte Menge in einen Güterzug füllen, so würde der eine Länge rund um den Äquator haben. Statistisch gesehen erzeugt jeder Bundesbürger, egal ob Säugling oder Greis, 455 Kilogramm Müll in einem Jahr. Davon sind mehr als ein Viertel Verpackungsabfälle. Zum Vergleich sind hier einige andere Werte: USA 745 kg, Niederlande 369 kg, Polen 350 kg.

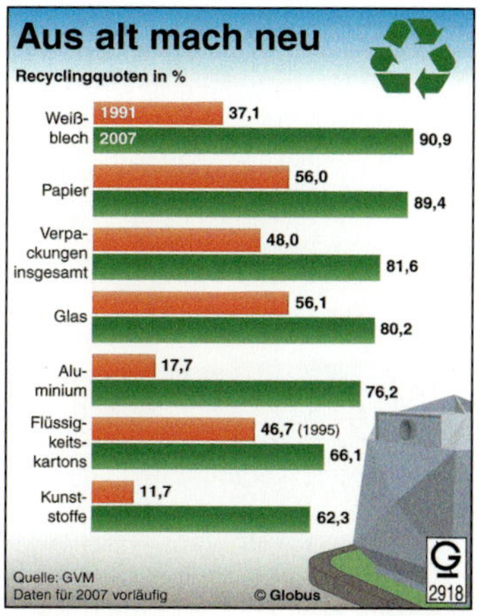

Damit es zu keinem „Infarkt" kommt, muss eine sinnvolle Müllstrategie betrieben werden. Dabei sollte diese Rangfolge beachtet werden:
1. Müllvermeidung
2. Müllsortierung und -verwertung
3. Abfallbeseitigung

INFO

Der Begriff **„Recycling"** stammt aus dem Englischen (Cycle = Kreislauf; Vorsilbe re = wieder, zurück) und bedeutet, dass etwas wieder in einen Kreislauf zurückgeführt wird.

Gut ist, dass das Umweltbewusstsein immer mehr zunimmt, aber auch, dass Gesetze helfen, dem Müllchaos vorzubeugen. In der „Verordnung über die Vermeidung von Verpackungsabfällen" werden genaue Festlegungen getroffen:
1. Alle Transportverpackungen (Kisten, Paletten, Container) müssen vom Handel bzw. vom Hersteller zurückgenommen und der Wiederverwendung zugeführt werden.
2. Die Käufer können Umverpackungen an der Ladenkasse kostenlos zurücklassen. Umverpackungen sind zusätzliche Verpackungen, die u. a. den Diebstahl erschweren und die Selbstbedienung erleichtern sollen.
3. Für viele Getränkeverpackungen wird ein Pflichtpfand erhoben. Die Geschäfte sind verpflichtet, die Verpackung zurückzunehmen und dem Kunden das Pfand zurückzuzahlen.

„Der Blaue Engel"

1. Untersucht die Müllwege in eurer Schule und entwickelt sinnvolle Möglichkeiten einer Müllentsorgung und Müllvermeidung.

2. Testet das Umweltbewusstsein eurer Mitschüler und führt eine Befragung durch. Mögliche Fragen:
- Was macht ihr, um Müll zu vermeiden?
- Welche umweltfreundlichen Produkte kauft ihr?
- Wie sortiert ihr eure Verpackungsabfälle?

3. Erstelle eine Checkliste: Worauf muss man achten, wenn man sich umweltfreundlich verhalten will …
a) beim Einkauf?
b) beim Waschen und Hausputz?
c) bei der Entsorgung von Haushaltsabfällen?

„Der Grüne Punkt"

Umweltverträglicher und nachhaltiger Konsum

Joghurt im Glas

Vor 50 Jahren bestimmte noch die Jahreszeit, welches Obst und Gemüse angeboten wurde. Fast jedes Dorf hatte seinen eigenen Metzger. Heute ist das Warenangebot in Supermärkten und Fachgeschäften sehr reichhaltig mit Produkten aus Deutschland und der ganzen Welt. Eine grundlegende Änderung des Ernährungsverhaltens hat in den letzten 40 Jahren dazu geführt, dass mehr Lebensmittel aus dem Ausland importiert werden, während im Inland vermehrt Futtermittel angebaut werden, um den gestiegenen Fleischbedarf zu decken. Viele Rohstoffe werden für die Lebensmittelproduktion aus dem Ausland bezogen und belasten durch ihre Gewinnung und weiten Transportwege die Umwelt. In dem weltweiten Bemühen um eine nachhaltige, umweltverträgliche Entwicklung kommt es darauf an, ein besseres Verständnis von Umwelt und Wirtschaft zu entwickeln.

INFO

Ein Joghurt kommt in Fahrt
Die Erdbeeren stammen aus Polen, die Bakterien aus Schleswig-Holstein, die Aluminiumdeckel werden aus dem Rheinland nach Stuttgart transportiert: Bis so ein simpler Fruchtjoghurt im Supermarktregal landet, fahren Lastwagen durch halb Europa, mehr als neuntausend Kilometer weit!

Die Produktion eines Lebensmittels: Erdbeerjoghurt

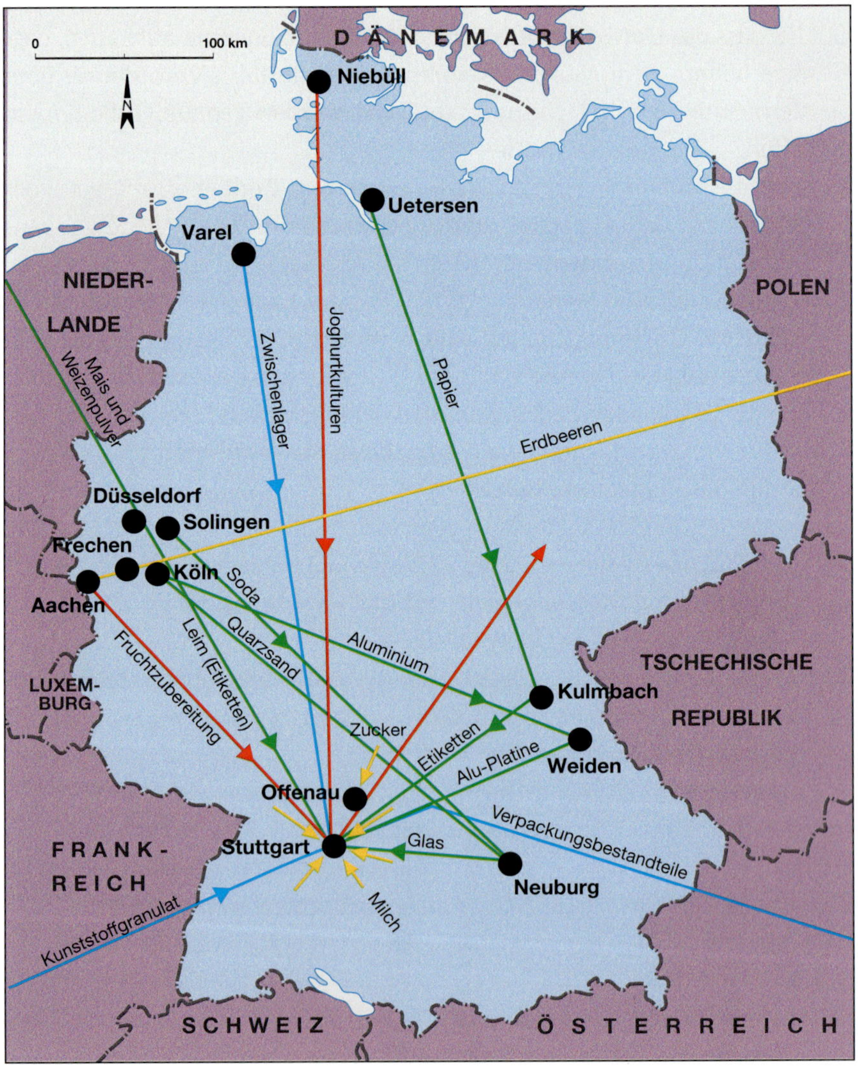

Nachhaltige Ernährung durch Produkte aus der Region

Wer sich umweltbewusst verhalten möchte und keinen eigenen Nutzgarten hat, sollte Lebensmittel aus der Region kaufen. Die Produkte werden reif geerntet und schmecken deshalb besonders aromatisch. Obst und Gemüse, welches keine langen Transportwege hinter sich hat, schont die Umwelt und enthält viele Vitamine. Diese Produkte werden häufig in ökologisch ausgerichteter Landwirtschaft erzeugt.

Beim integrierten Pflanzenbau stehen Ökonomie und Ökologie in einem weitgehend ausgewogenen Verhältnis. Die Pflanzen erhalten gerade so viel Dünger, wie sie brauchen. Der Pflanzenschutz richtet sich nach dem Motto: „So viel wie nötig – so wenig wie möglich."

Die „Initiative Neuland" ist ein Markenzeichen für Qualitätsfleisch und wurde von ökologisch ausgerichteten Landwirten und Umweltverbänden ins Leben gerufen. Die Tiere werden artgerecht gehalten und haben viele Auslaufmöglichkeiten. Sie erhalten Futter ohne Zusätze und ohne Tierarzneimittel. Diese Produkte kann man entweder direkt beim Erzeuger im Hofladen kaufen oder auf Wochenmärkten von heimischen Landwirten.

1. Führt eine Erkundung eines Bauernhofes in eurer Nähe durch. Ihr könnt auch einen Landwirt auf einem Wochenmarkt befragen. Mögliche Fragen können sein:
Welche Lebensmittel erzeugen Sie? Wie werden sie erzeugt? Welches Konzept verfolgen Sie? Wie erfolgt die Lagerhaltung? Wie vermarkten Sie die Produkte?
Vergleicht dann eure Ergebnisse mit den Ausführungen im Text.

INFO

Die **Nachhaltige Ernährung** achtet nicht nur auf die Frage, ob Nahrungsmittel biologisch angebaut werden. Es geht dabei um die Gesamtbilanz für die Umwelt und die Menschen. So gibt es in vielen Fällen keine eindeutigen Antworten, z. B. sind Bio-Lebensmittel aus dem Ausland besser als herkömmliche aus der Region?

Quelle:
Unter „Stichwort" in: Buxtehuder Tageblatt, 25.5.09

INFO

Beim **integrierten Pflanzenbau** ist Folgendes wichtig
- natürlicher Pflanzenbau
- Der Boden soll fruchtbar bleiben und nicht ausgelaugt werden.
- Grundwasser und Flüsse sollen nicht belastet werden.
- Der Schädlingsbefall der Pflanzen soll verringert werden.

Logo der Initiative Neuland; www.neuland-fleisch.de

Flohmarkt

Viele Märkte

Märkte findet ihr überall, ob es der Wochenmarkt ist, wo Obst, Gemüse, Wurst, Fleisch gehandelt werden, oder ob es ein Flohmarkt mit Büchern, alter Kleidung, DVDs, Spielzeug ist. Aber auch im folgenden Beispiel haben wir einen Markt:

B Jürgen und Thomas unterhalten sich auf dem Weg nach Hause:
Thomas: „Gestern habe ich im Internet ein geiles Tool gefunden. Dank der App weiß ich nun zu jeder Zeit, welcher Song gerade irgendwo gespielt wird. Du brauchst das Handy nun in die Richtung der Musik zu halten und die kleine Wundermaschine erkennt das Lied!"
Jürgen: „Wow! Das will ich auch haben. Wie bist du daran gekommen?"
Thomas: „Findest Du bei Xention. Mein Bruder hat mir die Plattform gezeigt. Die haben eine Menge nützlicher Apps. Andere Sachen wie Musik kannst du natürlich auch runterladen."
Jürgen: „Umsonst?"
Thomas: „Quatsch! Gegen Bezahlung, versteht sich."
Jürgen: „Das musst du mir unbedingt zeigen. Ich will dringend etwas haben, mit dem ich auch ohne nervige SMS twittern kann."

Was wir hier erkennen können

- Märkte sind nicht nur ein Platz, eine Messehalle, eine Gaststätte, ein Laden, den bzw. die man körperlich betreten kann.
- Anbieter und Nachfrager finden sich nämlich z. B. auch im Anzeigenteil von Zeitungen und Zeitschriften, auf Anschlagbrettern (z. B. Aushänge am sog. Schwarzen Brett), im Internet (z. B. eBay oder Amazon) oder in Form von Telefonverbindungen (z. B. bei Klingeltönen).
- Kurz: Märkte sind nicht an einen Ort gebunden, sondern sind dort, wo Anbieter und Nachfrager zusammentreffen.

Preisbildung im Modell und in der Realität

Auf Märkten, habt ihr kennengelernt, bilden sich für die Produkte und Dienstleistungen Preise. Das sieht im Modell aber einfacher aus, als es in der Wirklichkeit zu beobachten ist. Bestimmt kommen euch die folgenden beispielhaften Situationen bekannt vor.

B „Neulich war ich in der Stadt shoppen. Es fing fürchterlich an zu regnen und ich hatte natürlich keinen Regenschirm dabei. Also bin ich ins nächstbeste Geschäft und habe einen gekauft. Ärgerlich, denn im Nachhinein erschien er mir doch recht teuer zu sein!"

„Ich weiß, dass ich das Brot im Supermarkt günstiger kaufen kann. Aber die Uta und den Klaus – den beiden gehört die kleine Bäckerei im Ort – kenne ich schon ewig. Die würden mich schräg angucken, wenn ich unser Brot woanders kaufen würde …"

„Mein Sohn will sich einen neuen PC kaufen. Wir haben schon versucht, uns zusammen schlauzumachen. Aber durch die verschiedenen Marken und ihre technischen Besonderheiten, die unterschiedlichen Ausstattungen und Preise blickt man irgendwann nicht mehr durch."

„Im Supermarkt an der Hauptstraße ist es zwar etwas teurer, aber dort arbeitet total nettes Personal und der Service ist klasse. Dafür bezahle ich gerne etwas mehr."

„Meine Mutter wollte schon immer einen bestimmten Hirtenhund haben, einen Komondor. Wir mussten bis ganz nach Österreich fahren, um überhaupt einen Züchter zu finden."

„Klar ist es in den Supermärkten in Stadtnähe günstiger als beim Kiosk. Wenn ich aber nur Milch oder Brot brauche, kann ich besser zum Kiosk nebenan gehen."

Was wir hier erkennen können

- Neben dem Preis gibt es unzählige Gründe, warum wir in bestimmten Situationen bewusst bereit sind, einen höheren Preis zu zahlen, auch wenn wir genau wissen, wo es günstiger ist.

Ein besonderer Marktplatz und seine Folgen – Einkaufen im Internet

E-Commerce heißt das Schlagwort. Das sind alle Arten von Geschäften, die auf elektronischem Wege abgewickelt werden.

1. Stelle die Gründe zusammen, die sich in den Aussagen der unterschiedlichen Personen erkennen lassen, und begründe, warum sie bereit sind, einen höheren Preis zu zahlen.

2. Welche Bedingungen der idealen Preisbildung sind in den Beispielen nicht gegeben, sieh dir dazu noch mal die Seite 110 an.

3. Beschreibe, wie sich das Verhalten der Konsumenten durch neue technologische Entwicklungen verändert hat.

4. Erläutere, warum durch das E-Commerce die Anbieter Kunden leichter verlieren können als auf anderen Märkten.

5. Stelle stichpunktartig die Vor- und Nachteile gegenüber, die das E-Commerce den Konsumenten bietet, und beurteile danach den persönlichen Nutzen.

6. Erläutere, warum der Datenschutz beim E-Commerce eine besonders hohe Bedeutung hat.

In diesem Kapitel habt ihr gelernt, dass es verschiedene Märkte gibt, auf denen Güter und Dienstleistungen gehandelt werden. Alle Märkte haben Gemeinsamkeiten. Denkmodelle versuchen, das komplizierte Wirtschaftsgeschehen vereinfacht darzustellen. Das Modell vom Markt verdeutlicht die ideale Preisbildung.
Allerdings muss man sehr sorgfältig darauf achten, die Ergebnisse eines Denkmodells nicht für die Realität zu halten. Das Markt-Modell zeigt lediglich, wie sich die Preise im Idealfall bilden. In der Realität beeinflussen allerdings verschiedene Faktoren die Preisbildung. Die Preise haben für die Verbraucher verschiedene Funktionen.

Hier könnt ihr euer bisher erworbenes Wissen testen und vertiefen.

1. Beschreibe die wesentlichen Aufgaben von Märkten. ○

2. Benenne zehn verschiedene Konsumgütermärkte. ○

3. Nenne die Gemeinsamkeiten, die alle Märkte haben. ○

4. Erläutere den Sinn und Zweck von Denkmodellen im Arbeitslehreunterricht. ◒

5. Nenne die fünf Annahmen, die bei dem Modell vom Markt gemacht werden müssen, damit die Regel gilt: Angebot und Nachfrage bestimmen den Preis. ○

6. Beschreibe an einem Beispiel, was ein Gleichgewichtspreis ist. ◒

7. Stelle die vier Regeln des Marktmechanismus in einem Schaubild anschaulich dar. ●

8. Viele Faktoren haben Einfluss auf die Bildung von Preisen:
- persönliche Gründe
- örtliche Gegebenheiten
- zeitliche Gründe

Stelle für jeden angeführten Faktor ein eigenes Beispiel zusammen. ◒

9. Beschreibe drei Funktionen von Preisen. ○

10. Erkläre die AIDA-Formel. ◒

11. Nenne die Ziele, die ein Unternehmen mit Werbung verfolgt. ○

12. Erläutere, welche Erwartungen der Verbraucher an die Werbung hat. ◒

13. Untersuche eine der beiden Werbeanzeigen mithilfe der 13 Fragen für die Auseinandersetzung mit der Werbung. ○

14. Die folgenden Aussagen zur Präsentation einer Ware sind falsch. Notiere die richtigen Vorgaben und begründe. ◒

a) Das Bild der Ware sollte den Kunden nicht belästigen.
b) Die Ware muss attraktiv, aber ungeordnet gezeigt werden, damit der Kunde durch langes Suchen länger im Geschäft bleibt.
c) Marken und Größen spielen beim Angebot keine Rolle.
d) Die Verkaufsatmosphäre ist nebensächlich.
e) Kundenbindung und Imageförderung können durch die Präsentation der Ware sowieso nicht erreicht werden.

15. Beurteile, inwieweit sich das Konsumentenverhalten durch das Internet verändert. ◒

16. Frauke hat am Wochenende in einem Onlineshop eine DVD bestellt. Am Dienstag entdeckt sie die DVD im gleichen Onlineshop für 3 Euro weniger. Beurteile den Preisunterschied. ◒

17. Erläutere, warum der Müllberg (besonders der Verpackungsmüll) in den letzten Jahrzehnten so stark angewachsen ist. ◒

B **Der Regenschirm**

„Ich brauchte seinerzeit einen neuen Regenschirm. Es war zu überlegen, wie ich in meiner Rolle als Arbeitnehmer die in der freien Marktwirtschaft mir obliegende Pflicht bei der Auswahl am besten treffen könne.

In Frankfurt gibt es, so nahm ich an, etwa 50 Läden, in denen man einen Regenschirm kaufen kann. Diese müsste ich pflichtgemäß alle aufsuchen. Dann gibt es schätzungsweise 200 Regenschirme für Herren. Da es ein schwarzer Regenschirm mit gebogener Krücke sein sollte, mag sich die Anzahl der Sorten auf 100 ermäßigen.

Nun aber geht es mir um einen möglichst dauerhaften Regenschirm, dessen Stoff, Stock und Mechanik lange halten und auch bei starkem Wind lange brauchbar bleiben sollten.

Ich fand bald heraus, dass allein um die Güte der Regenschirme auf Haltbarkeit und Wasserdurchlässigkeit zu prüfen ein Kurs nötig sei, den ein Freund auf Wochendauer schätzte.

Also verzichtete ich nach kurzer Überlegung auf jede Konkurrenzprüfung, ging in den nächsten Laden, kaufte unter den zehn vorgelegten Schirmen ohne lange Prüfung und zahlte dafür, was gefordert wurde.

Quelle:
E. Schmalenbach, Der freien Marktwirtschaft zum Gedächtnis, Oplaten 1949

18. Erläutere, welches grundlegende Problem eines Verbraucher sich mit dem Beispiel „Der Regenschirm" verdeutlichen lässt. ◒

V Erhalt der psychischen und physischen Gesundheit

In diesem Kapitel geht es um eine gesundheitsförderliche Ernährung, einen gesunden Lebensstil und wie man Familie und Beruf in Einklang bringen kann. Des Weiteren wird erklärt, wie ein Arbeitsplatz unter gesundheitlichen Aspekten gestaltet sein sollte. Abschließend werden die Formen der sozialen Absicherung dargestellt und erläutert, wie das System der sozialen Sicherung in Deutschland organisiert ist.

Im Einzelnen geht es darum:

- Welche Lebensmittelauswahl liefert dem Körper eine vollwertige Ernährung und welche Rolle nehmen in diesem Zusammenhang die industriell vorgefertigten Lebensmittel ein?

- Welche förderungswürdigen Maßnahmen gibt es zur Vereinbarkeit von Familie und Beruf?

- Welche Faktoren spielen bei der Gestaltung der Arbeitsumgebung und beim Gesundheitsschutz eine wesentliche Rolle?

- Aus welchen verschiedenen Bestandteilen setzt sich das Netz der sozialen Sicherung zusammen und welche Möglichkeiten der privaten Vorsorge gibt es?

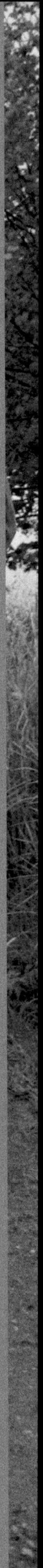

INFO

Lebensmittelgruppen und ihre Nährstoffe

1: Getreide, Kartoffeln
Kohlenhydrate, Vitamine, Mineralstoffe, Ballaststoffe

2+3: Gemüse/Obst
Vitamine, Mineralstoffe, Ballaststoffe, Wasser

4: Milch, Milchprodukte
Eiweiß, Vitamine, Mineralstoffe

5: Fleisch, Wurst, Fisch, Eier
Eiweiß, Fett, Vitamine, Mineralstoffe

6: Fette, Öle
Fett, Vitamine

7: Getränke
Wasser

1 Gesundheitsförderliche Ernährung und Lebensstil

DGE-Ernährungskreis®, Copyright: Deutsche Gesellschaft für Ernährung

Der Ernährungskreis: Eine Hilfe bei der Lebensmittelauswahl

Der Ernährungskreis ist ein einfaches Hilfsmittel, um festzustellen, welche Lebensmittel man täglich in welcher Menge essen sollte. Nahrungsmittel und Getränke sind darin in sieben Gruppen eingeteilt. Dabei gibt es keine richtigen oder falschen Lebensmittel, nur ein empfohlenes Mehr oder Weniger: In den großen Feldern 1 bis 4 sowie 7 sind die Lebensmittel vertreten, die viele wichtige Nährstoffe enthalten. Sie sollten täglich und reichlich gegessen werden. Nur in kleinen Mengen benötigt werden dagegen die Lebensmittel der Felder 5 und 6.
Der Ernährungskreis gilt für Erwachsene und alte Menschen ebenso wie für Jugendliche. Der Koch plant danach z. B. seinen Mittagstisch im Restaurant oder der Kantine. In der Familien kann man ihn bei der Zusammenstellung der Tagesmahlzeiten anwenden. Auch der Schüler kann sich beim Kochen an den Ernährungskreis halten.

Aufgaben der Nährstoffe und Vorkommen in Lebensmitteln
Kohlenhydrate liefern Eiweiß und fördern die Verdauung. Sie kommen in Getreide, Reis, Nudeln und Kartoffeln vor.
Fett liefert Energie und lebensnotwendige Fettsäuren. Es kommt in Ölen, Butter, Pflanzenfett, Fleisch, Wurst und fettreichem Käse vor.
Eiweiß dient dem Aufbau und Erhalt von Zellen und Muskeln. Es ist in Milch, Milchprodukten, Fleisch und Fisch enthalten.
Vitamine unterstützen das Wachstum und stärken die Abwehrkräfte. Sie kommen in Gemüse, Obst, Vollkornprodukten, Milchprodukten, Fleisch und Fisch vor.
Mineralstoffe/Spurenelemente dienen dem Knochenaufbau und unterstützen die Schilddrüsenfunktion. Sie sind in Gemüse, Obst, Vollkornprodukten, Milchprodukten, Fleisch und Fisch enthalten.

Die Nahrungsmittelgruppen – Tipps für die Nahrungsauswahl

Gruppe 1: Getreide, Getreideprodukte und Kartoffeln

Brot, Getreideerzeugnisse, Reis und Kartoffeln versorgen uns mit pflanzlichem Eiweiß, Stärke, Vitaminen und Mineralstoffen sowie Ballaststoffen, die die Verdauung fördern und uns sättigen.

Gruppe 2: Gemüse und Hülsenfrüchte

Gemüse enthält viele Vitamine, Mineralstoffe und Ballaststoffe. Dadurch ist es sättigend, aber energiearm.

Gruppe 3: Obst

Obst ist wie Gemüse ein wertvolles, unentbehrliches Nahrungsmittel. Es enthält viel natürlichen Zucker, Mineralstoffe und Vitamine. Zitrusfrüchte enthalten viel Vitamin C.

Gruppe 4: Milch und Milchprodukte

Milch liefert neben Eiweiß und Fett auch wichtige Mineralstoffe, vor allem Kalzium, das der Körper zum Aufbau von Knochen und Zähnen benötigt.

Gruppe 5: Fisch, Fleisch, Eier

Diese Nahrungsmittel enthalten viel Eiweiß, Fett, Mineralstoffe und Vitamine. In Fleisch und Wurst sind viele Fette „versteckt". Seefisch versorgt uns mit dem wichtigen Mineralstoff Jod. Eier enthalten fast alle Nährstoffe und lassen sich vielfältig zubereiten.

Gruppe 6: Fette und Öle

Fette versorgen uns mit wichtigen fettlöslichen Vitaminen. Etwa die Hälfte der Fettmenge nehmen wir mit „versteckten" Fetten aus der Nahrung zu uns, wie Wurst, Käse, Eier, Sahne.

Gruppe 7: Getränke

Unser Körper braucht täglich 2 1/2 Liter Flüssigkeit. Die Hälfte davon nehmen wir mit unserer Nahrung auf. Die andere Hälfte sollte man zum Durstlöschen mit Mineralwasser, Leitungswasser, Früchtetee o. Ä. decken.

1. Plant in eurer Gruppe eine vollwertige Mittagsmahlzeit. Berücksichtigt dabei die Tipps für die Nahrungsauswahl. Nutzt Rezepthefte und/oder verfasst selbst Rezeptanleitungen. ●

2. Kauft die Zutaten für eure vollwertige Mittagsmahlzeit bis zum nächsten Unterricht ein. Vergleicht dabei die Preise. ●

3. Stellt eure Mahlzeiten und die dafür eingekauften Nahrungsmittel vor. Begründet eure Auswahl und bereitet die Speisen anschließend zu. ●

INFO

Tipps:

- Es sollten **Vollkornprodukte** bevorzugt werden. Die tägliche Nahrung sollte zu einem Viertel aus Produkten dieser Gruppe bestehen.
- Ein Viertel der täglichen Nahrung sollte aus **Gemüse** bestehen, roh als Salat oder gegart. Frisches Gemüse schmeckt nicht nur besser, sondern enthält auch mehr Vitamine.
- Iss täglich **Obst**, z. B. als Obstsalat oder einen Apfel, eine Apfelsine oder Banane. Achte auf Frische!
- Täglich 1/4 bis 1/2 l **Milch** trinken, außerdem eine Scheibe Käse oder einen Becher Joghurt essen. Bevorzuge fettarme Milchprodukte.
- Höchstens zwei bis drei Mal pro Woche **Fleisch**, mindestens ein Mal pro Woche **Fisch** essen. Nicht mehr als zwei bis drei **Eier** in der Woche verzehren.
- Zum Kochen und Braten mit **Butter, Margarine und Öl** sparsam umgehen. Auf versteckte Fette achten. Für Rohkostsalate kaltgepresste Öle verwenden, z. B. natives Olivenöl.
- Zuckerhaltige **Getränke** meiden. Fruchtsäfte mit Mineralwasser oder Leitungswasser verdünnen.

INFO

E-Nummern und ihre Bedeutung
„E“ stand ursprünglich für „Europa“ und ist ein internationaler Code, der angibt, dass ein bestimmter Zusatzstoff enthalten ist. Da die chemischen Namen manchmal sehr lang sind und international unterschiedlich geschrieben werden, verwendet man die E-Nummern als eine Art Kurzschrift.

Eine Vielfalt an Produkten

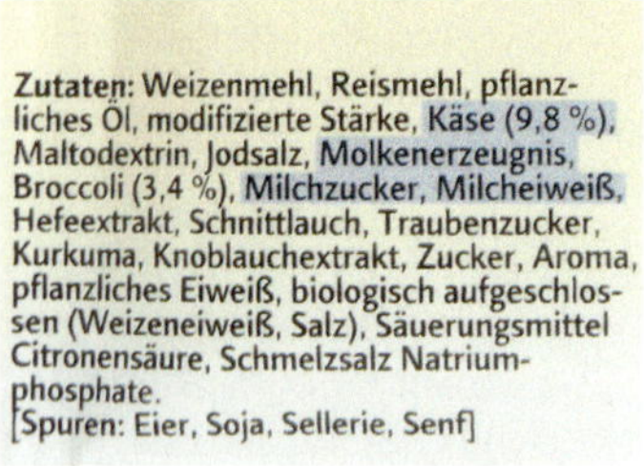
Zutaten: Weizenmehl, Reismehl, pflanzliches Öl, modifizierte Stärke, Käse (9,8 %), Maltodextrin, Jodsalz, Molkenerzeugnis, Broccoli (3,4 %), Milchzucker, Milcheiweiß, Hefeextrakt, Schnittlauch, Traubenzucker, Kurkuma, Knoblauchextrakt, Zucker, Aroma, pflanzliches Eiweiß, biologisch aufgeschlossen (Weizeneiweiß, Salz), Säuerungsmittel Citronensäure, Schmelzsalz Natriumphosphate.
[Spuren: Eier, Soja, Sellerie, Senf]

Zutatenliste eines Fertigproduktes

Industriell vorgefertigte Lebensmittel – bequem, aber nicht vollwertig

Seit es bei uns immer mehr Haushalte gibt, in denen Mann und Frau berufstätig sind oder nur eine einzelne Person lebt, nimmt das Angebot an bequemen Fertiggerichten enorm zu. Da gibt es eine große Auswahl an tiefgekühlten fertigen Mahlzeiten, Fertigsuppen und -soßen, fertigen Eintöpfen und auch Konservendosen, die eine vollständige Mahlzeit zum Aufwärmen enthalten.

Sie werden „Convenience-Produkte“, also „Bequemlichkeitsprodukte“, genannt. Man wird bestimmt nicht gleich krank, wenn man in der Eile einmal ein Fertiggericht verzehrt. Häufig darf man solche fertigen Mahlzeiten aber nicht verwenden, denn sie sind alles andere als nach den Grundsätzen vollwertiger Kost zusammengestellt und verarbeitet. Sie enthalten keine Frischkost oder andere möglichst naturbelassene Lebensmittel, denn diese werden bei der industriellen Verarbeitung entwertet.

Außerdem werden den vorgefertigten Lebensmitteln zwar erlaubte, aber nicht unbedenkliche Lebensmittelzusatzstoffe zugefügt.

- Sie werden verwendet, um die geschmacklichen Eigenschaften und das Aussehen zu beeinflussen, z. B. durch Farb- und Aromastoffe, Geschmacksverstärker, Süßstoffe.
- Um den Gehalt an bestimmten Inhaltsstoffen zu erhöhen, werden z. B. künstliche Vitamine zugesetzt.
- Um die Haltbarkeit zu verlängern, werden Konservierungsstoffe und Antioxidationsmittel zugefügt.
- Die industrielle Lebensmittelverarbeitung wird vereinfacht bzw. erst ermöglicht durch den Zusatz von Emulgatoren, Stabilisatoren, Verdickungs- und Säuerungsmittel.

1. Informiert euch vertiefend sowohl über die aufgeführten als auch über weitere Lebensmittelzusatzstoffe. Fertigt eine Übersicht an. ○
a) Welche Aufgaben haben sie?
b) Mit welchen E-Nummern werden sie gekennzeichnet?
c) Bei welchen Produkten werden sie verwendet?

Durch den Einsatz von Zusatzstoffen wird eine scheinbare Qualität erzeugt, die die eingesetzten Zutaten selbst nicht hervorbringen. Natürliche Lebensmittel werden so verfremdet, dass ihr Ursprung nicht mehr oder kaum noch erkennbar ist. Beispielsweise werden die meisten Fruchtjoghurts mit Aromastoffen hergestellt, weil die verwendeten Früchte in der zugegebenen Menge offensichtlich nicht die gewünschte Geschmacksintensität besitzen. Fertiggerichte enthalten oft viel Kochsalz. Der hohe Salzgehalt überdeckt den Eigengeschmack der Speisen. In Würzmischungen ist Kochsalz häufig der wesentliche Bestandteil. Zu viel Salz kann zu Bluthochdruck führen, der Geschmackssinn stumpft ab. Außerdem enthalten viele Fertigprodukte zu viel Fett, z. B. Pizzen, Aufläufe, Fleischgerichte.

Verschiedene Bearbeitungsstufen

Verschiedene Bearbeitungsstufen
Wer gerne Kartoffelpuffer isst, kann sie sich frisch aus geriebenen Kartoffeln zubereiten oder als Tütenprodukt kaufen, das nur noch angerührt und gebraten werden muss, oder aber als fertiges tiefgefrorenes Produkt verarbeiten, das nur noch erhitzt werden muss. Je mehr Arbeitsschritte der Verbraucher dem Hersteller überlässt, desto höher ist der Verarbeitungsgrad. Man unterscheidet:

1. Teilfertige Produkte
- **Küchenfertige Produkte**, bei denen die Vorbereitung der Nahrungsmittel abgenommen wurde, z. B. Tiefkühlgemüse. Im Sinne der vollwertigen Ernährung und unter dem Aspekt der Zeitersparnis sind küchenfertige Produkte durchaus vertretbar, da sie wenig bearbeitet wurden, meist keine Zusatzstoffe enthalten und noch selber zubereitet und durch frische Zutaten aufgewertet werden können.
- **Garfertige Produkte**, die bereits mit Zutaten vermengt wurden und zum Teil vorgegart sind, z. B. Tütensuppen, Kartoffeltrockenprodukte.
- **Zubereitungsfertige Produkte**, die fertig zubereitet und bereits vorgegart oder fertig gegart und abgeschmeckt sind, z. B. Tiefkühl- und Dosenfertiggerichte.

2. Verzehrfertige Produkte, die sofort gegessen werden können, z. B. Fertigpudding, Fertigkuchen, Speiseeis, Apfelsaftschorle, Müsliriegel, Snacks.

1. Vergleicht industriell vorgefertigte mit selbst hergestellten Speisen. Stellt dabei einen Zeit-, Preis- und Qualitätsvergleich (Beschaffenheit, Geschmack, Aussehen) an. Vorschlag: Kartoffelpuffer mit Apfelmus. ●

2. Überprüft nach eurem Zeit-, Preis- und Qualitätsvergleich, ob die aufgeführten Vor- und Nachteile der bequemen Küche auf eure Speisen zutreffen. ◒

3. Stellt ergänzend die Vor- und Nachteile von Frischprodukten dar. ○

INFO

Bequeme Küche – Vor- und Nachteile
+ Fertigprodukte bieten eine Zeitersparnis.
+ Sie sind unabhängig von der Jahreszeit immer verfügbar.
+ Sie ermöglichen ein bequemes Einkaufen und Kochen, ohne Rezept und Einkaufsliste für die Zutaten.
+ Sie gelingen sicher, Kochwissen ist kaum gefragt.
- Der typische Eigengeschmack des selbst Gekochten ist in Fertigprodukten nicht vorhanden.
- Das ursprüngliche Lebensmittel ist oft nicht mehr zu erkennen.
- Geschmack, Beschaffenheit und Farbe sind stark vereinheitlicht.
- Sie sind meist teurer als Frischprodukte.

Essen am Schnellimbiss

Ernährungsgewohnheiten und Ernährungstrends

Esskultur im Wandel

In unserer Gesellschaft hat sich ein enormer Lebens- und Wertewandel vollzogen. Traditionelle Werte und Lebensweisen haben sich radikal verändert. Jeder ist für seinen Lebensentwurf und auch für seinen Ernährungsstil selbst verantwortlich. Mobilität und Geschwindigkeit prägen den Alltag von uns allen und verursachen nicht selten Zeitdruck und Zeitnot. Die Art, wie wir uns ernähren, wird dabei immer vielfältiger. Auch beim Essen geht es dabei immer mehr um die Selbstverwirklichung des Einzelnen. Die Zahl der Essbedürfnisse nimmt ständig zu, was zu einem immer größeren Angebot an Lebensmitteln und zu verändert Essgewohnheiten führt. Auch der Alltag mit seinen unterschiedlichen Lebens- und Arbeitsorten sowie den jeweiligen Verpflegungsangeboten, wie etwa in Betriebskantinen und Fast-Food-Ketten, verändern unser Essverhalten. Im Handel findet man zudem immer mehr Fertiggerichte in den Regalen.

Es zeichnen sich zwei Grundtendenzen von Ernährungsstilen ab:

- **Eine funktionell orientierte Ernährungsrichtung:** Der Körper soll so mit dem Notwendigen versorgt werden, dass er funktionieren kann. Kochen und Essen soll nicht viel Zeit kosten, da andere Dinge wichtiger sind.
- **Eine am Wohlbefinden orientierte Ernährungsrichtung:** Essen soll guttun und schmecken. Kochen und Essen machen Spaß.

Die erste, zweckmäßige Ernährungsrichtung scheint alltagstauglicher zu sein. Sie führt aber unweigerlich dazu, dass immer mehr Wissen über Ernährung und Fähigkeiten der Nahrungszubereitung verloren gehen. Die Kultur der Unbeständigkeit, Geschwindigkeit und Aufgeschlossenheit gegenüber Neuem prägt auch die Esskultur. Bestes Beispiel ist die veränderte amerikanische Esskultur, geprägt durch die Fast-Food-Industrie.

1. Bewerte den Wandel der Esskultur in den Industrieländern. Was ist positiv an der Entwicklung? Welche Nachteile ergeben sich?

2. Wie erfolgt bei dir zu Hause die Mahlzeitenzubereitung vorwiegend? Funktionell orientiert, d. h. schnelle Zubereitung von vorgefertigten Produkten und Fertiggerichten, oder am Wohlbefinden orientiert, d. h. selbst hergestellte Mahlzeiten aus frischen Nahrungsmitteln? Begründe eure Ernährungsrichtung.

3. Tragt die Ergebnisse zusammen und stellt sie in einer Übersicht dar.

4. Begründe, inwiefern das Ernährungsverhalten Jugendlicher mitbestimmt wird durch das Ernährungswissen, die Einstellung zur Ernährung, die finanziellen Mittel und das Geschlecht.

Lebensstil und Ernährungsverhalten Jugendlicher

Allgemein wird das Ernährungsverhalten mitbestimmt durch verschiedene Faktoren.

Erziehung
Eltern geben ihre Essgewohnheiten und Tischsitten an ihre Kinder weiter. Geschmacksvorlieben der Eltern werden oft von den Kindern übernommen. Kinder essen häufig dann viel, wenn auch ihre Eltern große Portionen essen. Jugendliche, die mehr wiegen, als ihnen lieb ist, haben häufig auch Eltern mit Gewichtsproblemen.

Kultur, Tradition, Religion
In jedem Land gibt es typische Speisen. Feste, Bräuche und Regeln bestimmen, was man isst und wie man sich beim Essen verhält. Gerichte und Verhaltensweisen werden von Generation zu Generation weitergegeben und selbst dann beibehalten, wenn man in einem fremden Land lebt. Auch religiöse Vorschriften beeinflussen das Ernährungsverhalten.

Bedürfnisse unseres Körpers
Hunger und Sättigungsgefühle steuern die Nahrungsaufnahme. Dieser natürliche Ablauf kann gestört sein, sodass wir z. B. gar nicht mehr merken, wann wir satt sind oder Hunger haben.

Seelische Verfassung
Freude, Kummer, Stress und Entspannung haben Einfluss auf unseren Appetit. Sie entscheiden mit darüber, ob wir alles in uns hineinstopfen oder entspannt Essen und Trinken genießen.

Marktangebot, Werbung
Für Nahrungsmittel wird viel und einfallsreich geworben. Die Werbung und das übergroße Nahrungsangebot verleiten oft dazu, mehr zu kaufen und dann auch mehr zu essen.

Lebensstil, persönliche Haltung
Mit dem Essen und Trinken können wir zeigen, welchen Lebensstil wir bevorzugen und zu welcher Gruppe wir uns zugehörig fühlen. Unsere persönliche Haltung bestimmt darüber, ob wir uns z. B. vegetarisch ernähren oder uns gegen Genfood entscheiden.

Beruf, Haushaltssituation, Einkommen
Wie wir uns ernähren, ist auch davon abhängig, ob wir berufstätig sind, welchen Beruf wir ausüben und wie viel Geld wir zur Verfügung haben.

2 Balance zwischen Beruf und Privatleben

INFO

„Work-Life-Balance bedeutet eine neue, intelligente Verzahnung von Arbeits- und Privatleben vor dem Hintergrund einer veränderten und sich dynamisch verändernden Arbeits- und Lebenswelt."

Bundesministerium für Familie, Senioren, Frauen und Jugend Work-Life-Balance: Vorteile für Unternehmen und Gesamtwirtschaft. www.bmfsfj.de/Redaktion BMFSFJ/Broschuerenstelle/Pdf-Anlagen/ Work-Life-Balance

Die Vereinbarkeit von Beruf und Privatleben ist für viele Menschen ein wichtiges Thema und wird in der Öffentlichkeit häufig diskutiert. In der Literatur findet man vermehrt den englischen Begriff „Work-Life-Balance". Das Wort „Balance" kommt einem Sprachbild gleich. In der Aussage geht es darum, die Balance zu halten, für Ausgeglichenheit zu sorgen, damit kein Lebensbereich zu kurz kommt. Bereits bei der Berufswegeplanung sollten entscheidende Fragen beantwortet werden, damit Beruf und Privatleben sowie die Familienplanung miteinander vereinbar sind:

- Welches sind die Motive zur Berufswahl, z. B. Einkommen, persönliche Zufriedenheit?
- Was sind die Erwartungen an das Berufsleben, z. B. Arbeitszeiten, Verpflichtungen, Flexibilität, Mobilität?
- Welches sind die Erwartungen an das Privatleben, z. B. Verantwortung, Freizeit, soziales Engagement?

Work-Life-Balance ein Wirtschaftsthema

Betriebliche Work-Life-Balance-Maßnahmen zielen darauf ab, erfolgreiche berufliche Laufbahnentwicklungen unter Rücksichtnahme auf private, soziale, kulturelle und gesundheitliche Erfordernisse zu ermöglichen. Es geht dabei um die Balance zwischen Familie und Beruf.
Work-Life-Balance-Konzepte beinhalten bedarfsgerechte Arbeitszeitmodelle, eine angepasste Arbeitsorganisation, Modelle zur Flexibilisierung des Arbeitsortes wie Telearbeit, Führungsrichtlinien sowie weitere unterstützende und gesundheitsvorbeugende Leistungen für die Beschäftigten. Dazu bedarf es einer veränderten Unternehmenskultur.

Der wirtschaftliche Erfolg von Unternehmen ist immer stärker auf die Kreativität, Qualifikation und Flexibilität der Mitarbeiterinnen und Mitarbeiter angewiesen. Auf der anderen Seite erhöhen flexiblere und mehr Mobilität erfordernde Arbeitsbedingungen den Druck auf verlässliche und dauerhafte soziale Beziehungen. Hier ist eine verbesserte Abstimmung zwischen Erwerbs- und Privatleben dringend erforderlich.
Work-Life-Balance bildet die Verbindung für eine Reihe bestehender, aber förderungsnotwendiger Maßnahmen/Konzepte wie die Verwirklichung der Chancengleichheit von Frauen und Männern, Ansätze einer altersgerechten Laufbahn oder Modelle einer familienfreundlichen Arbeitsorganisation.

1. Notiert eure persönliche Einstellung bezüglich Beruf-Kind-Familie und diskutiert im Anschluss die unterschiedlichen Sichtweisen.

2. Finde Gründe warum
   a) Frauen häufiger Elternzeit beantragen als Männer.
   b) Frauen häufiger als Männer in Teilzeit arbeiten.

Work-Life-Balance-Maßnahmen

Maßnahmen zur familienbewussten Verteilung der Arbeitszeiten

Die Gestaltung der Arbeitszeit ist eines der wichtigsten Handlungsfelder, um eine Balance zwischen Erwerbstätigkeit und Privatleben zu ermöglichen. Die Dauer und Lage der betrieblichen Arbeitszeit hat einen wesentlichen Einfluss auf die persönliche Lebensführung. Betriebliche Angebote für flexible Arbeitszeiten entsprechen vielfach den Wünschen der Beschäftigten. Bei der Teilzeitarbeit ist die regelmäßige Wochenarbeitszeit kürzer als bei den Vollbeschäftigten. Die Teilzeitarbeit kann mit unterschiedlichen Stundenumfängen und Gestaltungsmöglichkeiten umgesetzt werden: vollzeitnah mit 25 bis 34 Wochenstunden oder vollzeitfern mit bis zu 25 Wochenstunden und in Verkürzung der täglichen, wöchentlichen oder monatlichen Arbeitszeit oder als Blockteilzeit.

Sabbaticals (bis zu sechs Monate aus dem Beruf aussteigen) bieten wiederum die Chance, außerhalb der tariflich geregelten Urlaubszeiten ggf. für längere Phasen die Abwesenheit vom Arbeitsplatz einzuplanen, sodass diese Zeiten intensiv für andere Interessen und Verpflichtungen genutzt werden können, z. B. Pflege von Angehörigen.

B Jens und Martin stammen aus einer Bäckerfamilie. Jens hat den Handwerksbetrieb der Eltern übernommen, Martin wurde Krankenpfleger. Als ihr Vater erkrankte und zunehmend auf Hilfe angewiesen war, übernahm ihre Mutter die Pflege. Das ging einige Zeit gut, bis sie selbst eine Augenoperation hatte und sich unbedingt schonen musste. Der Familienrat sprach alle Möglichkeiten durch, wie nun der pflegebedürftige Vater versorgt werden könnte. Eine Unterbringung im Pflegeheim kam nicht infrage. Die Ärzte sagten aufgrund aller Befunde, die Lebenserwartung des Vaters betrage etwa noch ein halbes Jahr. Martin erklärte sich bereit, die Pflege des Vaters zu übernehmen. Sein Arbeitgeber, ein Krankenhaus, gewährte ihm sechs Monate Urlaub ohne Gehalt. Jens übernahm die Kosten der Kranken- und Sozialversicherung von Martin. Nach vier Monaten verstarb der Vater in seiner gewohnten Umgebung. Für die Familie war es eine intensive Zeit. Martin selbst musste sich erst einmal erholen. Er unternahm noch eine Reise und kehrte dann wieder an seinen Arbeitsplatz im Krankenhaus zurück.

1. Finde Beispiele aus deinem Familien- oder Bekanntenkreis, bei denen in Teilzeitarbeit gearbeitet wird. Erkundige dich nach dem Stundenumfang und der Dauer der Teilzeitarbeit. ○

2. Betrachte den Fall und beschreibe, was die Pflegebedürftigkeit des Vaters für die Familie bedeutet. ◒

a) Was ist bei einer häuslichen Pflegesitutation zu berücksichtigen?

b) Was würde eine Pflegeheimunterbringung vergleichsweise bedeuten?

 240 051

Maßnahmen zur Flexibilisierung von Arbeitszeit und -ort

Arbeitszeit bietet nicht nur im Hinblick auf eine Verkürzung Möglichkeiten der Veränderung, sondern auch zur Flexibilisierung. Betriebliche Angebote für flexible Arbeitszeiten, die auf den persönlichen Zeitbedarf der Beschäftigten Rücksicht nehmen, entsprechen daher vielfach den Wünschen der Beschäftigten. Dies wird z. B. durch veränderliche Teilzeit- und Zeitkontenmodelle oder Gleitzeit ermöglicht. Dies ist nicht nur für Frauen, sondern auch für Männer wichtig, die sich in der Familienphase befinden.

Im Rahmen der Bildung von Arbeitsteams oder Jobsharing wird z. B. den Beschäftigten ein hohes Maß an eigenständiger Arbeits- und Zeitplanung ermöglicht. Innerhalb der Arbeitsteams oder -gruppen kann geklärt werden, wie die Arbeitsaufgaben und Arbeitszeiten verteilt und Vertretungen im Bedarfsfall organisiert werden.

Durch die Möglichkeiten, die wir heute mit mobiler Kommunikation haben, können Arbeiten, die zuvor ausschließlich im Büro verrichtet wurden, zu Hause oder unterwegs erledigt werden, also im „Home Office". So bietet Telearbeit den Beschäftigten in der Regel eine freie Zeiteinteilung und damit verbesserte Möglichkeiten bei der Einteilung der Arbeitszeit und damit der Vereinbarkeit von Berufs- und Privatleben.

1. Sammelt Argumente, weshalb flexible Arbeitszeiten für die Vereinbarkeit von Familie und Beruf von Vorteil sind. ○

2. Diskutiert die Möglichkeiten einer Flexibilisierung von Arbeitszeiten aus der Sicht der Beschäftigten und aus der Sicht der Unternehmen. ◒

3. Stell dir vor, du bist 30 Jahre alt. Beschreibe einen Tagesablauf in deinem Wunschberuf. Wie sieht deine Work-Life-Balance aus? ●

Q **Stress im Job - Infarkt droht**

Berlin. Forscher warnen vor zunehmendem Büro-Stress als einer der Ursachen für die jährlich mehr als 207 000 Herzinfarkte in Deutschland.

So litten 9,3 % der Beschäftigten in der Bundesrepublik unter einer Krise, die von steigendem Arbeitsdruck bei gleichzeitig als mangelhaft empfundener Anerkennung und Bezahlung herrühre. Das geht aus dem DAK-Gesundheitsreport hervor. "Rauchen, Bluthochdruck, erhöhte Blutfettwerte – das sind alles Risikofaktoren, die uns geläufig sind", sagt Studienautor Hans-Dieter Nolting. Nun müssten nicht zuletzt von Jobproblemen herrührende psychische Ursachen von Erkrankungen stärker in den Blick genommen werden. [...] Rund 22 Prozent der Befragten gaben an, unter Zeitdruck zu leiden. Auch gestiegener Arbeitsanfall [...] und als schlecht empfundene Aufstiegschancen machen vielen das Arbeitsleben schwer. DAK-Gesundheits-Chef Herbert Rebscher hält es für plausibel, dass wachsende psychosoziale Belastung am Arbeitsplatz zu Herzinfarkten führen könne. Auch die ständige Verfügbarkeit durch Technologien wie das mobile Internet könne zu den Ursachen zählen. Die zunehmend festgestellten psychischen Leiden wie Burnout oder Depressionen müssten stärker in den Blick genommen werden, so Rebscher. [...]

Buxtehuder Tageblatt, 15.02.2012

INFO

Burnout
Beschäftigte fühlen sich vollkommen erschöpft, überfordert, chronisch müde und oft leer. Dabei haben sie das Gefühl, den täglichen Anforderungen im Beruf nicht mehr gewachsen zu sein.
Maßnahmen:
Sich selbst Zeit und Raum zum Regenerieren geben: z. B. können Musik, Sport, andere Hobbys oder auch Entspannungstechniken entlastend wirken.

Maßnahmen zur Mitarbeiterbindung und Gesundheitsförderung

Mitarbeiterbindung erhält mit Blick auf den demografischen Wandel und im Wettbewerb um qualifiziertes Personal eine entscheidende Bedeutung, denn Betriebe haben ein großes Interesse daran, dass die Mitarbeiter gerne zur Arbeit kommen, gesund sind und sich durch Fortbildungsmaßnahmen qualifizieren. Der Wunsch der Beschäftigten nach Flexibilisierung darf nicht mit mangelndem beruflichen Engagement gleichgesetzt werden. Die größere Bereitschaft zur Übernahme familiärer und sozialer Versorgungsaufgaben führt zu einer höheren Lebenszufriedenheit, was wiederum zurückwirkt auf die Qualität der Arbeitsleistungen. Einen hohen Stellenwert erhalten gesundheitsvorbeugende Maßnahmen. Neben der Behandlung arbeitsbedingter Krankheiten sind vielfältige betriebliche Fitnessangebote und Betriebssport, Programme zur Förderung gesundheitlicher Kenntnisse oder Gesundheitschecks denkbar. Um zeitliche Konflikte bei der Vereinbarung von Beruf und Privatleben zu vermeiden, sind Serviceangebote wie haushaltsnahe Dienstleistungen, die Versorgung von Kindern und Pflegebedürftigen wichtig.

1. Diskutiert, welche Auswirkungen die im Zeitungsartikel genannten psychosozialen Belastungen im Beruf auf das Privatleben haben.

2. Wählt ein großes Unternehmen in eurer Region aus und informiert euch, welche Maßnahmen es zur Flexibilisierung der Arbeitszeit und betrieblichen Gesundheitsförderung gibt.

Starthilfe zu Aufgabe 1:
Schreibt die einzelnen psychosozialen Belastungen aus dem Zeitungsartikel als Diskussionsgrundlage heraus.

Was denkt er?

Was denkt sie?

Betreuungsangebote zur Vereinbarkeit von Familie und Beruf

Q

Rechtliche Grundlagen

Die Kinderbetreuung ist eine Leistung, die auch im Interesse der Gemeinschaft liegt und deren Anerkennung verlangt. Der Staat hat dementsprechend dafür Sorge zu tragen, dass es den Eltern gleichermaßen möglich ist, teilweise und zeitweise auf eine Erwerbstätigkeit zugunsten der persönlichen Betreuung ihrer Kinder zu verzichten wie auch Familientätigkeit und Erwerbstätigkeit miteinander zu verbinden.

Quelle: Bundesverfassungsgesetz, Pressemitteilung Nr. 5 vom 19.01.1999

Das Tagesbetreuungsausbaugesetz (TAG) vom 1.5.2005 schafft die rechtliche Grundlage für den Ausbau und den Erhalt eines qualitätsorientierten, bedarfsgerechten und deshalb zeitlich flexiblen Angebotes an Tagesbetreuung für Kinder. Eltern sollen aus einem vielfältigen Angebot wählen können. Die finanzielle Belastung der Eltern soll sich nach ihrem Einkommen richten und keinen Hinderungsgrund für die Nutzung der Tagesbetreuung darstellen. Ziel ist es,
- den Anspruch von Kindern auf Betreuung, Bildung und Erziehung einzulösen,
- Eltern bei der Wahrnehmung ihrer Erziehungsverantwortung zu unterstützen und ihnen behilflich zu sein,
- Eltern die Möglichkeit eröffnen, Erwerbstätigkeit und Familie miteinander zu vereinbaren und
- eine wesentliche Voraussetzung für die Verwirklichung des Kinderwunsches junger Paare und damit die Zukunftsfähigkeit unserer Gesellschaft zu schaffen.

INFO

qualitätsorientiert = Betreuung durch ausgebildete Erzieherinnen

bedarfsgerecht = Alle Eltern haben ein gesetzliches Anrecht auf eine Tagesbetreuung für ihr Kind.

zeitlich flexibel = Die Öffnungszeiten der Kitas sollen flexibel sein, je nach Berufstätigkeit der Eltern.

1. Betrachte die beiden Fotos: Was ist zu sehen und wie wirken sie auf dich? ○

2. Erkundet vor Ort Betreuungsmöglichkeiten für Kinder und die anfallenden Kosten. Das Jugendamt gibt dazu Auskunft. ●
   a) Stellt eure Ergebnisse zum Vergleich in einer Übersicht zusammen.
   b) Stellt die Vor- und Nachteile der einzelnen Einrichtungen dar.

Veränderungsmöglichkeiten von Aufgaben- und Rollenverteilungen in verschiedenen Familiensituationen

B

Familiensituation I: Karin und Michael erwarten ihr erstes Kind
Karin hat in ihrem Beruf als Bankbetriebswirtin im Vermögensmanagement viel Erfolg und möchte auch nach der Geburt ihres Kindes möglichst weiter berufstätig sein. Gerade in diesem Beruf ist sie schnell weg vom Fenster, wenn sie für eine längere Zeit aufhört.
Michael ist im Flugzeugbau als Fluggeräteelektroniker tätig und hat es in seiner Abteilung schon zu einer leitenden Position gebracht. Auch er möchte weiterhin seine berufliche Karriere ausbauen.
Bislang haben sie die anfallenden Aufgaben im Haushalt partnerschaftlich bewältigt. Beide möchten die Elternzeit nutzen, um sich möglichst ganz oder teilweise um das Kind zu kümmern. Sie informieren sich über ihre rechtlichen Möglichkeiten.

Elternzeit und Elterngeld

Die Eltern können eine sogenannte Elternzeit von maximal drei Jahren pro Kind nehmen. Während dieser Zeit können sie bis zu 30 Wochenstunden arbeiten wobei gleichzeitig ein Kündigungsschutz besteht. Beide Eltern können sich sowohl der Betreuung des Kindes als auch ihrem Beruf widmen. Das Elterngeld fängt einen Einkommenswegfall nach der Geburt des Kindes auf. Es ist abhängig von der Höhe des Einkommens, das vor der Geburt monatlich verfügbar war. Ein Elternteil kann dabei höchstens zwölf Monate das Elterngeld für sich in Anspruch nehmen. Für zwei weitere Monate wird gezahlt, wenn sich der Partner an der Betreuung des Kindes beteiligt und dabei Erwerbseinkommen wegfällt.

1. Informiere dich anhand von Broschüren oder mithilfe des Internets über die Regelungen zur Elternzeit und zum Elterngeld.

2. Findet in Partnerarbeit Lösungsmöglichkeiten, wie Karin und Michael die Elternzeit untereinander aufteilen könnten, ohne dass ihr berufliches Fortkommen beeinträchtigt wird. Diskutiert und bewertet eure Lösungen gemeinsam in der Klasse.

INFO

Informationsmöglichkeiten
Broschüren:
- Bundeszentrale für gesundheitliche Aufklärung „Die erste Zeit zu dritt"
- Bundesministerium für Familie, Senioren, Frauen und Jugend „Elterngeld und Elternzeit"

Internet:
- www.vernetzungsstelle.de
- www.familien-mit-zukunft.de
- www.bmfsfj.de

Tagesbetreuung im Kindergarten

Betreuung durch eine Tagesmutter

B **Familiensituation II: Karin und Michael suchen nach der Elternzeit eine Betreuungsmöglichkeit für ihr Kind.**

Karin kann nach der Elternzeit von drei Jahren halbtags von 9.00–13.00 Uhr im Vermögensmanagement ihrer Bank arbeiten. Michael hat als Leiter seiner Abteilung im Flugzeugbau keine Chance, Stunden zu reduzieren. Sie überlegen, welche Tagesbetreuung für ihr Kind die beste Lösung ist und wie sie Familie und Beruf in Einklang bringen können.

Modell: Tagesmütter

Tagesmütter werden für ihre Aufgaben in Kursen geschult. Sie betreuen altersunabhängig in einer Familiensituation bei sich zu Hause höchstens fünf bis sechs Kinder und sind in den Betreuungszeiten flexibel.

Modell: Tagesbetreuung im Kindergarten

Hier werden die Kinder durch Erzieherinnen betreut. Kinder lernen dort Toleranz und Gemeinschaftssinn sowie den Umgang bei Auseinandersetzungen mit anderen Kindern in einer größeren Gruppe. Sie werden spielend auf die Schulzeit vorbereitet.

Alter der Kinder: ab ca. 3 Jahren bis zum Schulantritt

Öffnungszeiten:

- Regelkindergärten: vormittags 8.00–12.00 Uhr, evtl. bis 13.00 Uhr mit Mittagessen, 2/3 Plätze von 8.00–14.00/15.00 Uhr mit Mittagessen
- Ganztagskindergärten: durchgehende Öffnungszeiten, 8–10 Stunden mit Mahlzeiten und Schlafmöglichkeit

1. Erkundige dich beim Tagesmütterverein über die Aus- und Weiterbildung der Tagesmütter und die Betreuungsmöglichkeiten vor Ort.

2. Stelle einen Preis- und Qualitätsvergleich der beiden Betreuungsmöglichkeiten an und treffe eine Entscheidung für die Familiensituation II.

B Familiensituation III: Familienalltag bei Neumanns, eine eigentlich ganz normale Familie.

Montagmorgen bei Neumanns. Anne, 10 Jahre, und Mike, 6 Jahre, sitzen verschlafen am Frühstückstisch. Herr Neumann ist in der Küche beschäftigt und richtet die Pausenbrote für die beiden. Frau Neumann trinkt ihren Kaffee und schaut noch kurz in die Zeitung. Um 7.30 Uhr verlässt sie das Haus und geht zur Arbeit. Danach bringt Herr Neumann Mike in den Kindergarten und Anne fährt mit dem Fahrrad in die Schule. Herr Neumann arbeitet halbtags als Lagerist von 12.00 bis 18.00 Uhr, sodass er vormittags zu Hause ist und die anfallenden Hausarbeiten erledigen kann. Frau Neumann ist ganztags berufstätig als Assistentin des Vorstands und kommt um 17.00 Uhr nach Hause. Sie bereitet abends für alle eine warme Mahlzeit zu.

Mike geht in einen Ganztagskindergarten und Anne ist nach der Schule bei einer Tagesmutter. Da Mike nach den Sommerferien in die Schule kommt, überlegen Neumanns für beide eine gemeinsame Betreuungsmöglichkeit nach der Schule. Zwei Möglichkeiten kommen in Betracht: ein Kinderhort oder die erweiterte Betreuung in einer Grundschule mit Ganztagsangebot.

Modell: Kinderhort

Alter der Kinder: Schulkinder bis 12 Jahren

Öffnungszeiten: Schulkinder werden innerhalb bestimmter Zeiten vor und nach dem Unterricht betreut.

Modell: Grundschule mit Ganztagsangebot

mit warmem Mittagessen, Hausaufgabenhilfe und Arbeitsgemeinschaften, meistens bis 16.00 Uhr.

1. Diskutiert die Rollenverteilung von Herrn und Frau Neumann.

2. Informiert euch über die regionalen Betreuungsmöglichkeiten und Kosten für die beiden Grundschulkinder bei Berufstätigkeit beider Eltern. Stellt die Vor- und Nachteile der beiden Einrichtungen dar.

3. Welche Möglichkeiten einer Aufgabenverteilung haben die Familienmitglieder, damit sie am Feierabend und am Wochenende möglichst viel gemeinsame Freizeit miteinander verbringen können?
Stellt einen Tagesarbeitsplan mit einer gerechten Aufgabenverteilung auf. Vergleicht und bewertet eure Ergebnisse.

Herr Neumann	Frau Neumann	Anne	Mike
6.30–11.30 18.30–20.00	17.00–20.00	17.00–20.00	17.00–19.00

3 Arbeitsumgebung und Gesundheitsschutz

Lärm – ein Belastungsfaktor bei der Arbeit

Wie wirkt Lärm?
Geräusche, Töne, Klänge können Lärmcharakter annehmen, wenn sie als störend, belästigend oder unangenehm empfunden werden. Lärm löst beim Menschen unterschiedliche körperliche und psychische Reaktionen aus. Diese Reaktionen reichen von bloßer Belästigung und Störung bis zu schweren Beeinträchtigungen körperlicher Funktionen und unheilbaren Schäden. Schall kommt in Form von Druckwellen an das Ohr. Die Schallwellen bringen das Trommelfell in Schwingung und werden durch die Gehörknöchelchen auf das Innenohr übertragen. Schallempfindliche Zellen werden gereizt und übermitteln diese Reize an das Gehirn. Der Schalldruck wird in Dezibel (dB) gemessen. Die Maßeinheit Dezibel (dB) entspricht in etwa der bekannteren Maßeinheit für Lautstärke Phon.

Psychische Reaktionen (Lärmbereich ab 30 dB)
Je nach körperlicher und psychischer Verfassung kann Lärm bereits bei diesen Intensitätsstufen nachteilige Auswirkungen haben. Übermüdung, Verärgerung oder Krankheit steigern oft die Empfindlichkeit gegen Lärm, sodass z. B. Kopfschmerzen die Folge sein können.

Auswirkungen auf den menschlichen Organismus (Lärmbereich ab 65 dB)
Hier kommen zu den seelischen Beeinträchtigungen Störungen des vegetativen – nicht dem Willen unterliegenden – Nervensystems hinzu. Der menschliche Körper kann mit verschiedenen krankhaften Reaktionen auf lange andauernden Lärm reagieren:
- Gleichgewichtsstörungen
- Herz- und Gefäßerkrankungen
- Magengeschwüren
- Blutarmut
- Störungen im Magen-Darm-Trakt
- schweren seelischen Störungen (Neurosen) u. a.

Gehörschädigende Wirkungen (Lärmbereich ab 90 dB)
Dauerlärm dieser Größenordnung führt zu lärmbedingter Schwerhörigkeit oder sogar Taubheit. Die Lärmschwerhörigkeit tritt erst im Laufe der Jahre allmählich ein, es handelt sich dabei aber um eine nicht wieder zu heilende schwere Schädigung im Innenohr. Lärmschwerhörigkeit wird als Berufskrankheit anerkannt.

1. Erkunde einen Betrieb deiner Wahl. Notiere dir, an welchen Arbeitsplätzen die Mitarbeiter einer Lärmbelastung ausgesetzt sind und welche Schutzmaßnahmen ergriffen werden. ●

Typische Berufssituationen

		dB	
Schmerzgrenze	↑	130	
		120	Flugzeugmotor
		110	Panzer
		105	Pressluftmeißel
Schädlicher Lärm		100	Steinramme im Straßenbau
		90–95	Kreissäge, Presse
		85	Industriehalle, Metallbearbeitung
		80	Verkehrslärm
		75–80	Kantine, Großraumbüro
Lästiger Lärm		60	Telefon
		40	Flüstern
		20	Taschenuhr
Ruhe		10	Atmen
Hörschwelle	↓	0	

1. Lege eine Tabelle an und ordne die Bilder dem Schalldruck zu. ●

Gegenstand	dB

Ergonomische Gestaltung des Arbeitsplatzes

Die Tätigkeit an Bildschirmarbeitsplätzen stellt besondere Anforderungen. Es wird eine hohe Konzentrationsfähigkeit verlangt, um Fehler weitgehend auszuschließen. Der ständige Blick auf den Bildschirm stellt ebenfalls eine hohe Belastung für die Augen dar.
Um gesundheitliche Schäden bei der Tätigkeit an solchen Arbeitsplätzen zu vermeiden, gibt es konkrete Festlegungen zu ihrer Gestaltung.

Gestaltung des Bildschirms

Der Bildschirm ist die optische Schnittstelle zwischen Mensch und Gerät. Deswegen muss der Bildschirm grafisch und lichttechnisch gut gestaltet sein (z. B. Leuchtdichte, Zeichengestaltung, Formatierung).

Gestaltung der Tastatur

Die Tastatur ist die Eingabe-Schnittstelle zwischen Mensch und Gerät. Sie sollte zur Benutzung möglichst ermüdungsfrei gestaltet werden. Dazu sind im Einzelnen die Eigenschaften der Tasten sowie die Anordnung und Ausführung zu betrachten.

Gestaltung der Arbeitsmöbel

Arbeitstisch, Arbeitsstuhl, Fußstütze und Beleghalter sind so zu gestalten, dass diese den Benutzern eine angepasste, funktionsgerechte Körperhaltung ermöglichen. Insbesondere müssen dabei unterschiedliche Körperabmessungen der Benutzer berücksichtigt werden. Dies kann durch höhenverstellbare Bürodrehstühle und eine (verstellbare) Fußstütze für kleine Personen annähernd erreicht werden. Eine zusätzliche Höhenverstellbarkeit der Bildschirmstandfläche schafft für alle vorkommenden Augenpositionen günstige Blickwinkel.

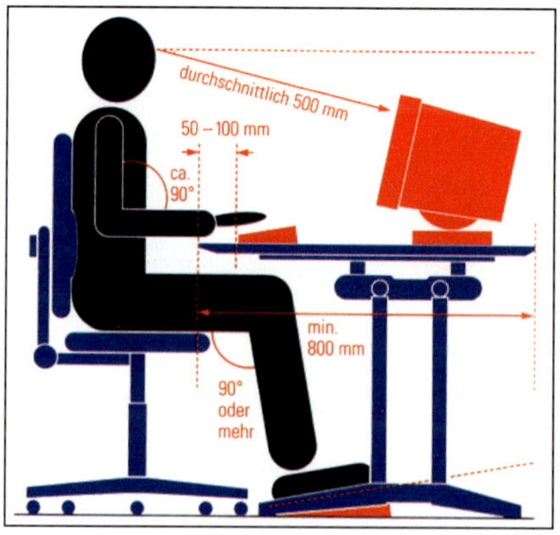

Problemzonen

1. Überprüft, ob in eurem Computerraum Möbel und Geräte ergonomisch aufgestellt sind. Wenn Abweichungen auftreten, überprüft, ob diese mit eurer Körgergröße zusammenhängen.

4 Die soziale Sicherung

Das soziale Netz setzt sich aus verschiedenen Bestandteilen zusammen: Sozialversicherung, soziale Versorgung, Sozialhilfe, aber auch die Familien-, Steuer- oder Arbeitsschutzgesetzgebung.
Die gesetzliche Sozialversicherung umfasst die Kranken-, Renten-, Unfall-, Arbeitslosen- und Pflegeversicherung.
Es handelt sich um Pflichtversicherungen, denen alle Arbeitnehmer (außer Beamte) angehören. Für diese Versicherungen gilt das Solidarprinzip, d. h., dass alle gemeinsam die Versicherungsleistungen finanzieren und der oder die Einzelne dadurch einen Leistungsanspruch für den Versicherungsfall erwirbt.

Die Versicherungsbeiträge richten sich nach der Höhe des Einkommens und werden bis auf die Unfallversicherung in der Regel jeweils zur Hälfte von Arbeitnehmern und Arbeitgebern aufgebracht. Der Staat schießt allerdings erhebliche Geldbeträge zu, weil die Beiträge der Versicherten den Finanzierungsbedarf nicht decken. Medizinische Leistungen sind für alle Berechtigten gleich. Bei Rente, Arbeitslosen- und Krankengeld richtet sich die Höhe nach dem zuvor bezogenen Einkommen.
Zur sozialen Versorgung zählen Entschädigungen, z. B. für Kriegsopfer, Kindergeld, Elterngeld und Wohngeld.

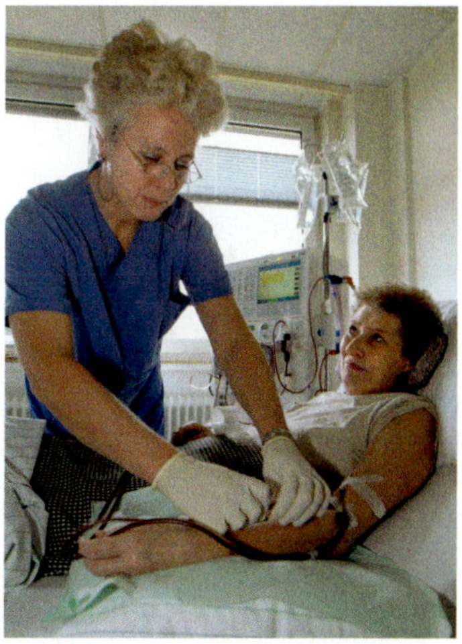
Krankenpflege im Krankenhaus

Selbstständige sind nicht in die Sozialversicherung einbezogen. Sie müssen sich im Falle von Krankheit, Erwerbsunfähigkeit und Alter selbst um ihren Versicherungsschutz kümmern.

Die Sozialhilfe soll allen Hilfsbedürftigen „die Führung eines Lebens ermöglichen, das der Würde des Menschen entspricht" (Sozialgesetzbuch). Wer seinen Lebensunterhalt nicht aus Arbeitslohn, Vermögen, Unterstützung durch Angehörige oder Sozialversicherungs- und Versorgungsleistungen bestreiten kann, hat in der Bundesrepublik einen Anspruch auf soziale Fürsorge durch den Staat.

Es gibt vier Formen der sozialen Grundsicherung:
1. Sozialhilfe im engeren Sinne für nicht erwerbsfähige Hilfsbedürftige und ihre Haushalte
2. Grundsicherung für Arbeitssuchende (Arbeitslosengeld II)
3. Grundsicherung im Alter und bei Erwerbsminderung für Menschen ab 65 Jahren oder für voll erwerbsgeminderte Personen ab 18 Jahren
4. Existenzsicherung für Asylbewerber und geduldete Ausländer

1. Recherchiere im Internet den Begriff „Gründungsurkunde der Sozialversicherung". Fasse die wesentlichen Aussagen, die du durch deine Recherche ermittelst, zusammen. ○

INFO

Du wirst bei der Recherche möglicherweise nicht auf den Originaltext stoßen, aber auf beschreibende Internetseiten.

Krankenversicherung

Q Im Schnitt gibt jeder in Deutschland 2710 Euro pro Jahr für die Gesundheit aus. Das summiert sich auf 234 Milliarden Euro. Nach Berechnungen des Statistischen Bundesamtes [...] belaufen sich die Krankheitskosten jährlich auf 234 Milliarden Euro. Der Anteil der Gesundheitskosten am Bruttoinlandsprodukt liegt bei 11,1 Prozent. In den nächsten Jahren könnte sich das allerdings ändern: Schon heute fallen für die über 65-Jährigen, die rund 17 Prozent der Bevölkerung ausmachen, knapp 43 Prozent der Krankheitskosten an [...]. Der Anteil dieser Altersgruppe soll sich bis 2050 verdoppeln. Herz-Kreislauf-Erkrankungen sind mit 35,4 Milliarden Euro oder 15,8 Prozent der größte Faktor.

Quelle:
Helmut Achatz, „Kostenexplosion: 234 Milliarden für Gesundheit"
aus FOCUS Online vom 07.07.2004

Versicherte
↑
Gesetzl. Krankenkassen
↑
Gesundheitsfonds
↑
Steuern,
Arbeitnehmerbeiträge,
Arbeitgeberbeiträge

Ab dem 1. Januar 2009 ist ein neues System der GKV (gesetzliche Krankenversicherung) in Kraft getreten, das die Finanzierung der Gesundheitskosten stärker über Steuern leisten will, als das früher der Fall war.

Für alle Krankenkassen in der gesetzlichen Krankenversicherung gilt ab dem 1. Januar 2009 ein einheitlicher Beitragssatz. Die Höhe des Beitragssatzes wurde vom Bundesministerium für Gesundheit (BMG) auf 15,5 % für Arbeitnehmer und Arbeitgeber festgelegt. Über den Gesundheitsfonds wird in Zukunft die Finanzierung der GKV sichergestellt. Alle Beiträge der Arbeitnehmer, der Arbeitgeber sowie der selbst Versicherten und der Bundeszuschuss (durchschnittlich 4 Milliarden Euro pro Jahr) fließen hier zusammen. Aufgabe des Gesundheitsfonds ist die Verteilung sowie die Auszahlung der Zuweisungen an die Krankenkassen. In der GKV sind der nicht-berufstätige Ehegatte und die Kinder des Kassenmitglieds durch die Familienversicherung kostenfrei mitversichert.

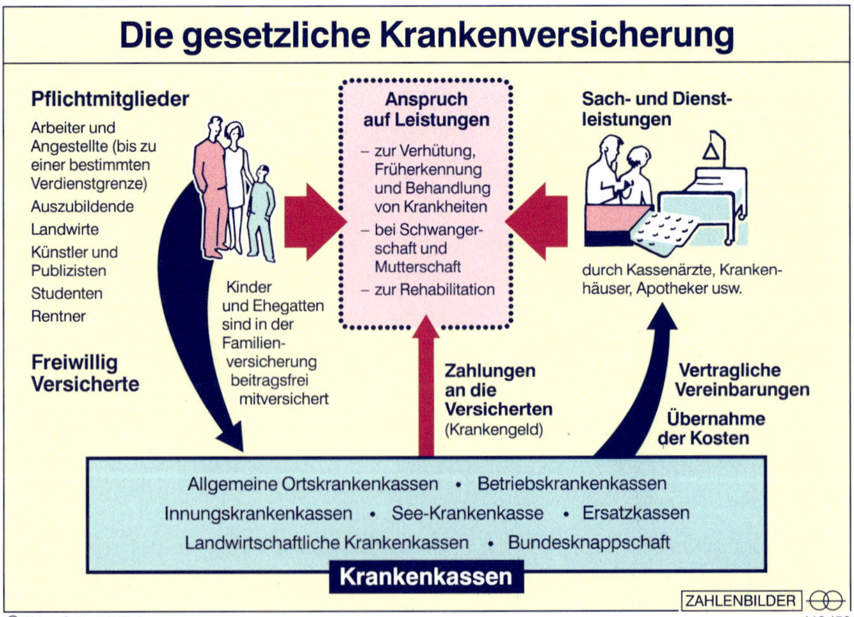

© Erich Schmidt Verlag 146 150

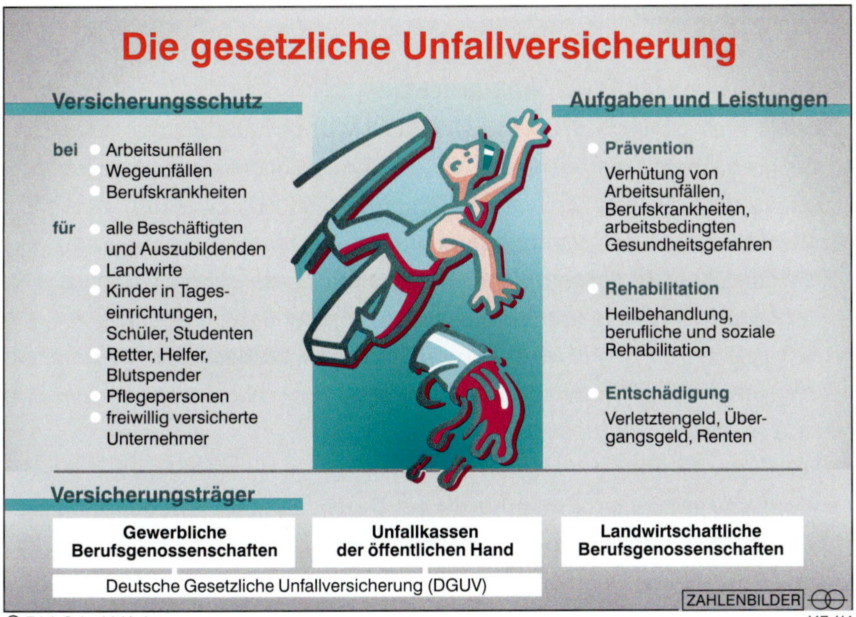

© Erich Schmidt Verlag 147 114

Unfallversicherung
Die Unfallversicherung besteht seit 1884. Im Gegensatz zu allen anderen Sozialversicherungen werden die Beiträge ausschließlich von den Arbeitgebern bezahlt.

Die Aufgabe der Unfallversicherung besteht darin, Arbeitsunfälle, Berufskrankheiten und arbeitsbedingte Gesundheitsgefahren zu verhüten. Tritt ein Versicherungsfall ein, z. B. ein Arbeitsunfall, kommt die Versicherung für die Folgen auf (z. B. Heilkosten). Auch Schüler/-innen sind vom Staat gegen Schulunfälle versichert.

1. Heute liegt die weitere Lebenserwartung eines 60-jährigen Mannes bei 19 Jahren, bei einer 60-jährigen Frau bei 23 Jahren. Im Jahr 2050 können Männer im Alter von 60 Jahren durchschnittlich noch 23,7 und Frauen 28,2 weitere Lebensjahre erwarten. Diskutiert und entscheidet, welche Auswirkungen dies auf die Gesundheitskosten hat. ◒

2. Auch Schülerinnen und Schüler sind vom Staat gegen Schulunfälle versichert. Informiert euch bei eurer Schulleitung, in welchen Fällen die Versicherung gilt und in welchen Fällen sie keine Leistungen gewährt, in welchen Fällen ihr also nicht versichert seid, und fasst die Ergebnisse zusammen. ○

3. Du siehst auf dem nebenstehenden Bild einen Forstwirt bei seiner Arbeit. Er fällt mit einer Kettensäge einen Baum. Überlege, welche Unfallrisiken mit dieser Arbeit verbunden sind. Welche Berufe kennst du außerdem, die ein hohes Unfallrisiko haben? ◒

Forstwirt

Arbeitslosengeld II (Hartz IV)

B

Wovon soll Frau Söllner leben?

Frau Söllner ist alleinerziehende Mutter. Ihr Lebensgefährte hat sie Hals über Kopf verlassen. Er ist ohne Angabe einer Adresse verschwunden. Wegen ihrer zwei kleinen Kinder, die zwei und vier Jahre alt sind und die sie zu versorgen hat, ist Frau Söllner nur eingeschränkt erwerbstätig. Mit gelegentlicher Putzarbeit hält sie sich im Moment über Wasser. Inzwischen sind auch ihre Ersparnisse aufgebraucht.

Wie sollen ihre Kinder satt werden? Wie soll sie ihren Lebensunterhalt bestreiten? Die Kinder brauchen dringend neue Kleidung, aus der alten sind sie rausgewachsen.

Weil Frau Söllner mit der Miete in Verzug ist, wird ihr auch noch die Wohnung gekündigt. Einen Kredit zur Begleichung ihrer Schulden wollte ihr die Bank nicht geben, weil sie keine Sicherheiten und keine geregelte Erwerbstätigkeit nachweisen kann.

Verzweifelt wendet sich Frau Söllner an ihre Gemeinde. Dort wird ihr geraten, Arbeitslosengeld II zu beantragen.

Das Arbeitslosengeld II

Angaben für Alleinstehende pro Monat

In den ersten 12 Monaten der Arbeitslosigkeit: Arbeitslosengeld I – 60 % des Nettogehalts

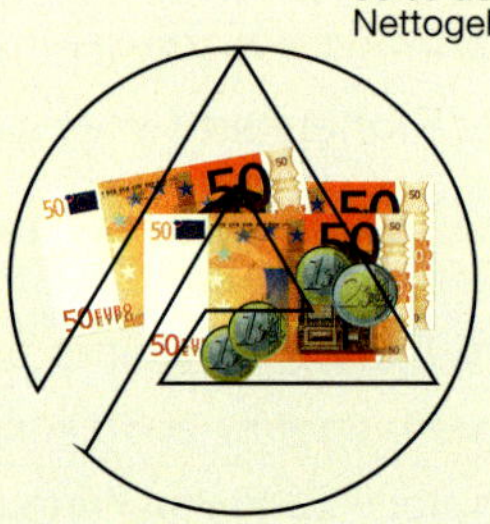

danach: Arbeitslosengeld II

Arbeitslosengeld	Alleinstehende Alleinerziehende	Volljährige Partner einer Ehe/Lebensgemeinschaft	Kinder von 0 bis unter 6 Jahren	Kinder von 6 bis unter 14 Jahren	Kinder von 14 bis 17 Jahren (unter 25 Jahren)
Regelleistungen (Euro je Monat) 01.01.2012	374	337	219	251	287 (299)

– plus Erstattung der Kosten für Unterkunft und Heizung
– plus Beiträge zu den Sozialversicherungen

20047E

Arbeitslosengeld II ist eine Sozialleistung, d. h., sie wird durch Steuern finanziert. Arbeitslose Erwerbsfähige erhalten es nach dem Bezug von Arbeitslosengeld I oder wenn die Voraussetzungen für ALG I nicht erfüllt sind. Bisher griff hier das Recht der Sozialhilfe.

Seit Januar 2012 gibt es monatlich 374 Euro als Arbeitslosengeld II (ALG II). Zusätzlich zahlt die Bundesagentur für Arbeit oder die Arbeitsgemeinschaft aus Stadt und Arbeitsagentur die Unterkunft. Auch die Beiträge für Kranken-, Renten- und Pflegeversicherung übernimmt der Staat.

Rentenversicherung

Eine wichtige Säule des Systems der sozialen Sicherung ist die Rentenversicherung. Die heutigen Rentner beziehen ihre Rente aus den Beiträgen, die die heutigen Arbeitnehmer und Arbeitgeber zu gleichen Anteilen in die gesetzliche Rentenversicherung einzahlen. Das System wird Umlageverfahren oder auch Generationenvertrag genannt (auch wenn nie ein Vertrag geschlossen wurde), weil die Jungen für die Alten aufkommen.

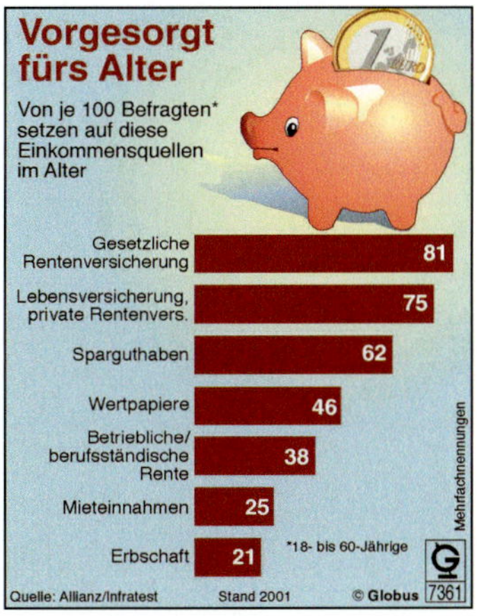

Dieses Verfahren funktioniert dann, wenn möglichst viele Beitragszahler (Jüngere) relativ wenigen Rentnern (Älteren) gegenüberstehen.
In Deutschland werden aber schon seit Jahren immer weniger Kinder geboren und zugleich werden die Menschen immer älter. Das hat zur Folge, dass den Rentenkassen Geld fehlt. Aus diesem Grund wird der jungen Generation nachdrücklich geraten, neben der gesetzlichen Rentenversicherung auch eine private Vorsorge zu treffen.

Die Bundesregierung hat sich entschieden, den Rentenbeitrag für Arbeitgeber stabil zu halten. Um aber die Auszahlung der Renten zu sichern, muss an anderer Stelle gespart werden, z. B durch Nullrunden für die Renten. Das heißt beispielsweise, dass es pro Jahr keine Angleichung der Renten an die Einkommensentwicklung gibt.

Informationen rund um das Thema private Vorsorge erhält man beispielsweise durch eine Fachfrau oder einen Fachmann für Versicherungen und Finanzen oder bei den Berufsgenossenschaften.

1. Die Karikatur beschäftigt sich mit dem Sachverhalt „Generationenvertrag“. Interpretiere die Karikatur, indem du
   a) diese zunächst anhand der folgenden Fragen beschreibst.
      – Was stellt sie dar?
      – Was sieht man?
   b) deutest, was die Aussage sein soll.
      – Wofür steht sie?
      – Was will uns der Zeichner sagen?
   c) zum Schluss den Sachverhalt bewertest, der in der Karikatur dargestellt wird. Beurteile und bewerte beispielsweise, ob es für die junge, die ältere oder für beide Generationen zukünftig problematisch werden kann. ◒

2. Stelle eine möglichst umfassende Liste von Privatversicherungen und deren Leistungen zusammen. ●

3. Notiere negative Konsequenzen, die eintreten könnten, wenn die junge Generation es heute versäumen würde, für die Zukunft eine private Vorsorge zu treffen. ◒

Verbraucherschutz und Lebensmittelsicherheit

B Karin ist allergisch gegen Konservierungsstoffe, das hat der Arzt festgestellt. Jedes Mal, wenn sie vorgefertigte Salate oder bestimmte Fertigprodukte isst, bekommt sie Durchfall. Deshalb ist es wichtig, dass sie weiß, in welchen Produkten diese Zusatzstoffe enthalten sind. Sie hat sich bei der Verbraucherberatungsstelle eine Broschüre über die „Zusatzstoffe in Lebensmitteln“ besorgt und die E-Nummern herausgeschrieben, die für Konservierungsstoffe stehen. Sie achtet auf die Aufschrift „ohne Zusatz von Konservierungsstoffen“.

Informationsquellen

Fachkundige Hilfe lohnt sich – man muss nur wissen, wo man sie erhält. Wichtige Informationsquellen sind die Verbraucherberatungsstellen, die es in allen größeren Orten gibt. Dort kann man sich zu allen Problemen des Verbraucherschutzes und der Lebensmittelsicherheit beraten lassen und Informationsmaterialien nutzen. Verbraucherberatungsstellen sind öffentliche Einrichtungen, bei denen sich jeder Verbraucher kostenlos oder gegen eine geringe Gebühr unparteiisch beraten lassen kann.

Beruf – Kind – Familie?

Heiraten, Kinder kriegen – dies ist für viele heute nicht mehr selbstverständlich. Das hat Folgen. Es gibt immer weniger Kinder und immer mehr ältere Menschen in Deutschland. Als eine Ursache für den Geburtenrückgang wird die schwierige Vereinbarkeit von Beruf und Kindererziehung genannt. Viele Paare schätzen ihre Unabhängigkeit, die sie durch ein Kind beeinträchtigt sehen. Und immerhin 42 % Männer und Frauen wollen sich finanziell nicht einschränken, so ist das Ergebnis einer Umfrage. Außerdem spielen die gesellschaftlichen Rahmenbedingungen eine entscheidende Rolle. Gut ein Drittel gibt an, sich durch eine gute und verlässliche Kinderbetreuung umstimmen lassen zu können. Ein weiteres Drittel hält einen sicheren Arbeitsplatz für entscheidend. 30 % wünschen sich familienfreundliche Arbeitszeiten im Betrieb.

1. Erkundigt euch, welche Aufgaben die Verbraucherberatungsstellen übernehmen. Organisiert einen Besuch oder informiert euch auf anderem Wege, z. B. über das Internet unter www.verbraucherzentrale-hessen.de.

2. Wie sind deine Einstellungen bezüglich Beruf – Kind – Familie? Erstelle eine Collage für deine persönlichen Wünsche:
- Das will ich erreichen …
- So stelle ich mir mein Leben vor …
- Mein größter Wunsch …

Risiken der Erwerbstätigkeit

B

Ein langer Heilungsprozess

Es war nur ein Sturz von der dritten Leiterstufe, aber so unglücklich, dass Frau Lerche einen komplizierten Beinbruch erlitt. Ein achtwöchiger Krankenhausaufenthalt wird ihr prophezeit – und das bei zwei kleinen Kindern. Zudem ist ihr Mann an seinem Arbeitsplatz unabkömmlich.
Ein teurer Krankenhausaufenthalt, keine Betreuung für die Kinder – da spricht Herr Lerche erst einmal mit seiner Krankenkasse.

Ich kann nicht mehr

Die Arbeit im Kindergarten fällt Frau Sieghardt immer schwerer; nicht wegen ihres Alters – sie ist erst 52 –, sondern wegen ihres Hörvermögens, das sich ständig verschlechtert. Sie bekommt längst nicht mehr alles mit; die Kinder müssen laut und deutlich sprechen, ihre Fragen häufig wiederholen.
„Hochgradige Hörschwäche", so bescheinigt ihr der Hals-Nasen-Ohren-Arzt. „Sie sollten einen Rentenantrag stellen", rät er ihr. „In meinem Alter?", entgegnet Frau Sieghardt verzweifelt.

Ein unglückliches Ereignis

Der Rohbau eines Einfamilienhauses soll möglichst schnell regendicht gemacht werden.
Während die Dachdecker noch die Ziegel eindecken, montiert der Installateur bereits die Fallrohre der Regenrinne. Da passiert es: Der Dachdecker kann einen Ziegel, den ihm sein Kollege zuwirft, nicht festhalten. Dieser entgleitet seinen Händen, rutscht den bereits gedeckten Dachteil hinunter und trifft den unten arbeitenden Monteur so unglücklich, dass der mit einer Schulterverletzung ins Krankenhaus eingeliefert werden muss.

Rohbau

1. Erkundige dich, was passiert, wenn durch die Zuweisungen aus dem Gesundheitsfonds Überschüsse bei einer Kasse entstanden sind. (Informationen zum Gesundheitsfonds kannst du im Internet unter der Adresse www.bmg.bund.de erhalten.)

2. Informiere dich, wer die Kosten bei einem Arbeitsunfall auf dem Dach zahlt.

3. Begründe, warum Herr Lerche seine Krankenkasse anruft, obwohl doch seine Frau krank ist.

4. Benenne Versicherungen die Leistungen bei dauerhafter Erwerbsunfähigkeit und Versicherungen, die bei zeitweiliger Erwerbsunfähigkeit Leistungen/Geld zahlen.

In diesem Kapitel haben wir uns mit physischer und psychischer Gesundheit und deren Bedeutung für den arbeitenden Menschen beschäftigt, insbesondere mit folgenden Aspekten:
- gesundheitsförderliche Ernährung und Lebensstil
- „Work-Life-Balance"
- Belastungsfaktoren am Arbeitsplatz und Gesundheitsschutz
- individuelle Vorsorge und soziale Sicherung

Mit den folgenden Aufgaben kannst du überprüfen, ob du die dabei angestrebten Kompetenzen erworben hast:

1. Nenne die sieben Lebensmittelgruppen des Ernährungskreises mit ihren Hauptnähr- und Inhaltsstoffen. Ordne den einzelnen Gruppen je fünf typische Lebensmittel zu. ○

2. Plane eine Mittagsmahlzeit, in der die sieben Felder des Ernährungskreises in der entsprechenden Menge berücksichtigt werden. Faustregel: Je größer das Feld, umso mehr sollte von diesen Lebensmitteln gegessen werden. Begründe deine Auswahl. ●

3. Beschreibe die Funktionen folgender Lebensmittelzusatzstoffe und nenne dazu je ein Produkt, bei dem es verwendet wird: ○
a) Farb- und Aromastoffe
b) Geschmacksverstärker
c) Konservierungsstoffe
d) Antioxydationsmittel
e) Emulgatoren, Stabilisatoren
f) Verdickungs- und Säuerungsmittel

4. Nenne je zwei Beispiele für die verschiedenen Verarbeitungsstufen. Stelle die Vor- und Nachteile der Produkte dar und bewerte sie im Hinblick auf Qualität, Arbeitsaufwand und Preis: ◒
a) küchenfertige Produkte
b) garfertige Produkte
c) zubereitungsfertige Produkte
d) verzehrfertige Produkte

5. Bewerte industriell vorgefertigte Produkte (Convenience-Food) unter den Aspekten Gesundheit, Mahlzeitengestaltung, Zeit- und Kostenaufwand sowie möglicher Einkaufsquellen. ◒

6. Stelle dein eigenes Konsumverhalten in Bezug auf die Ernährungstrends dar und bewerte es im Hinblick auf eine vollwertige Ernährung und deine persönliche Gesundheit. ◒

7. Beschreibe den Wandel der Esskultur in den Industrieländern und stelle die Vor- und Nachteile dar. ○

8. Beschreibe ein Familienbeispiel, bei dem Dauer und Länge der Arbeitszeit beider Ehepartner zur Vereinbarkeit von Familie und Beruf sinnvoll im Lebensverlauf verteilt worden sind. ○

9. Nenne vier Modelle flexibler Arbeitszeitgestaltung und bewerte sie. ◒

10. Erläutere zwei mögliche Ursachen von zunehmendem Bürostress und ihre Auswirkungen. ◒

11. Beschreibe die rechtlichen Grundlagen, die das „Tagesausbaubetreuungsgesetz" (TAG) für die Kinderbetreuung schafft. ○

12. Wähle für die folgende Familiensituation geeignete Betreuungsangebote aus, damit Beruf und Familie in Einklang gebracht werden können. ◒

B Brigitte will sich nach zwölf Jahren Ehe scheiden lassen, weil sich ihr Mann wegen einer neuen Frau von ihr getrennt hat. Sie hat zwei Kinder im Alter von sieben und neun Jahren, für die sie in Zukunft das Sorgerecht erhält. Dann muss sie, bis auf einen geringen Pflichtunterhalt ihres Ex-Mannes, für den Lebensunterhalt alleine aufkommen. Brigitte war immer halbtags als Steuerfachgehilfin berufstätig, die Kinder waren vormittags im Kindergarten und in der Schule untergebracht. Nun muss sie ganztags arbeiten, um genügend Geld für den Unterhalt der Familie zu verdienen.

Zeit miteinander verbringen

13. Nenne vier Lärmbelästigungen, die dir bekannt sind, und beschreibe mögliche physische und psychische Auswirkungen. ◒

14. Frank hat durch das lange Sitzen und die einseitige Belastung am Bildschirmarbeitsplatz starke Schmerzen durch Verspannungen im Rücken- und Nackenbereich. Welche Maßnahmen könnte der behandelnde Arzt ihm wohl verordnen? ○

15. Sammle Argumente für und gegen die Notwendigkeit der Sozialversicherung und diskutiere sie mit deinen Mitschülern. ◒

16. Versucht, bei eurer Stadt- und Kreisverwaltung Antworten auf folgende Fragen zum Arbeitslosengeld II zu bekommen: ●
- Wann hat jemand Anspruch?
- Wer bezahlt und wie hoch ist es?
- Kann ein Antrag auch abgelehnt werden?
- Wer kann Sozialhilfe im engeren Sinne beziehen?

intel
TE28F800
B3T120
80330098A
©1997

VI Zukunft der Arbeit

Zum Abschluss dieses Bandes werden wir uns mit wichtigen Zusammenhängen, Entwicklungen und Veränderungsprozessen beschäftigen, die Einfluss auf die Handlungen der Unternehmen und auf die Arbeitswelt haben. Wir wollen u. a. die folgenden Fragen beantworten:

- **Wie verändern sich die Unternehmen im Zuge des demografischen Wandels?**
- **Welche Anstrengungen unternehmen sie, um familienfreundlicher zu werden und damit auch mehr Frauen die Möglichkeit zu bieten, Arbeit und Familie miteinander zu verbinden?**
- **Welche Aspekte sind bei der Planung und Umsetzung einer Schülerfirma zu berücksichtigen?**
- **Was unterscheidet „virtuelle“ von traditionellen Unternehmen? Welche Chancen und Risiken bieten sie den Beteiligten?**
- **Weshalb gilt heute in vielen Berufen das Prinzip des lebenslangen Lernens und wie wird es organisiert?**
- **Welche Perspektiven eröffnet die Selbstständigkeit, die es – neben den Wegen der Ausbildung – bei der Berufswegeplanung zu beachten gilt? Und welche Bedeutung haben Existenzgründungen für unsere gesamte Volkswirtschaft?**
- **Was versteht man unter „Mindestlöhnen“ und „Grundeinkommen“, und welche Konzepte werden derzeit diskutiert?**

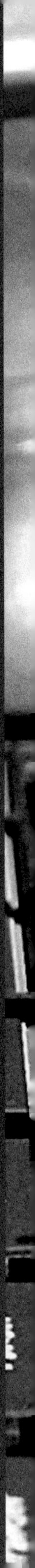

1 Familienfreundliche Arbeitsbedingungen

Gleichstellung im Beruf

Erst 1908 wurden in Deutschland Frauen zum Abitur zugelassen. Studienmöglichkeiten waren noch nicht überall gegeben. Daher studierten Frauen zunächst im Ausland, z. B. in den skandinavischen Ländern. Ab 1919 galt für Frauen dann das allgemeine Wahlrecht. 1949, fünf Jahre nach dem Zweiten Weltkrieg, wurde das Grundgesetz der Bundesrepublik Deutschland erlassen. Während der Kriegsjahre übernahmen Frauen Aufgaben in der Arbeitswelt, die ihnen zum Teil zuvor nicht erlaubt waren. Technische Berufsfelder mussten sie erst erobern. Doch Frauen übernahmen in Krisen- und Kriegszeiten die „Männerarbeit“ und das nicht nur vertretungsweise. Diese still erlangte Gleichberechtigung konnte nicht mehr zurückgenommen werden.

Grundgesetz für die Bundesrepublik Deutschland
Artikel 3 in der Fassung vom 23. Mai 1949:

(1) Alle Menschen sind vor dem Gesetz gleich.
(2) Männer und Frauen sind gleichberechtigt.
(3) Niemand darf wegen seines Geschlechtes, seiner Abstammung, seiner Rasse, seiner Sprache, seiner Heimat und Herkunft, seines Glaubens, seiner religiösen oder politischen Anschauungen benachteiligt oder bevorzugt werden.

1994, fünf Jahre nach der Wiedervereinigung des seit 1945 geteilten Deutschland, wurde das Grundgesetz der Bundesrepublik Deutschland neu verfasst. 2006 gab es weitere Änderungen.

Grundgesetz für die Bundesrepublik Deutschland
Artikel 3 in der derzeit gültigen Fassung vom 28. August 2006:

(1) Alle Menschen sind vor dem Gesetz gleich.
(2) Männer und Frauen sind gleichberechtigt. Der Staat fördert die tatsächliche Durchsetzung der Gleichberechtigung von Frauen und Männern und wirkt auf die Beseitigung bestehender Nachteile hin.
(3) Niemand darf wegen seines Geschlechtes, seiner Abstammung, seiner Rasse, seiner Sprache, seiner Heimat und Herkunft, seines Glaubens, seiner religiösen oder politischen Anschauungen benachteiligt oder bevorzugt werden. Niemand darf wegen seiner Behinderung benachteiligt werden.

1. Vergleiche Artikel 3 im Grundgesetz für die Bundesrepublik Deutschland in den Fassungen von 1949 und 2006. Erörtere die Ergänzungen.

2. Beurteile, welche Auswirkungen der Artikel 3 in der derzeit gültigen Fassung auf die Berufstätigkeit und das Privatleben hat.

Familienfreundliche und nachhaltige Unternehmensentwicklung

Unsere Gesellschaft wird älter. Man spricht vom demografischen Wandel, der dadurch hervorgerufen wurde, dass im Verlaufe der letzten Jahrzehnte immer weniger Kinder geboren wurden, während auf der anderen Seite die Menschen immer älter werden. Dies hat viele Folgen, z. B. für das Rentensystem, aber auch für die Unternehmen. In Zukunft wird die Zahl gut ausgebildeter, junger Arbeitnehmer weniger werden. In einigen Branchen haben Unternehmen schon heute Probleme, genug Fachkräfte für die anfallenden Aufgaben zu finden. Während zu anderen Zeiten die Unternehmen aus einer Vielzahl von Bewerbern auswählen konnten, müssen sie jetzt um diese werben.

Eine Strategie, um dies zu ändern, ist es, die Vereinbarkeit von Arbeit und Familienleben zu verbessern, um z. B. auch jungen Müttern Möglichkeiten zu bieten, zu arbeiten und gleichzeitig vorhandene Fachkräfte zu motivieren, sich langfristig an die Unternehmen zu binden. Im Kapitel fünf auf Seite 144 haben wir bereits gesehen, welche Möglichkeiten bei der Flexibilisierung der Arbeitszeiten hierzu heute genutzt werden.

In einer Studie des Bundesministeriums für Familie werden drei wesentliche Bereiche der betrieblichen Gestaltungsmöglichkeiten genannt:

- Maßnahmen zur intelligenten Verteilung der Arbeitszeit im Lebensverlauf und zu einer ergebnisorientierten Leistungserbringung.
  Hierzu zählen z. B. Teilzeitarbeitsmodelle oder die Möglichkeiten, Arbeitsstunden „anzusparen“, um anschließend eine längere Zeit auszusetzen.
- Maßnahmen zur Flexibilisierung von Zeit und Ort der Leistungserbringung.
  Man findet hier z. B. Gleitzeitmodelle (keine festen Anfangs- und Endzeiten), aber auch Möglichkeiten des Jobsharings (zwei Personen teilen sich die Arbeit einer Stelle).
- Maßnahmen, die auf Mitarbeiterbindung zielen.
  Dazu zählt man Weiterbildungsangebote, die Unterstützung bei der Kinderbetreuung (z. B. Einrichtung von Unternehmenskitas) oder aber Fitnessangebote und Gesundheitschecks.

1. Entwickle weitere Angebote für die drei Bereiche. Sei dabei kreativ.

2. Überprüfe, inwieweit alle Unternehmen die gleichen Voraussetzungen haben, derartige Angebote stellen zu können. Unterscheide hierbei zwischen großen, mittelständischen und kleinen Unternehmen.

3. Frage deine Eltern und Verwandten nach solchen Angeboten in ihren Unternehmen. Bewerte anschließend, ob diese Unternehmen dabei als fortschrittlich angesehen werden können.

Starthilfe zu Aufgabe 2: Vergleiche z. B. ein Unternehmen mit mehreren hundert und einen Handwerksbetrieb mit fünf Mitarbeitern. Überprüfe, wie sich die Aufgaben verteilen und welche Wirkungen es hat, wenn Kolleginnen und Kollegen sich z. B. regelmäßig weiterbilden und nicht am Platz sind.

Viele große Unternehmen haben bereits vor einiger Zeit entsprechende Maßnahmen ergriffen. Hier drei Beispiele:

Q

Commerzbank: Kids & Co. – Flexible Kinderbetreuung

Als erstes deutsches Unternehmen [führt] die Commerzbank 1999 gemeinsam mit dem Familienservice eine spontane Kinderbetreuung auf betrieblicher Ebene ein, die Commerzbank-Eltern in Ausnahmefällen unkompliziert unterstützt. Ist die Tagesmutter krank, kann der Kindergarten nicht öffnen, wird keine geeignete Ferienbetreuung angeboten oder übernehmen Mitarbeiterinnen und Mitarbeiter unvorhergesehene Kundentermine: Bei Kids & Co. finden Kinder zwischen 0 und 12 Jahren die passende Betreuung. Die Nutzung ist für Commerzbank-Eltern kostenfrei.

Q

Wiedereinstiegsprogramm bei der Voith AG

Bei dem Projekt „WiederEinstieg“ handelt es sich um eine Maßnahme zur Erleichterung der Wiedereingliederung in den Beruf nach der Elternzeit. So zeigt die Entwicklung der letzten Jahre, dass immer mehr Frauen nach der Elternzeit daran interessiert sind, wieder in den Beruf einzusteigen. Auslöser des Projekts sind unter anderem die technologisch-organisatorischen Veränderungen, die sich zwischenzeitlich im Unternehmen vollzogen haben und die nach der Elternzeit zu einem spezifischen Qualifikationsbedarf bei den zurückkehrenden bzw. zurückgekehrten Beschäftigten führen.

Quelle: Bundesministerium für Familie, Senioren, Frauen und Jugend (Hg.) (2005): WorkLifeBalance. Motor für wirtschaftliches Wachstum und gesellschaftliche Stabilität Analyse, Berlin

Q

Sicherung von Gesundheit und Beschäftigungsfähigkeit bei der Bertelsmann AG

Als Querschnittsaufgabe umfasst das Gesundheitsmanagement die verschiedensten Themenfelder: Das betriebliche Sportprogramm bietet allen Mitarbeitern ein umfassendes und kostenloses Angebot gesundheitsfördernder Kurse an. Weiterer Bestandteil des Gesundheitsmanagements sind regelmäßige Impfaktionen und Screenings zu bestimmten Erkrankungsrisiken sowie Gesundheitsberatungen. Besonders wichtig ist Bertelsmann jedoch das Führungsverhalten – auch unter dem Aspekt der Mitarbeitergesundheit. Daher gehören regelmäßige Mitarbeitergespräche, Führungskurse sowie Beratungen der Führungskräfte durch den betrieblichen Sozialdienst zum Standard.

1. Beschreibe die Maßnahmen in den drei vorgestellten Unternehmen. Benenne jeweils deren direkte Zielsetzungen für Mitarbeiter und Unternehmen. ○

2. Auf Seite 165 wurden drei wesentliche Bereiche der Unternehmensgestaltung dargestellt. Verorte die hier vorgestellten Beispiele. Begründe jeweils deine Entscheidung. ◒

Modelle des Gender-Mainstreaming

Programme der Europäischen Union und der Wirtschaftsförderung unterstützen Modelle des Gender-Mainstreaming. Gleichstellungsbeauftragte sorgen für die Umsetzung der Gleichberechtigung von Männern und Frauen im Beruf. Bei Stellenbesetzungen achten sie darauf, dass niemand aufgrund seines Geschlechts benachteiligt wird.

Eigens entwickelte Mentoringprogramme unterstützen die berufliche Weiterentwicklung von Frauen. Erfahrene Beschäftigte in Unternehmen, bei Behörden und Institutionen begleiten als Mentoren für einen festgeschriebenen Zeitraum ihren Mentee bei Projekten. Die Mentees sollen in einem Projekt ihre Kompetenzen erweitern. Sie sollen Mut bekommen, sich auf Führungspositionen zu bewerben.

B Birgit ist in einem Landesamt beschäftigt. Dort wurden Mentoringprogramme ausgeschrieben. Wer an einem Mentoringprogramm mit Erfolg teilgenommen hat, erwirbt damit Qualifikationen, die der eigenen Laufbahn dienen. Birgit hat sich darum beworben und nimmt für ein Jahr an dem Projekt teil. Aus einem anderen Landesamt kommt ihr Mentor Peter, der bereits zum Führungspersonal gehört. Als Mentee hat Birgit nun die Aufgabe, ein Projekt zu planen, durchzuführen und zu dokumentieren. Sie hat ein Thema ausgewählt, das aus ihrer bisherigen Arbeit stammt. Birgit will bestimmte Arbeitsabläufe vereinfachen, schneller und transparenter gestalten. Dazu wird sie ein Handbuch erstellen und das gesamte Vorhaben in einer PowerPoint-Präsentation in ihrer Abteilung vorstellen. Peter, ihr Mentor, hat die Aufgabe, das Vorhaben zu begleiten, die Planung zu bestätigen oder Änderungsvorschläge einzubringen. Er soll mit seiner beruflichen Erfahrung die für Birgit neuen Aufgaben unterstützen, ihr Rat geben, sie auf Fehler aufmerksam machen, wenn es nötig ist, und ihr auch Mut machen, sich mit ihren Verbesserungsvorschlägen durchzusetzen.

Zwei Jahre später:
Möglichkeit A: Birgit und Peter treffen sich bei einer Tagung. Inzwischen ist Birgit befördert worden und eigenverantwortlich zuständig für eine Sachbearbeitung.

Möglichkeit B: Birgit und Peter treffen sich bei einer Tagung. Leider gab es keine Beförderungsstellen im bisherigen Landesamt. Stellenausschreibungen der Jobbörse, die mit einem Wohnortwechsel verbunden sind, haben Birgit nicht interessiert.

1. Stellt die beiden Möglichkeiten in einem Rollenspiel dar und erörtert die Situationen.

INFO

Gender-Mainstreaming
Das Wort „Gender" bezeichnet „Geschlecht im Sinne einer soziokulturellen Rolle". Es geht um die soziale Rolle, die ein Mensch als Mann oder Frau wahrnimmt. „Mainstream" bezieht sich auf eine vorherrschende Richtung und Strömung innerhalb der Gesellschaft. Das Prinzip des Gender-Mainstreaming fordert dazu auf, die unterschiedlichen Interessenslagen von Männern und Frauen zu berücksichtigen. Gleichwertigkeit ist das Ziel.

INFO

Mentoring
Hierbei unterstützt ein erfahrener Mitarbeiter (Mentor) unerfahrene Kollegen (Mentee), berät diese und leistet Hilfestellungen, wenn notwendig.

Systemgastronomie

Pflegeheim

Mittagessen vom Bringdienst

2 Selbstständigkeit und Existenzgründung

B

Alex will in die Systemgastronomie. Am Sonntag waren seine Familie und er zum Brunch im Bistro. Super Stimmung, gute Qualität, Preis-Leistung passt, entspannte Atmosphäre, gute Musik. Die Niederlassungen gibt es in ganz Deutschland.

Oliver will die Firma seiner Eltern übernehmen, einen ambulanten Pflegedienst. Diese Dienstleistungen werden zunehmend gefragt. Bei der Pflegemesse 2010 in Hannover sprachen die Journalisten bereits vom Pflegenotstand.

Tom ist gut in Mathe und Informatik. Er tüftelt gerne. Für seine Oma hat er LED-Leuchten mit Solarzellen an den Rollator gebastelt. Medizintechnik, das würde ihn besonders interessieren. Dazu will er erst mal erfahren, was die Menschen in den Pflegeheimen brauchen. Aber Zeit und Zuwendung gibt es nicht aus der Steckdose.

Diana will in die Kita. Erzieherin ist ihr Wunschberuf. Und weil sie selbst eine kleine Sprachstörung hatte, interessiert sie die Weiterbildung zur Logopädin. Das wird ein längerer Ausbildungsweg.

Felix setzt auf Bistro-Bringdienst speziell für Firmen, mit Suppen, Salaten und Baguettes. Für das Startkapital spart er schon jetzt. In der Schülerfirma ist er auf die Idee gekommen. Zu sehen, wie es den Leuten schmeckt und sie ihre Mittagspausen leicht und lecker genießen, bestätigt seinen Arbeitseinsatz.

INFO

„Schrittweise in die Selbstständigkeit"
Das Bundesministerium für Wirtschaft und Technologie hat im Internet ein Existenzgründungsportal eröffnet. Im Existenzgründungsportal Gastronomie wird z. B. aufgezeigt, dass die Gründung in der Gastronomie genau kalkuliert sein muss.

Vier Punkte müssen klar sein:
1. Unternehmerqualifikation
2. Stringentes Gastronomiekonzept
3. Vollständige Investitions-, Kosten-, Umsatz- und Rentabilitätsplanung
4. Solider Finanzierungsplan

www.existenzgruender.de

1. Informiere dich bei Selbstständigen in deinem Umfeld. Frage nach den Anfängen ihrer Geschäftsidee, den Startbedingungen und ihrem heutigen Berufsalltag. ○

2. Besonders im Handwerk gibt es viele Unternehmen, die in ihrer Familie keinen Firmennachfolger finden. Benenne mögliche Gründe hierfür. ◒

3. Notiere, was Alex, Oliver, Tom, Diana und Felix beachten müssen, damit sie ihren Wunsch, Unternehmer zu sein, erfüllen können. ◒

Existenzgründungen

Selbstständig zu arbeiten ist für viele Arbeitnehmer eine Alternative zur Arbeitslosigkeit oder die beste Möglichkeit, eigene Ideen zu verwirklichen. Sich selbstständig zu machen bedeutet dabei auch immer eine Herausforderung, die Mut und Engagement erfordert.

Eine Existenzgründung hat aber nicht nur für den Existenzgründer Vorteile, sondern für die gesamte Volkswirtschaft. Deshalb werden Personen, die sich in Deutschland selbstständig machen wollen, auch besonders vom Staat gefördert.

Q

Gründe für Gründungsförderung

1. Durch Existenzgründungen erscheinen neue Anbieter auf den Märkten. Sie sind für den Wettbewerb wichtig. Dieser wiederum ist das zentrale Element unserer Wirtschaftsordnung.
2. Existenzgründer verwirklichen fortschrittliche Ideen. Sie sind für Wachstum und Wettbewerbsfähigkeit entscheidend. Ohne Existenzgründungen erstarrt unsere Wirtschaftsstruktur.
3. Existenzgründungen schaffen in vielen Fällen nicht nur für die Gründer, sondern auch für Mitarbeiter neue Arbeitsplätze.
4. Je mehr gesunde selbstständige Existenzen eine Volkswirtschaft aufweist, umso stabiler ist das Gemeinwesen.
5. Existenzgründungen sind so etwas wie die „Frischzellenkur" für den Mittelstand. Durch sie wachsen neue Unternehmen nach und bestehende bleiben erhalten.

Quelle:
nach: www.existenzgruender.de/imperia/md/content/pdf/publikationen/gruenderzeiten/gz_01.pdf

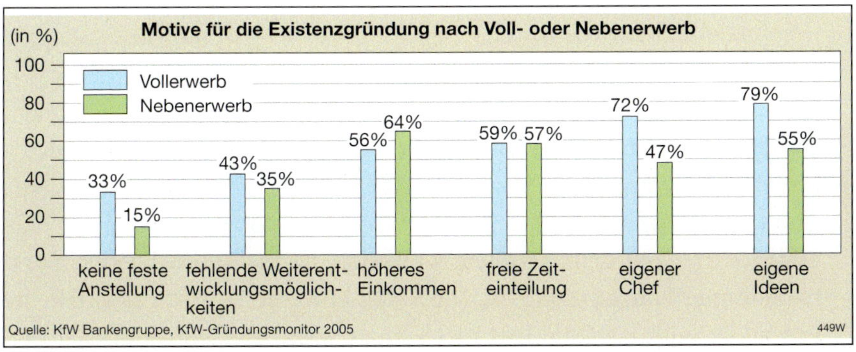

1. Veranschauliche mithilfe von Beispielen Situationen, aus denen heraus sich Menschen selbstständig gemacht haben.

2. Benenne Nachteile, die ein Existenzgründer auf sich nehmen muss, wenn er sich selbstständig macht.

3. Überlege und begründe, was deiner Meinung nach für eine Existenzgründung spricht.

Starthilfe zu Aufgabe 1:
Versetze dich z. B. in die Situation der folgenden Personen:
- Jenny P. erbt 30 000,00 Euro.
- Heinz J. ist 46 Jahre alt und findet keine Arbeit.
- Jan W. hat ein Gerät erfunden, von dem er glaubt, dass viele Menschen es gebrauchen könnten.

Gründungsmotive und Phasen unternehmerischer Tätigkeit

Warum gründet jemand ein Unternehmen? Oder besser gefragt: Was sind die Motive, sich mit einem eigenen Unternehmen selbstständig zu machen? Und welche typischen Eigenschaften kennzeichnen einen Unternehmensgründer?

INFO

Bei **Gründungsentscheidungen** überwiegen in Deutschland die Pull-Faktoren mit 79 % gegenüber den Push-Faktoren mit 21 %.

Q Es gibt viele Gründe, warum Menschen sich entschließen, ein Unternehmen zu gründen. [...] Grundsätzlich wird zwischen zwei Gruppen von Gründermotiven unterschieden: Push-Faktoren und Pull-Faktoren.

Wird ein Unternehmen aus einer Notsituation heraus gegründet, ohne die sich der Gründer nicht für eine selbstständige Tätigkeit entschieden hätte, wird auch von „Ökonomie der Not" oder „unfreiwilliger Gründung" gesprochen. Unerwünschte Situationen sollen durch die Unternehmensgründung vermieden oder bekämpft werden. Solche Gründungsmotive werden daher auch Vermeidungsziele oder Push-Faktoren genannt. Im Gegensatz zu Gründungen aus der Not heraus werden bei freiwilligen Gründungen so genannte Pull-Faktoren unterschieden. Oft wird in diesem Zusammenhang daher auch von „Ökonomie der Selbstverwirklichung" oder von „freiwilliger Gründung" gesprochen. [...]
Die Gründungsgeschichte von *Pustefix* (s. u.) ist ein Beispiel für eine Push-Gründung. Push-Faktoren, die auch bei anderen Gründungen eine Rolle spielen, sind zum Beispiel:
- Arbeitslosigkeit (bestehende oder drohende)
- Probleme am Arbeitsplatz
- finanzielle Schwierigkeiten
- ethnische Minderheiten finden keine andere Beschäftigung

Beispiel: Die Gründung eines Unternehmens aus der Not heraus
Firma: Dr. Rolf Hein & Nachfolger KG
Produkt: Pustefix
1948, kurz nach dem Zweiten Weltkrieg, herrschten in Deutschland noch immer Hunger und Not. Viele Städte waren zerstört, es gab keine Produkte, und das Geld war nichts mehr wert. Die hohe Arbeitslosigkeit zwang viele Menschen dazu, durch kreative Alternativen zu ihrem bisherigen Beruf ihr Überleben zu sichern.

So beschäftigte sich der Chemiker Dr. Rolf Hein damit, über Experimente mit Seife, Waschmittel herzustellen, das er dann bei den umliegenden Bauern gegen Lebensmittel eintauschen konnte. Er entdeckte dabei eine Flüssigkeit, die in Regenbogenfarben schimmerte und aus der sich hervorragend Seifenblasen herstellen ließen. Da die meisten Kinder zu dieser Zeit nur sehr wenig Spielzeug besaßen, kam Dr. Hein auf die

Idee, diese Flüssigkeit in ein Röhrchen zu füllen, das mit einem Korken verschlossen wurde, an dem ein gebogener Draht befestigt wurde. Dies war die Geburtsstunde von *Pustefix*.

Dr. Hein hatte sich erhofft, so seine Familie ernähren zu können, und setzte das selbst hergestellte *Pustefix* zunächst als Tauschobjekt ein. Schon bald wurde *Pustefix* in die ganze Region und anschließend innerhalb ganz Deutschlands vertrieben. Inzwischen wird das Unternehmen in der dritten Generation geführt und vertreibt *Pustefix* weltweit (*www.pustefix.de*).

Bei den Pull-Faktoren ist ein höheres Einkommen nicht das Hauptmotiv von Gründern. Unabhängig von dem untersuchten Wirtschaftsbereich besteht häufiger der Wunsch nach Unabhängigkeit, Selbstverwirklichung und der Umsetzung von eigenen Ideen. Das zeigen zum Beispiel Befragungsergebnisse, die in der nachfolgenden Abbildung wiedergegeben werden.

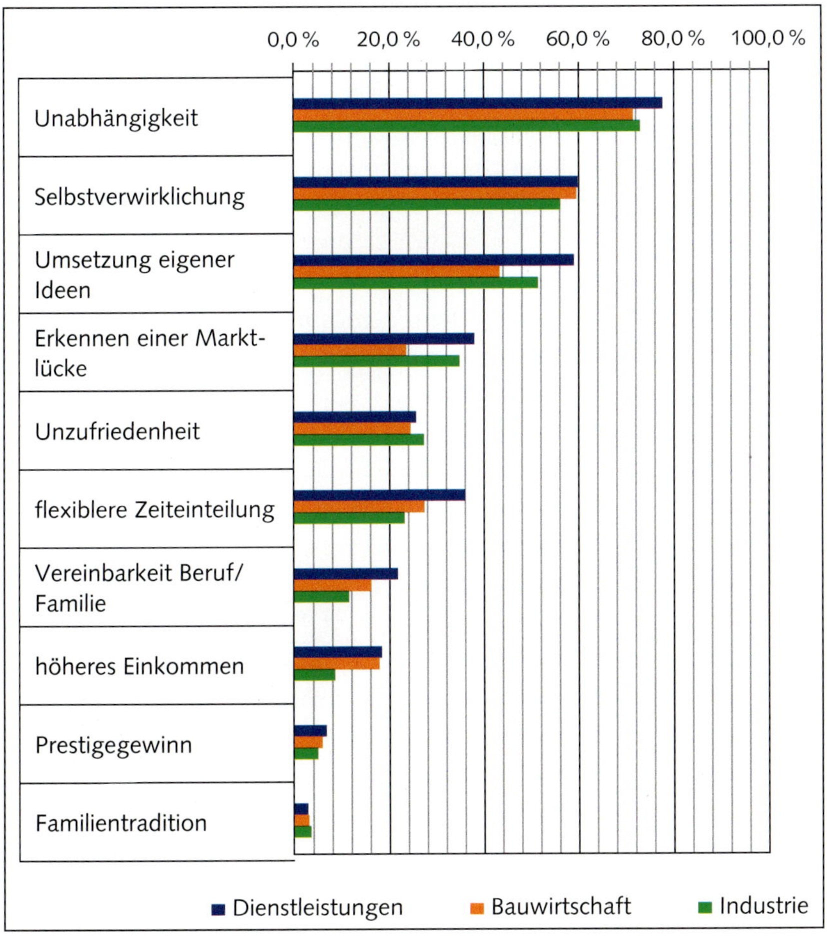

Befragung von Unternehmensgründern nach ihren Motiven

1. Analysiere, welche Push- und Pull-Faktoren bei Dr. Hein zur Unternehmensgründung geführt haben. ○

Neben den individuellen Motiven für eine Unternehmensgründung spielt auch das Umfeld der Gründer eine Rolle. Sozioökonomische wie kulturelle Rahmenbedingungen beeinflussen die Entscheidung, zu gründen ebenso wie beispielsweise das Elternhaus. Häufig wird festgestellt, dass jemandem, dessen Vater oder Mutter bereits ein Unternehmen gegründet hat, die Gründungsentscheidung leichter fällt.
Letztlich ist die Motivation, ein Unternehmen zu gründen, aber ein komplexes Konstrukt, das sich aus verschiedensten Motiven zusammensetzt. So ist es nicht unwahrscheinlich, dass sowohl Pull- als auch Push-Faktoren bei der Gründungsentscheidung eine Rolle spielen. Nun spielt bei der Gründerpersönlichkeit aber nicht allein die Dimension des „Wollens“ eine Rolle, sondern auch die des „Könnens“. Das verweist auf die Diskussion der Gründereigenschaften. [...]

Quelle:
Nicolai, Alexander (2007): Entrepreneurship, Hrsg.: Institut für Ökonomische Bildung, Oldenburg

Der Gründer
Die Entwicklung von Unternehmen wird gerade in der Anfangsphase maßgeblich durch die Person des Gründers bestimmt. Es gibt viele Studien, die herausfinden wollen, welche typischen Eigenschaften Unternehmensgründer kennzeichnen. Es wird untersucht, welche Eigenschaften die Wahrscheinlichkeit erhöhen, dass sich eine Person selbstständig macht. Andererseits versucht man, auch die Persönlichkeitsmerkmale herauszufinden, die positiven Einfluss auf den Erfolg eines jungen Unternehmens haben.

Beispielsweise ist bekannt, dass die Wahrscheinlichkeit einer Gründung bei Personen höher ist, deren Eltern bereits unternehmerisch tätig waren. Andere Eigenschaften, wie etwa die Risikofreudigkeit, sind hingegen umstritten.

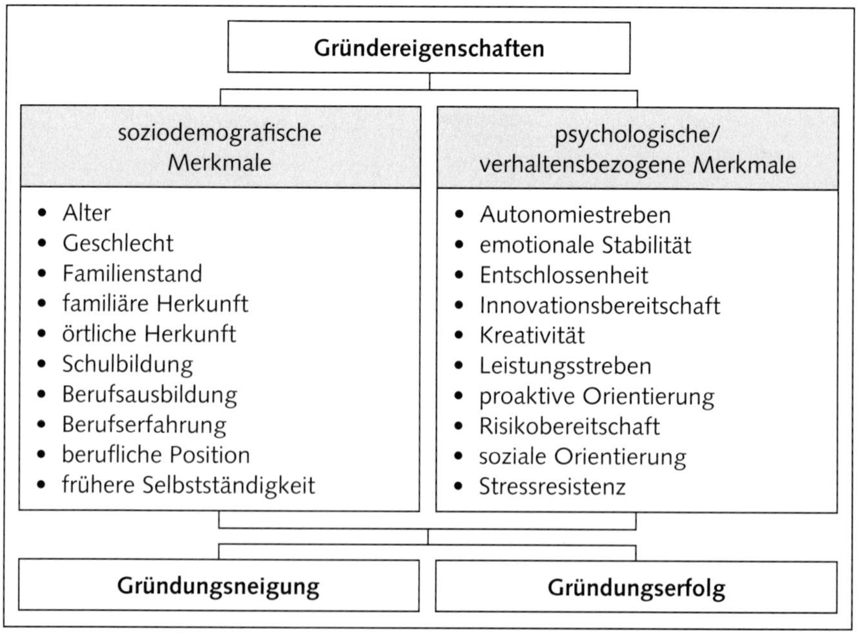

Noch schwieriger ist es, genau die Eigenschaften zu identifizieren, die eine erfolgreiche Unternehmensgründung wahrscheinlich machen. Viele Untersuchungen sind zu dem Ergebnis gekommen, dass es kein festes Charakterprofil gibt, das eine erfolgreiche Unternehmensgründung sichert. Betont wird immer wieder, dass es wichtig sei, sich neuen Situationen flexibel anzupassen und die dann geforderten Kenntnisse schnell erlernen zu können. In jedem Fall geben die Listen mit all den gewünschten Eigenschaften den jungen Gründern Anhaltspunkte, was alles so gewünscht wird. Allerdings erzeugen solche Listen manchmal auch eher Angst, als dass sie ermutigen.

Q

DIHK erwartet Rekordtief bei Existenzgründungen

Im Jahr 2012 werde es voraussichtlich erstmals deutlich weniger als 400.000 Existenzgründungen geben und damit so wenige wie in keinem Jahr zuvor seit der Wiedervereinigung, heißt es in dem 20-seitigen „Gründungsreport 2012. […] Bereits 2011 habe die Zahl der Gründungen deutlich abgenommen. […]

Eine wichtige Ursache sei das deutlich gestiegene Angebot an offenen Stellen: „Vor allem wegen der guten Entwicklung am Arbeitsmarkt wollen weniger Menschen ihr eigener Chef sein." Ein in jedem Fall ermutigender Aspekt sei allerdings das steigende Interesse von Frauen an einer Unternehmensgründung. Nach Daten des Bonner Instituts für Mittelstandsforschung (IfM) gab es im Jahr 2005 in Deutschland noch rund 500.000 Existenzgründungen.

Quelle: Creutzburg, Dietrich, Handelsblatt.com, 12.04.2012

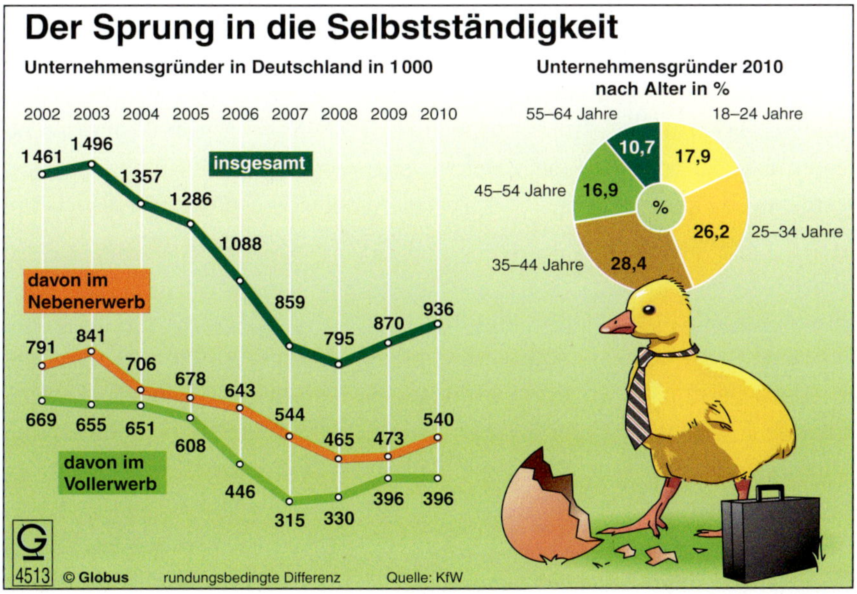

1. Beschreibe die Entwicklung der Existenzgründungen in Deutschland zwischen 2009 und 2010 sowie deren absehbare Tendenz. ○

2. Analysiere die Faktoren, die die Entwicklung beeinflussen. ○

Gründung einer Schülerfirma

Schülerfirma

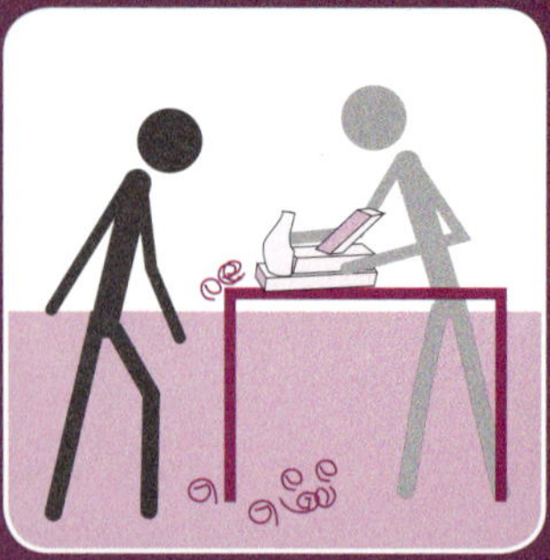

Eine Schülerfirma ist eine gute Möglichkeit, kennenzulernen, welche grundsätzlichen Aufgaben ein Unternehmen zu bewältigen hat und welche Bedeutung Arbeit und Beruf zukommt.

Dabei könnt ihr euch z. B. mit folgenden Fragen auseinandersetzen:
- Welche immer wiederkehrenden Aufgaben gibt es in einem Unternehmen?
- Welche Ziele streben Unternehmen an?
- Wie wird ein Unternehmen organisiert?
- Wie wirbt man für seine Produkte bzw. seine Dienstleistungen?
- Wie analysiert man einen Markt und erhält Informationen über Konsumenten und Konkurrenten?
- Wie plant man die Zukunft eines Unternehmens?

Eine Schülerfirma ist also ein sehr gutes Trainingsfeld, um ökonomische Kenntnisse zu erwerben, sein Wissen anzuwenden, Arbeitstechniken und Verhaltensweisen einzuüben. Das alles dient der Vorbereitung auf die spätere Berufstätigkeit oder auch für eine zukünftige Selbstständigkeit.

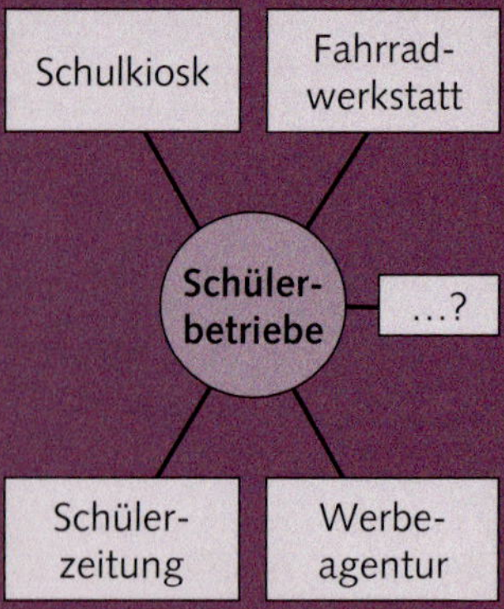

Beispiele für Ideen, die mithilfe einer Schülerfirma realisiert werden könnten.

Notwendige Schritte bei der Planung

Schülerbetriebe planen, produzieren und verkaufen Produkte und/oder bieten Dienstleistungen an. Eurer Fantasie sind hierbei keine Grenzen gesetzt. Aber egal, welche Produkte oder Dienstleistungen ihr mit eurer Schülerfirma anbietet, die einzelnen Schritte zur Planung und Durchführung sind im Grunde immer dieselben.

Welche Geschäftsidee wird bevorzugt?

Zunächst müsst ihr euch Gedanken machen, worin eure Geschäftsidee bestehen soll. Wollt ihr ein Produkt herstellen und verkaufen oder wollt ihr eine Dienstleistung anbieten? Der erste Schritt bei der Entwicklung einer Idee ist es, zu ermitteln, welche Marktlücken in der Umgebung vorhanden sind. Das heißt konkret: Was fehlt? Was wird gebraucht? Was könnt ihr

Bei der Planung

Besonderes anbieten? Hilfreich ist es, eine Ideenliste zusammenzustellen, was für eure Schule infrage käme. Hier einige Vorschläge: Papiershop/Kiosk, Literaturcafé, Disco, Veranstaltungsagentur, Vermietung von Schülerkunst, Organisation von Klassen- und Tagesfahrten.

Wer macht mit?
Stellt eine Gruppe zusammen und entscheidet, ob eure Schülerfirma aus eurer Klasse bestehen soll. Ihr könnt auch eine Arbeitsgemeinschaft bilden, die sich aus Schülerinnen und Schülern mehrerer Klassen zusammensetzt.

Wichtig ist es, zu überlegen, ob eure Geschäftsidee überhaupt innerhalb eurer Klasse und/oder Schule umsetzbar ist bzw. wo es Probleme geben könnte. Sprecht dazu mit der Schulleitung, mit Lehrerinnen und Lehrern, dem Hausmeister u. a. über den Standort der Schülerfirma, die Verantwortlichkeiten, die Aufsicht, die Versicherung, die technische Ausstattung.

Wie beurteilt man die Konkurrenz?
Im Anschluss an diese Überlegungen müsst ihr eure Idee auf mögliche Konkurrenten hin überprüfen.

Dazu solltet ihr folgende Fragen beantworten:
- Wer sind eure Konkurrenten?
- Wo befindet sich eure Konkurrenz?
- Was bietet die Konkurrenz an?
- Zu welchen Preisen?
- Wie groß ist das Angebot und was ist das Besondere daran?
- Wie ist die Qualität der Produkte?
- Wodurch macht die Konkurrenz auf sich aufmerksam?

Welcher Standort kommt infrage?
Im Fall einer Schülerfirma ist der Standort vorgegeben: eure Schule. Normalerweise geht man bei der Standortsuche aber nach bestimmten Gesichtspunkten vor (siehe „Fragen zum Standort“).

1. In einer Straße gibt es zwei Blumenläden. Entwickelt Möglichkeiten, welche besonderen Angebote ein Blumenladen anbieten könnte, um sich von dem anderen abzuheben. ○

2. Ermittelt mithilfe der Gelben Seiten alle Buchhandlungen eurer Stadt und markiert ihre Standorte in einem Stadtplan. Erläutert, welche Konsequenzen das Ergebnis für die Wahl des Standortes einer neuen Buchhandlung hätte. ◒

3. Bewertet den Standort mithilfe der Fragen in der Randspalte. ◒

Fragen zum Standort
- Kundennähe: Gibt es genügend Kundschaft?
- Konkurrenz: Wie stark ist die Konkurrenz?
- Verkehr: Können uns Kunden und Lieferanten problemlos erreichen, können sie hier parken?
- Versorgung: Wie ist die Versorgung mit Waren, Verbrauchsgütern, Energie?
- Arbeitskräfte: Gibt es in der Nähe geeignetes Personal?
- Kosten: Wie hoch sind Mieten und Steuern?
- Behördliche Auflagen
- Technologie-/Gründerzentren: Besteht die Möglichkeit, sich dort niederzulassen?
- Liegt der Standort im Gewerbegebiet oder im Wohn- oder in einem Mischgebiet?

Planung

Wie viel Geld braucht man und woher bekommt man es?

Wenn man ein Unternehmen gründen möchte, braucht man eine Menge Kapital. Viele Anschaffungen wie z. B. Grundstück, Gebäude, Maschinen, Geräte, Einrichtung, Fahrzeuge, Rohstoffe usw. müssen bezahlt werden.

Dazu benötigt man eine sehr genaue Planung, da sonst die ganze Existenz scheitern kann. Auch wenn eine Schülerfirma weniger umfangreiche Anschaffungen tätigen muss, ist es dennoch erforderlich, einen Kapitalbedarfsplan zu erstellen.

Um die im Kapitalbedarfsplan ermittelten Ausgaben tätigen zu können, reicht in den meisten Fällen das Eigenkapital des Unternehmensgründers nicht aus. Neben Krediten können Existenzgründer auf Förderprogramme zurückgreifen. Auch bei einer Schülerfirma besteht die Möglichkeit, bei einer örtlichen Bank ein Startkapital in Form eines Kredites zu bekommen. Die Banken erwarten ein schlüssiges Konzept mit einer detaillierten Kapitalbedarfsrechnung. Darin muss auch beschrieben werden, wie die zukünftige finanzielle Entwicklung des Betriebes aussehen wird, damit die Bank auch sicher sein kann, dass sie ihr Geld zurückbekommt.

Informationen sammeln

Ist eine Unternehmensgründung an einen rechtlichen Rahmen gebunden?

Eine Schülerfirma fällt unter eine Ausnahmeregelung und ist an keinen rechtlichen Rahmen gebunden, solange die Einnahmen einen bestimmten Betrag nicht übersteigen. Die Schülerfirma muss sich verpflichten, mit den Gewinnen und Umsätzen unterhalb der Geringwertigkeitsschwellen (weniger als 16 620 Euro Umsatz und 3 835 Euro Gewinn) im Jahr zu bleiben. Ihr könnt auch Kontakt zu anderen Schülerfirmen über das Internet aufnehmen und euch in rechtlichen Fragen austauschen.

Wie macht man auf sein Unternehmen aufmerksam?

Wenn man ein Unternehmen gründet, muss man sich bekannt machen. Andere müssen wissen, dass es einen gibt und was man anbietet. Dazu ist ein Marketingkonzept erforderlich, das Überlegungen zu folgenden Bereichen enthalten sollte: Produktpolitik, Preispolitik, Absatzwegepolitik und Kommunikationspolitik.

Die Werbung hat eine wichtige Bedeutung, da durch sie das Unternehmen in der Schule und evtl. auch außerhalb bekannt gemacht wird. Beachtet dabei Folgendes:

- Gestaltet eure Werbung zielgruppengerecht.
- Analysiert die Werbung eurer Konkurrenten.
- Beachtet ein einheitliches Erscheinungsbild.
- Legt die Werbebotschaft fest.
- Wählt Werbemittel und Werbeträger aus (Schülerzeitung, Handzettel, Plakate, Internetseite der Schule).

Jetzt wird es ernst!

Nachdem ihr wisst, wie man bei der Planung einer Betriebsgründung vorgeht, könnt ihr nun in die konkrete Planung einer Schülerfirma einsteigen.

Wie soll die Schülerfirma heißen?

Der Name eurer Schülerfirma sollte immer deutlich zeigen, dass es sich um eine Schülerfirma handelt und nicht um eine echte Firma. Weiterhin sollte der Name der Schülerfirma nicht von einem realen Unternehmen genutzt werden.

Ob der Name, den ihr euch ausgedacht habt, schon von einem realen Unternehmen genutzt wird, könnt ihr mithilfe des Internets herausbekommen. Orientiert euch bei der Namensgebung an den folgenden Hinweisen:

- Der Name sollte kurz und unkompliziert sein.
- Der Bezug des Firmennamens zu eurer Geschäftsidee sollte deutlich werden.
- Es sollte ein zum Namen passendes Logo gefunden werden.
- Der Name sollte gut zu behalten sein.

1. Wertet die Statistik auf Seite 176 aus und überlegt, welche Schlüsse ihr daraus für eure Unternehmensgründung ziehen könnt.

2. Überlegt, mit welchen Werbemitteln eine Werbeagentur in der Schule für sich werben sollte. Begründet eure Auswahl mit Beispielen.

3. Sucht aus einer Jugendzeitschrift Anzeigen heraus und erklärt, inwiefern die Gestaltung auf Jugendliche zugeschnitten ist.

Litfaßsäule

INFO

Hier noch einmal die Fragen, die bei der Gründung einer Schülerfirma zu beachten sind:

- Wie viel Gründungskapital benötigt ihr?
- Wer macht mit?
- Wie soll die Firma heißen?
- Für welche Geschäftsidee wollt ihr euch entscheiden?
- Welche Umsetzungsmöglichkeiten für eure Geschäftsidee sind in der Schule gegeben?

Planung

Die Organisation der Schülerfirma

Wie müssen wir die Tätigkeiten in der Schülerfirma organisieren (**Ablauforganisation**)?

Folgende Fragen helfen euch bei der Organisation der Arbeitsabläufe:

- Welche Arbeitsschritte sind nötig, damit ihr euer Produkt erstellen oder eure Dienstleistung anbieten könnt?
- Welche Arbeitsschritte gehören zusammen? Welche Reihenfolge gibt es hierbei?
- Erstellt ein Ablaufdiagramm, indem ihr die Arbeitsschritte in je einem Kästchen darstellt, die Kästchen dann in eine Reihenfolge bringt und ihre Zusammenhänge in einem Ablaufschema darstellt. In Arbeitslehre 1, Kapitel 3, habt ihr das Ablaufschema bereits am Beispiel eines Telefongesprächs kennengelernt.

Wer arbeitet wo? (Aufbauorganisation)

Die Aufbauorganisation in Unternehmen regelt, wer wo und mit welchen Mitteln etwas tun soll. Die arbeitsteiligen Tätigkeiten müssen wiederum abgestimmt, d. h. koordiniert werden. Auch die Organisation einer Schülerfirma hat zum Ziel, dass die Aufgaben sinnvoll erledigt, Zuständigkeiten festgelegt und Arbeitsabläufe geregelt werden.

Folgende Aufgaben müssen dazu gelöst werden:

- Welche Abteilungen ergeben sich aus eurer Ablauforganisation? Gebt diesen Abteilungen Namen.
- Überlegt, welche von euren Mitschülerinnen und Mitschülern den einzelnen Abteilungen zugeordnet werden sollen.
- Wer soll für was verantwortlich sein? Wer hat das Sagen?
- Zeichnet eine Unternehmensstruktur als Organigramm. Tragt die Namen der Mitarbeiterinnen und Mitarbeiter ein und hängt die Aufbauorganisation an geeigneter Stelle für alle zur Einsicht aus.
- Legt eure Ergebnisse einem Experten aus einem Unternehmen vor und lasst euch beraten. Hierzu könnt ihr ggf. eine Expertenbefragung durchführen.

Beratung durch einen Wirtschaftsexperten

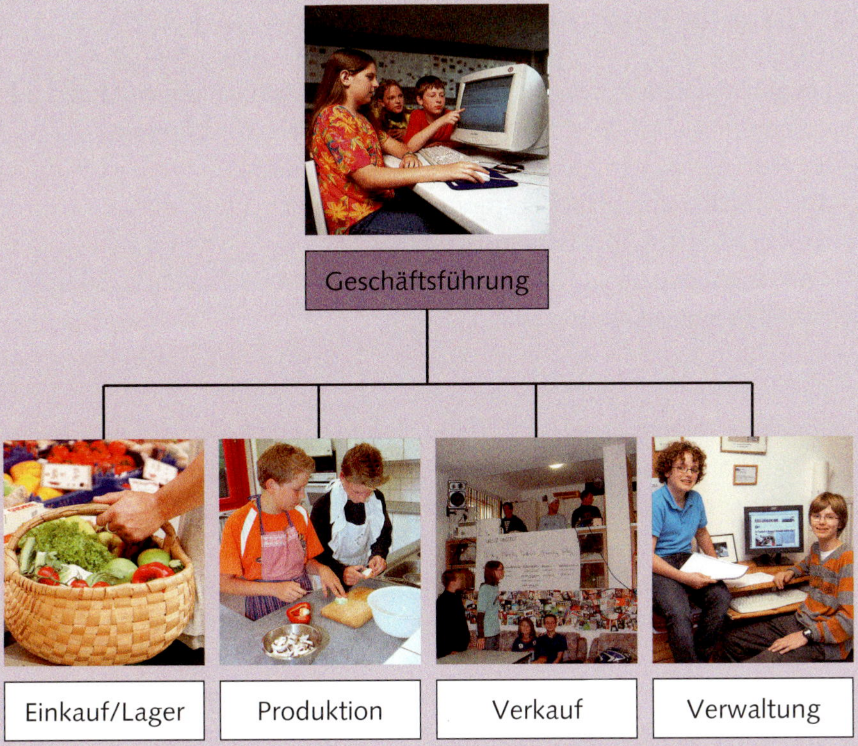

Aufbauorganisation

Die Geschäftsführung übernimmt alle Aufgabenbereiche, die der Steuerung und Lenkung des Unternehmens dienen. Dabei lassen sich zwei große Aufgabenbereiche unterscheiden:

- Aufgaben, die nach außen, auf das Umfeld des Unternehmens gerichtet sind und
- die internen Aufgaben.

In einer Schülerfirma setzt sich die Geschäftsleitung u. a. mit folgenden Fragen auseinander:

- Welches sind die kurz- und mittelfristigen Ziele unserer Firma?
- Mit welcher Zielgruppe haben wir es zu tun? Wem wollen wir etwas verkaufen?
- Welche Produkte, welche Dienstleistungen wollen wir anbieten?
- Wie organisieren wir die Struktur und die Arbeitsabläufe der Schülerfirma?
- Welche Instrumente können bei der Organisation der Arbeitsabläufe unserer Schülerfirma hilfreich sein (Zeitpläne, Organigramme, regelmäßige Treffen aller Abteilungen etc.)?
- Welches sind die richtigen Mitarbeiter für die verschiedenen Aufgaben in den Abteilungen unserer Schülerfirma? Wie wählen wir die Mitarbeiter aus?
- Wie wird die Kommunikation innerhalb der Schülerfirma (Abteilungen, Mitarbeiter) organisiert?

3 Virtuelle Unternehmen – Chancen und Risiken

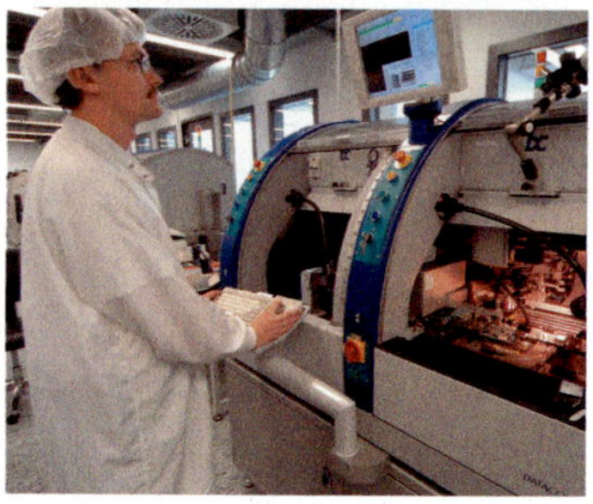

Unternehmen haben in der Regel vergleichbare Organisationsstrukturen. Als wesentliche Merkmale könnte man z. B. die folgenden aufführen:
- Es gibt Eigentümer und eine Unternehmensleitung.
- Die Arbeitnehmer haben feste Verträge mit dem Unternehmen.
- Es gibt klare Organisationsstrukturen.
- Das Unternehmen verfügt über einen oder mehrere Standorte, an denen die Mitarbeiterschaft zusammenarbeitet.
- usw.

Die neuen Technologien verändern allerdings nicht nur, wie wir bereits gesehen haben, die Art und Weise unserer Arbeit in den Unternehmen. Vielmehr entstehen durch sie auch ganz neue Unternehmensformen.

Man spricht in diesem Zusammenhang von virtuellen Unternehmen oder Organisationen. Sie sind keine festen, auf lange Zeit geplanten Gebilde. Vielmehr handelt es sich um Zusammenschlüsse mehrerer unabhängiger Einzelunternehmen oder -personen auf Zeit, um einen gemeinsamen Auftrag zu erledigen bzw. ein Geschäft abzuwickeln. Man spricht deshalb von „virtuellen Organisationen", weil die Standorte der Beteiligten keine Rolle spielen. Alle Geschäftsprozesse werden über Computernetzwerke abgewickelt. Den Kunden gegenüber treten die Partner allerdings als einheitliches Unternehmen auf.

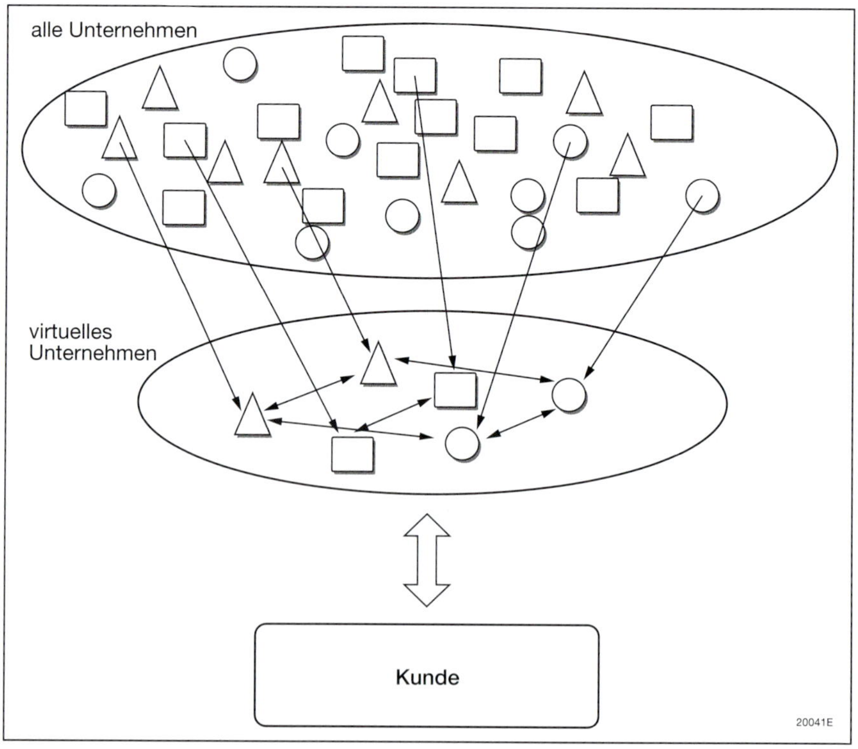

Die Partner vereinbaren meist sogenannte Leistungstauschverträge miteinander, in denen festgelegt wird, welche Leistungen jeweils von welchem Partner zu welchem Zeitpunkt erbracht werden usw. Dabei bringen die Beteiligten in einem virtuellen Unternehmen jeweils ihre besonderen Fähigkeiten ein und kombinieren diese mit denjenigen der anderen.

Als Vorteile der virtuellen Unternehmen gelten:
- Die Kosten für die Errichtung und Aufrechterhaltung einer Unternehmensorganisation werden gespart (z. B. Räume, Heizkosten).
- Es kann sehr flexibel auf neue Herausforderungen und Anforderungen von Kunden reagiert werden.
- Aufgrund der Spezialisierungen der Partner kommt es i. d. R. zu effizienten Ergebnissen.
- Die Partner können sich gemeinsam schneller in Märkten etablieren als dies alleine möglich wäre.

Die Nachteile solcher Organisationsformen sind allerdings ebenfalls zu beachten:
- Der lockere Zusammenschluss kann zu Kontrollschwierigkeiten führen, d. h., es gibt keine klare Hierarchie wie in einem herkömmlichen Unternehmen. Wer prüft also letztlich, dass jeder seine Arbeit ordnungsgemäß macht?
- Die starke Abhängigkeit der Partner voneinander birgt die Gefahr, dass Einzelne diese Situation zu ihren Gunsten ausnutzen wollen.
- Die Bestrafungen eines entsprechenden Verhaltens ist nur schwer durchzusetzen. Es handelt sich ja um gleichberechtigte Partner und nicht um Vorgesetzte und Untergebene.

Festzuhalten ist: Die Organisation virtueller Unternehmen kann in vielen Fällen sinnvoll sein. Vorausgesetzt, die Partner können einander vertrauen, machen sie gerade dort, wo sehr spezielle Kundenwünsche bestehen, Sinn.

Wo Massengüter hergestellt werden, ist jedoch die Vorgehensweise klassischer Unternehmen effizienter und kostengünstiger.

1. Erkläre in eigenen Worten den Unterschied zwischen virtuellen und traditionellen Unternehmen. ○

2. Überprüfe, warum es virtuelle Unternehmen erst seit wenigen Jahren in der beschriebenen Form gibt. Analysiere hierzu die Voraussetzungen solcher „Unternehmensgründungen“. ◒

3. Entscheide, ob in den Bereichen Kühlschrankproduktion und Softwareprogrammierung virtuelle Unternehmen sinnvoll sein könnten. Begründe deine Einschätzungen. ◒

Szenario

Mithilfe der Szenario-Methode kann man Zukunftsfragen sowie langfristige Entwicklungen behandeln und sich mit der Frage auseinandersetzen, in welche Richtung „die Reise gehen könnte". Dabei gilt es:
- die wichtigsten Einflussfaktoren auf Entwicklungsprozesse sowie deren Beziehungen und Gewichtungen zu ermitteln sowie
- wahrscheinliche oder mögliche Zukünfte, pessimistische und optimistische Zukunftsbilder als Fortsetzung der Gegenwart zu entwickeln und zu vergleichen.

Für unser Kapitel ließen sich z. B. die folgenden Aspekte untersuchen:
- Wie bewältigen deutsche Unternehmen in den nächsten zwanzig Jahren den demografischen Wandel. Wie könnte die Entwicklung im günstigsten oder schlechtesten Fall aussehen? Welche Faktoren und Maßnahmen beeinflussen dies?
- Welche Rolle werden virtuelle Unternehmen in unserer Gesellschaft in 20 Jahren spielen?
- Wie wird sich die Quote der Existenzgründungen in Deutschland entwickeln?

Erstellt eure Szenarien in Kleingruppen und stellt sie anschließend in der Klasse zur Diskussion. Geht dabei in folgenden Schritten vor:

Information und Auswahl

1. Information und Auswahl
Setzt euch intensiv mit dem vorgestellten Problem auseinander. Greift dabei auf das von der Lehrkraft zur Verfügung gestellte Material zurück.

Wählt die eurer Meinung nach wichtigsten Einflussfaktoren auf die Zukunftsentwicklung aus (z. B. absehbare technologische Neuentwicklungen, politische Entscheidungen in Form von Gesetzen o. Ä., Unternehmensentscheidungen). Klärt also, was am stärksten Einfluss auf die zukünftige Entwicklung haben dürfte, und beschränkt euch auf maximal fünf Einflussfaktoren. Setzt euch anschließend mit diesen auseinander und holt weitere Informationen ein.

Bündelung und Gewichtung

2. Bündelung und Gewichtung
Analysiert anschließend die von euch ermittelten Einflussfaktoren und nehmt die folgenden Schritte vor:
- Klärt, welche dieser Faktoren einen besonders starken und welche eher schwächeren Einfluss haben dürften. Stellt eine Reihenfolge auf und begründet diese.
- Untersucht, wie die Faktoren miteinander zusammenhängen. Zum Beispiel könnte es sein, dass der Staat Entscheidungen trifft, die wiederum bei Unternehmen dazu führen, bestimmte Maßnahmen durchzuführen.

3. Erstellung von Szenarien

Verbindet nun die unterschiedlichen Einflussfaktoren bzw. Annahmen unterschiedlicher Entwicklungsverläufe. Entwickelt dabei drei Szenarien:

- positives Extremszenario (best-case-scenario) = günstigste Zukunftsentwicklung → Arbeitet heraus, wie die Einflussfaktoren im Falle der besten Entwicklung wirken und welche Maßnahmen dazu beitragen könnten.
- negatives Extremszenario (worst-case-scenario) = schlechtester möglicher Entwicklungsverlauf → Ermittelt, wie die Einflussfaktoren und Maßnahmen im schlechtesten aller denkbaren Fälle ausgestaltet sein könnten.
- Trend-Szenario → Analysiert dann, welche Entwicklung nach heutigem Kenntnisstand am wahrscheinlichsten erscheint. Begründet eure Einschätzungen.

Man kann die Szenarien wie einen Trichter darstellen :

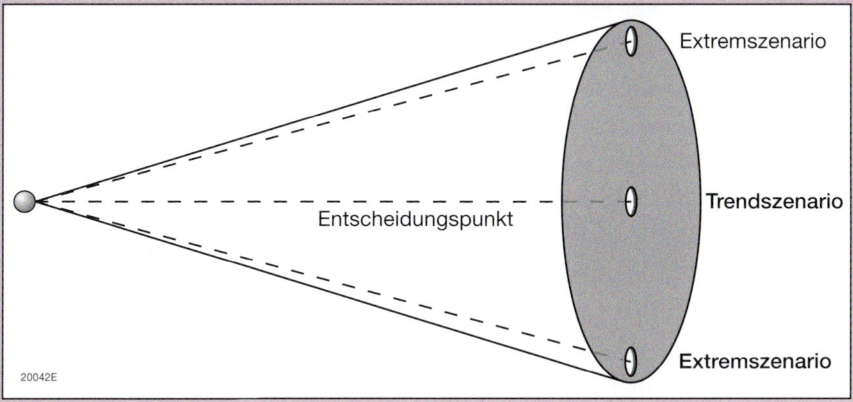

Erstellung von Szenarien

4. Auswertung und Ermittlung von Handlungsoptionen

Stellt eure entwickelten Szenarien nacheinander im Klassenverband vor und diskutiert diese. Ermittelt hierbei Gemeinsamkeiten und Unterschiede eurer Arbeitsergebnisse. Untersucht dann in einem letzten Schritt, welche Handlungen und Maßnahmen dazu führen könnten, ein positives Szenario herbeizuführen. Sammelt eure Ergebnisse.

Auswertung und Ermittlung von Handlungsoptionen

Richtig angewendet, kann die Szenario-Methode helfen, sich ein sachgerechtes Bild über denkbare zukünftige Entwicklungen zu machen. In der wirtschaftlichen und politischen Realität kommt dieses Instrument häufig zum Einsatz:

- Unternehmen versuchen mithilfe von Szenarien, rechtzeitig Entwicklungen aufzuspüren, die das Unternehmen beeinflussen könnten. Ziel ist es, frühzeitig die richtigen Maßnahmen einzuleiten.
- Gleiches gilt für den politischen Bereich. Entscheidungen können nicht erst dann getroffen werden, wenn ein Problem da ist. Vielmehr gilt es, solche schon im Vorfeld zu erkennen und frühzeitig darauf zu reagieren – was allerdings zugegebenermaßen oft nicht klappt.

Bleisatz

Linotype-Maschine

4 Lebenslanges Lernen

Noch habt ihr nicht die Schule verlassen und dann lest ihr hier, dass mit dem Ende der Schule oder nach der Beendigung der Ausbildung das Lernen noch nicht vorbei sei. Eigentlich ist das eine Binsenwahrheit, denn ihr lernt alle, euch in bestimmten Situationen „richtig" zu verhalten. Ihr werdet wahrscheinlich alle irgendwann ein Auto fahren. Außerdem werden die meisten von euch früher oder später Mutter oder Vater sein usw.
Wenn hier vom lebenslangen Lernen gesprochen wird, dann ist damit das Lernen für das Berufsleben gemeint. Ein Beispiel dafür ist der folgende Lebenslauf.

Vorsichtig werden beim Bleisatz einzelne falsche Buchstaben herausgelöst und ersetzt.

B

Vom Handsatz zum Computersatz

Franz Müller, 55, erzählt: „Ich arbeite jetzt 31 Jahre als Schriftsetzer in einer großen Druckerei. Meine Aufgabe besteht seitdem darin, Manuskripte aller Art für den Druck vorzubereiten. Damals habe ich jede Seite eines Buches Buchstabe für Buchstabe und Zeile für Zeile zusammengesetzt. Jeden Buchstaben habe ich einem Setzkasten entnommen. Modern gesprochen: Ich habe Texte erfasst und verarbeitet. Meine Leistung: das Setzen von rund 1 000 Zeichen pro Stunde. So habe ich etwa vier Stunden gebraucht, um eine Seite eines Buches von der Größe dieses Schulbuches zu setzen."

Die Arbeit als Maschinensetzer

„Da die Handsatzabteilung bei uns verkleinert wurde, bin ich auf Maschinensatz umgestiegen. Um Texte schnell erfassen zu können, belegte ich einen Kurs im Maschinenschreiben an der Fachhochschule. Denn jetzt musste ich auf einer Art Schreibmaschinentastatur den Text erfassen. Aus einem Magazin fielen dann die eingegebenen Zeichen. Waren die Zeichen für eine Seite fertig, wurde diese abgelegt. So schaffte ich in der Stunde rund 7 000 Zeichen, d. h. etwa zwei Seiten eines Buches."

Moderner Satz mit einem Layoutprogramm

Rechnergestützt arbeiten
„Ende der 1970er-Jahre zog bei uns zum ersten Mal ganz neue Technik ein. Wir bekamen Fotosatzmaschinen, auf die wir in Intensivkursen umgeschult wurden. Auch hier erfasste ich den Text, nachdem ich bestimmte Befehle, z. B. für die Seitenbreite und den Schrifttyp, eingegeben hatte, auf einer Art Schreibmaschinentastatur. Was ich schrieb, kontrollierte ich auf dem Bildschirm. Im Laufe der 1980er-Jahre wurden die Geräte immer komfortabler und in der Rechnerleistung immer schneller. Beim Erfassen bekamen wir aber Konkurrenz. Da wir Texte, die als Datei auf Diskette angeliefert wurden, einlesen konnten, verlagerte sich der Schwerpunkt unserer Tätigkeit mehr auf die Textgestaltung. So schön das Wort Schriftsetzer auch ist, so gibt es doch kein anschauliches Bild mehr von meinem Beruf."

Der Siegeszug des Computers
„Anfang der 1990er-Jahre bekamen wir schließlich die bisher neueste Technik: einen Computer, auf dem ein ausgefeiltes Layoutprogramm installiert ist. Diese Technik hatte von der Handhabung her kaum noch etwas mit dem Fotosatz zu tun. Kollegen, die vorher schon mit einem Textverarbeitungsprogramm gearbeitet hatten, fiel die Umstellung am leichtesten. Zu den Neuerungen gehörte vor allem, dass wir jetzt Bilder einscannen und sofort in die Seitengestaltung einbeziehen konnten. Wieder musste ich einige Schulungen zur Einarbeitung besuchen. Das meiste lernte ich aber im Austausch mit den Kollegen. Wenn ich zurückdenke, muss ich sagen, dass ich ohne Arbeitsplatzwechsel nach der Lehre drei neue Arbeitstechniken lernen musste."

Franz Müller steht stellvertretend als Beispiel dafür, dass man sich weiterbilden muss, um sich auf die veränderten Arbeitsbedingungen einstellen zu können.

1. Befragt Verwandte und Bekannte nach der Modernisierung in ihrem Beruf und nach den Anpassungen an die jeweils neuen Situationen. Wenn ihr dazu auch passende Bilder bekommt, könnt ihr zu den verschiedenen Berufen und deren Veränderungen z. B. eine Wandzeitung gestalten. ●

2. Erklärt, warum der Bedarf nach „lebenslangem Lernen" heute so häufig hervorgehoben wird – denn beruflich anpassen mussten sich ja schon eure Großeltern. ◒

Bauarbeiter in einer Weiterbildungmaßnahme

Weiterbildungsmaßnahme für Lehrerinnen

INFO

Träger beruflicher Weiterbildung sind z. B.:
Abendschulen
Akademien
Anbieter für E-Learning
Anbieter für Fernunterricht
(Berufs-)Kollegs
Berufsverbände
Bildungswerke
Bildungszentren der Kammern
(Industrie- und Handelskammer,
Handwerkskammer)
Fachhochschulen
Fachoberschulen
Fachschulen
Gewerkschaftliche Einrichtungen
Hochschulen
Kirchliche Einrichtungen
Private Bildungseinrichtungen
Unabhängige, nichtkommerzielle Einrichtungen

Quelle: http://infobub.arbeitsagentur.de/bbz/hefte/BBZ_01_Weiterbildung.pdf

Weiterbildung

Wenn man sich heute für einen Beruf entscheidet, muss man sich auf die Veränderungen in der Arbeitswelt einstellen. Gerade jüngere Arbeitnehmer müssen sich mit unterschiedlichen Anforderungen auseinandersetzen. Häufig müssen sie sich nicht nur an die neuen Technologien, sondern auch an die Veränderungen des Arbeitsmarktes anpassen. Das heißt z. B., dass sie teilweise nur Teilzeitbeschäftigungen ausüben können, befristete Arbeitsverträge haben oder über Zeitarbeitsfirmen arbeiten. Auch Selbstständigkeit wird den zukünftigen Arbeitnehmern immer mehr abverlangt.

Um mit diesen Anforderungen zurechtzukommen, müsst ihr euch darauf einstellen, in eurer beruflichen Laufbahn beweglich zu sein. Ihr solltet nicht darauf hoffen, den einmal gelernten Beruf ohne Veränderungen bis zur Rente ausüben zu können. Was kann euch dabei helfen?

Zunächst stehen bei der Wahl eures Erstberufes sicherlich eure Interessen und Fähigkeiten im Vordergrund. Ihr solltet euch aber auch fragen, welche Chancen euch der Beruf für eine sichere berufliche Zukunft bietet. Denn inzwischen wissen wir: Den Beruf fürs Leben gibt es nicht. Manche Berufe verändern sich oder sterben sogar aus.
Auch in eurem Ausbildungsberuf müsst ihr damit rechnen. Daher ist es ratsam, sich bereits frühzeitig über Möglichkeiten der Weiterbildung zu informieren. Vielfältige Angebote bieten dazu auch die beruflichen Schulen. Aber auch in anderen Einrichtungen und Institutionen gibt es in fast allen Berufsrichtungen Aufstiegsfortbildungen in Form von Kursen, die mit einer staatlich anerkannten Prüfung abschließen.

1. Nenne die Herausforderungen, vor denen Arbeitnehmer heute im Arbeitsleben stehen. ○

2. Erläutere die Bedeutung der Weiterbildung in Berufslaufbahnen. ◒

Umsetzung der Weiterbildung

Welche Möglichkeiten aber habt ihr, lebenslanges Lernen in die Tat umzusetzen, und wie findet ihr eine geeignete Weiterbildung?
Um bei den vielen Angeboten zur Weiterbildung nicht den Überblick zu verlieren, solltet ihr eure Schritte genau planen.
Zunächst solltet ihr euch Folgendes fragen:

1. In welcher Situation befinde ich mich? (Hier helfen z. B. Selbsttests, um den Weiterbildungsbedarf festzustellen.)
2. Welches Ziel möchte ich erreichen? (berufliche Verbesserung, Mithalten mit neuen Anforderungen, berufliche Umorientierung)
3. Welche Möglichkeiten gibt es, dorthin zu kommen? (Welche Weiterbildungsangebote gibt es? Wo gibt es sie? Wer kann mich beraten?)

Ihr habt ganz unterschiedliche Möglichkeiten, euch weiterzubilden. Es gibt berufliche Fortbildungen, um z. B. eine zusätzliche Qualifikation zu erwerben, um seinen Beruf weiter ausüben zu können oder auch um beruflich aufzusteigen. Und dann ist es auch möglich, dass man seinen gelernten Beruf nicht mehr ausüben kann und eine Umschulung für einen anderen Beruf notwendig wird.
Daneben gibt es auch noch betriebliche Weiterbildungen. Die Unternehmen haben Interesse, dass sich die Arbeitnehmer weiterbilden, damit diese immer auf dem neuesten Stand sind. Diese Weiterbildungen finden dann in den Unternehmen selbst statt.
Und dann kann es sein, dass man für sein berufliches Fortkommen einen höheren Schulabschluss braucht. In diesem Fall besteht die Möglichkeit, noch einmal die Schulbank zu drücken, um den fehlenden Schulabschluss nachzuholen (s. Grafik).

INFO

Weiterbildung, was ist das eigentlich?
Im Sinne des Berufsbildungsgesetzes (BBiG) wird die **berufliche Weiterbildung** auch als **Fortbildung** bezeichnet und ist eine Form der Erwachsenenbildung, die dazu dient, berufliche Fähigkeiten von Arbeitnehmern, aber auch Arbeitslosen zu erhalten und zu erweitern.

Quelle: http://infobub.arbeitsagentur.de/bbz/hefte/BBZ_01_Weiterbildung.pdf

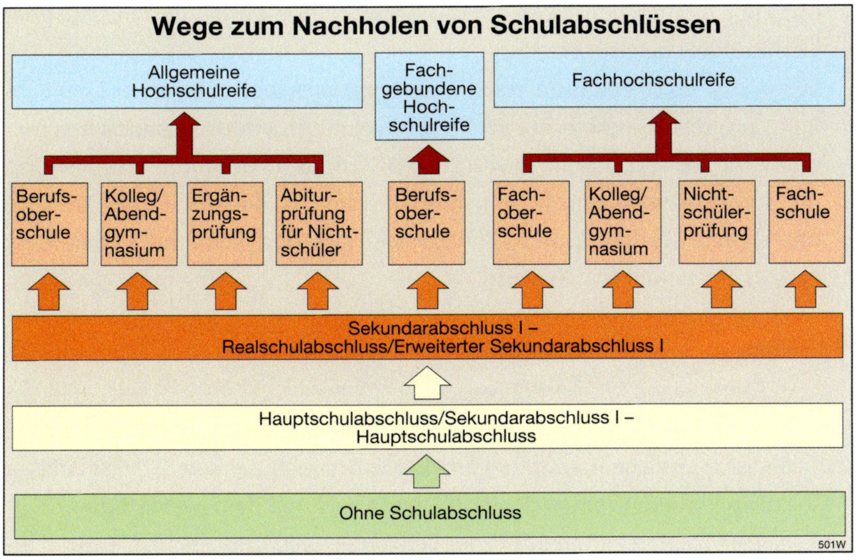

5 Mindestlohn und Grundeinkommen

Q **Schützen Mindestlöhne vor Armut?**
In Deutschland nimmt die Zahl der Menschen, die trotz Arbeit in Armut leben, immer weiter zu. Etwa 2,5 Mio. der deutschen Beschäftigten – so wird geschätzt – erhalten Löhne unterhalb der Armutsgrenze, die nicht zur Sicherung des Existenzminimums ausreichen.

Immer wieder wird dieses Problem in der Politik und der Wirtschaft diskutiert, und es wird von vielen ein Mindestlohn für Beschäftigte gefordert, damit sich die Arbeit für alle lohnt. Dazu gibt es unterschiedliche Meinungen:

Befürworter von Mindestlöhnen sehen darin einen Mindeststandard: Ein Mindestlohn sichere den Beschäftigten ein Existenzminimum. Sie argumentieren ferner, es gäbe Fälle, in denen der Markt nicht immer fähig sei, die Lohnhöhe durch Angebot und Nachfrage selbst zu bestimmen. Durch Mindestlöhne werde dieses Gleichgewicht geschaffen. Zudem führe ein Mindestlohn zu einer besseren Qualität der Arbeitsergebnisse, da die Arbeitnehmer motivierter sind. Außerdem soll sichergestellt werden, dass Arbeitskräfte aus dem Ausland nicht ausgebeutet werden, da auch für sie die Mindestlöhne gelten. Mindestlöhne würden zudem einen Schutz der Arbeitskräfte des einheimischen Arbeitsmarktes bieten, da sie auch für Arbeitnehmer aus sog. „Billiglohnländern" gelten würden.

Gegner hingegen befürchten, dass Mindestlöhne die Arbeitslosigkeit erhöhen, da Arbeitgeber durch die festgelegte Lohnhöhe davon abgeschreckt werden, neue Arbeitsplätze zu schaffen. Kritisiert wird zudem eine unnötige Regulierung des Arbeitsmarktes. Der Markt sei in der Lage, die Lohnhöhe selbst zu bestimmen. Der Mindestlohn führe nicht nur zum Anstieg der Preise, da die Arbeit teurer werde, und müsste vom Verbraucher bezahlt werden.
Wenn der Lohn nicht ausreicht, bekommen Arbeitnehmer in Deutschland bereits zusätzlich Hartz-IV-Einkommen, wodurch faktisch schon ein Mindestlohn bestehen würde. Außerdem fördere der Mindestlohn die Schwarzarbeit und Scheinselbstständigkeit, da so die Lohngrenzen unterboten werden. Außerdem verstärke sich der Trend zur Verlagerung ganzer Branchen ins Ausland.

Quelle:
nach: www.school-scout.de

1. Stelle die Pro- und Kontra-Argumente zur Einführung eines Mindestlohns in Deutschland tabellarisch gegenüber. ○

2. Beurteile, welche Auswirkungen ein Mindestlohn auf den Arbeitsmarkt haben könnte. Werden deiner Meinung nach mit dem Mindestlohn Arbeitsplätze geschaffen oder eher vernichtet? Begründe deine Meinung. ◒

Im Frühjahr 2012 gab es in Deutschland nur in einigen Branchen festgeschriebene Mindestlöhne.

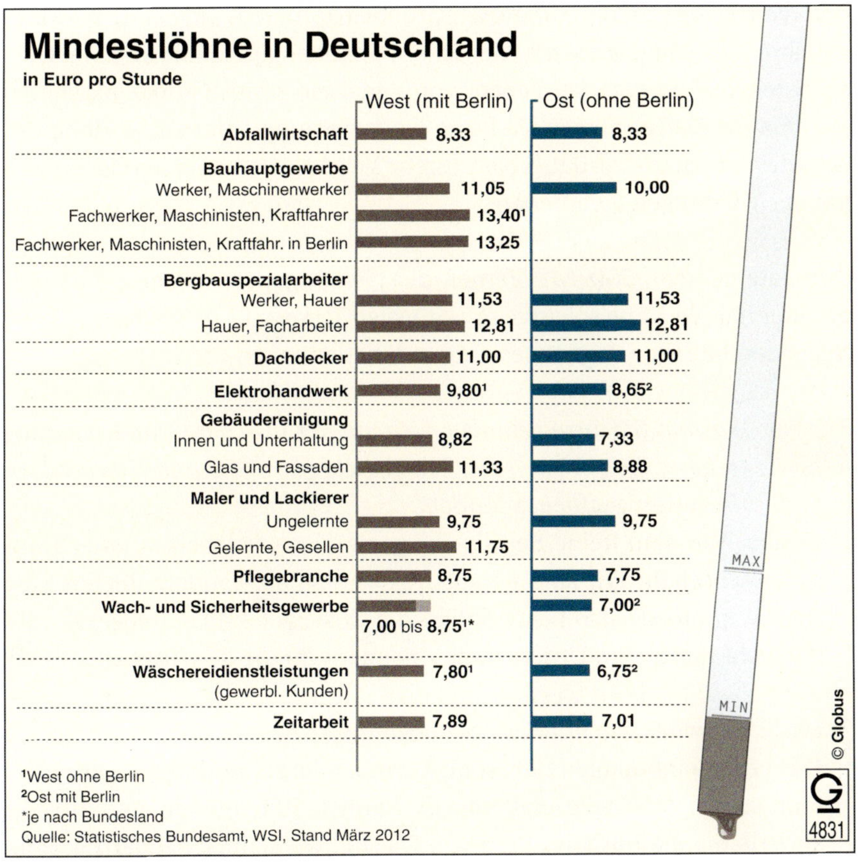

Allerdings bekam die politische Diskussion hierüber zum gleichen Zeitpunkt neuen Schwung. Die Parteien CDU und CSU, die sich bisher gegen die Einführung von flächendeckenden Tarifverträgen ausgesprochen haben, wollen diese nun – unter bestimmten Bedingungen – zulassen.

Q Überall, wo Arbeitsverhältnisse nicht von Tarifverträgen geregelt werden, sollen Firmen künftig eine durch Rechtsverordnung festgesetzte Lohnuntergrenze beachten müssen. Deren Höhe soll im Regelfall von einer Kommission aus je sieben Gewerkschafts- und Arbeitgebervertretern ausgehandelt werden. Ihre Lohnuntergrenze soll stets durch reguläre Tarifverträge unterschritten werden dürfen – außer, der Tarifvertrag ist schon seit mehr als 18 Monaten gekündigt. […] Die SPD wirbt für einen Mindestlohn von 8,50 Euro. Auch sie will die Details und jährliche Erhöhungen von einer Kommission aushandeln lassen. Ihr Mindestlohn soll aber nicht per Tarifvertrag unterschritten werden dürfen.

Quelle:
Creutzburg, D./Inacker, M, Handelsblatt, 26.04.2012, 4

1. Analysiere die Grafik und überlege, warum gerade in diesen Branchen Mindestlöhne vereinbart wurden.

Starthilfe zu Aufgabe 1:
Denke daran, dass Mindestlöhne insbesondere sicherstellen sollen, dass sich die Arbeit für die Menschen „lohnt“. Warum ist das gerade in diesen Arbeitsbereichen in Gefahr?

Bedingungsloses Grundeinkommen

Während es beim Mindestlohn darum geht, den Menschen, die arbeiten, zu garantieren, dass sie genügend Geld zum Leben verdienen, verfolgen die Befürworter eines bedingungslosen Grundeinkommens eine andere Strategie. Ihre Idee ist es, dass alle Menschen, unabhängig davon, wie viel Geld sie bereits haben oder verdienen, vom Staat ein festes Grundeinkommen bekommen. Dafür müssen sie keine Gegenleistung liefern. Die Höhe des Grundeinkommens soll dabei die Existenz sichern. Wer mehr verdienen will, hat die Möglichkeit zu arbeiten.

Der Unternehmer Götz M. Werner, der die Drogeriemarktkette *dm©* gegründet hat, wirbt beispielsweise seit vielen Jahren für dieses Konzept. Im folgenden Interview legt er seine Grundüberlegungen dar:

Götz M. Werner

Q

Was hat Sie dazu gebracht, sich mit der Idee der Grundsicherung zu beschäftigen? [...] Erst wenn Geld für Miete und Essen da ist, kann überhaupt gearbeitet werden?

Genau. Wir sind keine Selbstversorger mehr, wir leben in einer Konsumgesellschaft. Wir sind darauf angewiesen, dass andere für uns tätig sind. Wir müssen also Leute finden, die einsteigen und mitmachen – das gilt nicht nur für ein Unternehmen, sondern für die Gesellschaft an sich.

Und das wollen Sie mit dem Grundeinkommen erreichen?

Das Grundeinkommen sichert die Grundbedürfnisse ab. Erst dann kann man sagen: Jetzt zeig mal, was du kannst. Wir müssen Verhältnisse ändern, die die Initiative bremsen. Da sind wir schnell bei der Einkommensfrage, bei der Steuerfrage. Je mehr Freiheit, desto größer die Chance, dass der Einzelne gute Arbeit leistet.

Sie glauben, dass jeder willens ist zu arbeiten?

Es wird immer Menschen geben, die partout nicht arbeiten, die in ihren Hängematten verschwinden – na und? Dann hängen sie diese wenigstens nicht mehr im Unternehmen auf, sonder zu Hause im Garten. Aber das Grundeinkommen würde vielen eine ganz neue Perspektive geben. Man wäre freier und in der Lage, überhaupt ein Risiko einzugehen. Dadurch wird das kreative Potenzial des Einzelnen frei, das würde die Gesellschaft voranbringen.

Aber wie soll das finanziert werden?

Schon heute leben 62 Prozent der Bevölkerung hauptsächlich von Transferleistungen [z. B. Hartz IV] und nur noch 38 Prozent überwiegend von eigener Arbeit. Außerdem gibt es schon heute grundeinkommensähnliche Leistungen wie das Kindergeld. Diese Leistungen könnte man als Grundeinkommen in der Verfassung garantieren – und im Gegenzug alle Steuern bis auf die Konsumsteuer abschaffen.

INFO

Konsumsteuer:
Diese wird auf den Konsum von Gütern und Dienstleistungen erhoben. Ob Kinobesuch oder Cola-Kauf, in jedem Fall geht ein gewisser Prozentsatz des Geldes an den Staat.

Quelle:
Amann, S., Spiegel online, 16.06.2008

Diskutiert werden seit langer Zeit unterschiedliche Konzepte des Grundeinkommens. Uneinigkeit herrscht beispielsweise darin,
- wie hoch die staatlichen Zahlungen ausfallen sollten (die Vorschläge reichen von wenigen Hundert Euro bis zu 1 500 Euro),
- woher das Geld genommen werden (z. B. Konsum- und/oder Einkommenssteuer) und
- ab wann gezahlt werden sollte (beispielsweise ab Geburt),
- ob tatsächlich keinerlei Gegenleistungen der Empfänger notwendig sind.

Wie wirkt das bedingungslose Grundeinkommen?

In der derzeitigen politischen Auseinandersetzung spielt die Einführung eines solchen bedingungslosen Grundeinkommens, im Gegensatz zur Diskussion um Mindestlöhne, kaum eine Rolle. Im Jahr 2012 haben von den größeren Parteien nur „Die Piraten" und „Die Linken" entsprechende Forderungen in ihren Programmen. Weltweit gibt es bislang nur wenige Versuche der Einführung (u. a. in Brasilien und der Mongolei).

Die Befürworter des bedingungslosen Grundeinkommens weisen darauf hin, dass schon heute ein Großteil der Arbeit nicht mehr bezahlt werde (z. B. Kindererziehung) und viele Menschen bereits ganz oder teilweise vom Sozialsystem, das kompliziert und teuer sei und sie gesellschaftlich ausgrenze, abhängig seien.

Kritiker solcher Regeln führen hingegen u. a. die folgenden Punkte an:
- Der notwendige Umbau des gesamten Systems würde erst einmal riesige Kosten verursachen.
- In keinem Modell könnten die tatsächlichen Auswirkungen, z. B. auf den Arbeitsmarkt und die Preise, wirklich vorhergesagt werden.
- Es bestehe immer die Gefahr, dass zukünftig mehr Menschen keinen Anreiz mehr sehen würden, eine Arbeit aufzunehmen. Dies gilt vor allem für einfache und vielfach weniger gut bezahlte Aufgaben. Wie die Menschen dann wirklich reagieren würden, kann heute niemand vorhersagen.
- Zudem mache es wenig Sinn, wohlhabende Menschen mit zusätzlichen Staatsmitteln zu versorgen.
- Generell könnte das System von vielen Bürgerinnen und Bürgern als ungerecht empfunden werden.

1. Beschreibe das von Götz M. Werner entwickelte Modell. Informiere dich über die von ihm angedachte Struktur: Wer soll das Grundeinkommen bekommen? Wie wird es finanziert? Usw. ○

2. Befrage hierzu auch deine Eltern und ältere Verwandte zu ihrer Einschätzung und dokumentiere diese. ●

3. Bewerte die Chancen der Einführung eines solchen Grundeinkommens in Deutschland. ◒

Starthilfe zu Aufgabe 3: Überlege zuerst, wer in der Gesellschaft sich dafür und wer dagegen aussprechen könnte. Denke weiterhin daran, welcher Aufwand mit der Systemumstellung einhergehen würde.

B Geburtstagsfeier in der Familie von Kevin und Lisa. Das Wohnzimmer ist voll mit Tanten und Onkels. Ihr Vater unterhält sich mit seiner jüngsten Schwester Maren und ist erstaunt, dass diese bereits wieder begonnen hat zu arbeiten. „Deine Janine ist ja gerade mal geboren, geht das denn schon?", fragt er. „Na hör mal, sie ist 18 Monate alt. Und ja, das geht. Ich habe einen Kitaplatz bekommen und mein Arbeitgeber hat ein flexibles Arbeitszeitsystem für uns junge Mütter eingerichtet. Da kann ich halbtags arbeiten und die Stunden auch mal anders verteilen, wenn gerade etwas anliegt." „Das ist aber nett vom Unternehmen." „Nett? Ihm bleibt gar nichts anderes übrig. Auf dem Arbeitsmarkt findest du gerade kaum Leute mit meinen Qualifikationen, da ist eine richtige Lücke im Betrieb entstanden. Junge Fachkräfte fehlen überall. Da mussten die was tun, ob die das wollten oder nicht." „Verstehe. Bei uns fängt man gerade an, die Mitarbeiter umfassend weiterzubilden. Das ist aber auch notwendig bei den vielen Veränderungen, die immer anstehen. Wenn ich nur daran denke, dass ohne Computer heute gar nichts mehr bei uns geht."

Was wir hier erkennen können:

- Unsere Gesellschaft verändert sich. Immer mehr ältere stehen immer weniger jüngeren Menschen gegenüber. Das nennt man den demografischen Wandel.
- Eine Folge: In einigen Wirtschaftsbereichen gibt es heute schon einen Mangel an gut ausgebildeten Fachkräften, was den Unternehmen große Probleme bereitet.
- Sie verändern deshalb ihre Strukturen, um beispielsweise qualifizierten jungen Frauen eine schnelle Rückkehr in den Beruf zu ermöglichen. Ein Mittel ist dabei die Einführung von flexiblen Arbeitszeitmodellen.
- Darüber hinaus spielt auch die Weiterbildung der vorhandenen Arbeitnehmer eine große Rolle. Diese ist meist schon aufgrund der sich stetig verändernden Techniken notwendig.

B Abends auf der Terrasse hat die Mutter etwas Neues zu berichten. „Habt ihr das schon gehört. Der Sebastian Meier von nebenan hat sich selbstständig gemacht. Der entwickelt irgendwelche Programme für diese neuen Tablet-PCs und Smartphones. Das läuft wohl ziemlich gut, hat seine Mutter erzählt. Er hat schon vier Angestellte und sucht gerade nach neuen Büroräumen. Und was spannend klang war, dass der sich bei Projekten wohl mit anderen kleineren Unternehmen zusammentut und so auch mit größeren Unternehmen konkurrieren kann." „Oh Mann", sagt Kevin, „ich mach mich später auch selbstständig. Dann bin ich mein eigener Herr und niemand redet mir rein." „Mal langsam, junger Mann", bremst der Vater. „Bring erst einmal die Schule erfolgreich zu Ende. Und im Übrigen ist das nicht so einfach. Um erfolgreich zu sein, muss man gerade am Anfang richtig ackern. Und auf die Idee kommt es an. Wer da auf das falsche Pferd setzt, der hat schnell Schulden". „Ach, da fällt mir schon was ein … wirst sehen. Irgendwann habe ich 100 Mitarbeiter und du darfst dann meine Hallen besichtigen." „Na, warten wir es mal ab. Aber schön wäre es natürlich, würde ja auch die Arbeitslosigkeit in der Region senken. Und meine Rente sichern."

Was wir hier erkennen können:

- Viele Menschen gründen nach ihrer Ausbildung oder ihrem Studium ein Unternehmen und machen sich selbstständig. Dazu brauchen sie eine gute Idee, aber auch genügend Startkapital und Durchhaltevermögen.
- Erfolgreiche Unternehmen entwickeln neue Güter und Dienstleistungen für den Markt, schaffen Arbeitsplätze und erhöhen die Einnahmen des Staates.
- In manchen Bereichen arbeiten Einzelunternehmer für Projekte zusammen. Der Austausch erfolgt dann über das Internet. Man spricht von sogenannten virtuellen Unternehmen.

B Die Eltern sitzen abends vor dem Fernseher und sehen die Nachrichten. Eine der heutigen Schlagzeilen lautet: Derzeit wird die Einführung von flächendeckenden Mindestlöhnen diskutiert. Die Bundesarbeitsministerin legt in Kürze einen entsprechenden Vorschlag vor. „Das wird aber auch Zeit", sagt die Mutter, „Es kann ja nicht sein, dass Menschen z. B. den ganzen Tag putzen gehen und dann reicht das Geld nicht mal zum Leben." „Das stimmt", kommt es vom Vater, „aber man muss auch vorsichtig sein. Wenn die Löhne zu hoch gesetzt werden, dann stellen die Unternehmen gar keinen mehr ein. Das dürften noch komplizierte Verhandlungen werden." „Wie immer", erwidert die Mutter. „Ist ja auch kein Wunder, dass Arbeitgeber und Gewerkschaften hier unterschiedliche Interessen haben."

Was wir hier erkennen können:

- Mindestlöhne sollen sicherstellen, dass alle Arbeitnehmer mit ihrer Arbeit genug zum Leben verdienen.
- Mindestlöhne können sich aber auch nachteilig auswirken, wenn sie z. B. so hoch sind, dass die Unternehmen gar keine Menschen zu diesen Bedingungen mehr einstellen, weil es sich für sie nicht lohnt.
- In der deutschen Politik streitet man sich darüber, wie ein bundesweiter Mindestlohn eingeführt werden kann, wer in den Wirtschaftsbereichen deren Höhe festlegen soll usw.
- Während die Gewerkschaften ihre Einführung fördern, warnen viele Arbeitgeber vor negativen Folgen.

1. Fasse die deiner Meinung nach wichtigsten Erkenntnisse auf diesen Seiten zusammen. Tausche dich anschließend mit deinem Sitznachbarn hierüber aus.

In diesem Kapitel haben wir uns mit unterschiedlichen Aspekten der Arbeitswelt auseinandergesetzt. So ging es um Fragen bezüglich
- der Umgestaltung von Unternehmen im Rahmen des demografischen Wandels,
- der Notwendigkeit des lebenslangen Lernens,
- der Herausforderungen und Möglichkeiten der Gründung von Unternehmen sowie
- der Ausgestaltung von Mindestlöhnen und der des Grundeinkommens.

Mithilfe der folgenden Fragen kannst du überprüfen, ob du die wichtigsten Kompetenzen erworben hast.

1. Unsere Gesellschaft wird im Durchschnitt immer älter, dies bezeichnet man als demografischen Wandel. Gleichzeitig bemühen sich viele Unternehmen darum, Strukturen aufzubauen, die es auch jungen Frauen mit Kindern ermöglichen sollen, zu arbeiten. Beschreibe den Zusammenhang zwischen den beiden Entwicklungen.

2. Herr P. hat einen Handwerksbetrieb gegründet. Auf die Frage, warum er sich als Fliesenleger selbstständig gemacht hat, antwortet er: „Also zuerst einmal wollte ich mein eigener Herr sein und eigene Entscheidungen treffen."
Ermittle weitere Motive für die Gründung von Unternehmen.

3. Lies die folgenden Aussagen und bewerte, welche davon richtig sind:
a) Eine zu große Zahl von Existenzgründungen ist für die deutsche Volkswirtschaft schädlich, da diese einen hohen Verwaltungsaufwand hervorruft.
b) Unternehmensgründungen sorgen für mehr Konkurrenz und Wettbewerb auf den Märkten, was schädlich ist.
c) Existenzgründungen sind zu begrüßen, da durch sie neue Arbeitsplätze entstehen.
d) Durch neue Unternehmen steigen die Abgabe- und Steuereinnahmen des Staates.
e) Wenn Unternehmen pleitegehen, gehen auch die Arbeitsplätze verloren. Deshalb sollte in vielen Fällen lieber gleich auf die Gründung verzichtet werden.

4. Nimm Stellung zu folgender Aussage: „Es ist nicht so wichtig, ob ein Unternehmensgründer flexibel ist und sich schnell an Veränderungen anpassen kann. Im Notfall helfen ihm immer staatliche Behörden".

5. Erkläre den Unterschied zwischen einem „virtuellen" und einem „traditionellen" Unternehmen.

6. Schülerfirmen haben häufig Firmenpaten, die sie beraten. Z. B. hat eine Schülerfirmen-Werbeagentur eine Druckerei als Paten. Entscheide, in welchen Fragen die Druckerei die Schüler beraten kann. ◒

7. Das lebenslange Lernen (engl. life-long-learning) bestimmt mittlerweile den Berufsalltag vieler Menschen. Beschreibe in eigenen Worten, welche Zusammenhänge mit dem folgenden Dreieck dargestellt werden. ◒

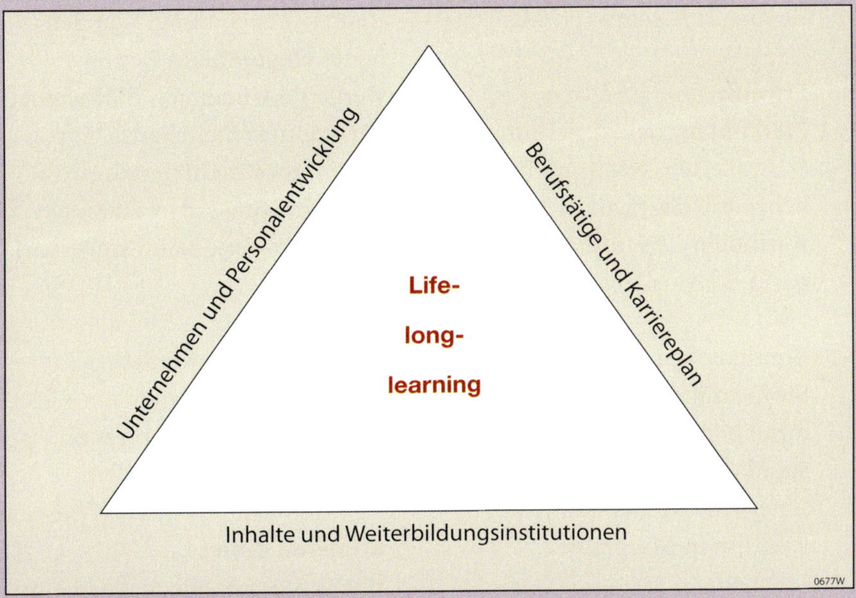

8. Stelle die zentralen Argumente der Befürworter und Gegner von flächendeckenden Mindestlöhnen einander gegenüber. ○

9. Lege dar, was unter dem bedingungslosen Grundeinkommen verstanden wird. Mache dabei deutlich, wie sich ein solches Grundeinkommen von Mindestlöhnen auf der einen und Sozialleistungen wie Hartz-IV-Zahlungen auf der anderen Seite unterscheidet. ◒

Angebot:
Die auf einem Markt bereitgestellte Menge von Gütern und Dienstleistungen.

Arbeitsschutz/Arbeitssicherheit:
Am Arbeitsplatz gibt es zahlreiche Gefährdungsquellen für den arbeitenden Menschen. Diese umfassen physische, seelische, geistige und sittliche Gefährdungen. Die Arbeitgeber sind gesetzlich verpflichtet, die Arbeitsschutzgesetze einzuhalten. Wesentlicher Teil des Arbeitsschutzes ist der technische Arbeitsschutz, durch den der Umgang mit Geräten, Anlagen etc. so geregelt wird, dass keine Arbeitnehmergefährdung entsteht.

Aromastoffe:
(Aroma, griech.: Gewürz), leicht flüchtige chemische Verbindungen.

Betriebsrat:
Der Betriebsrat ist das gesetzliche Organ zur Vertretung der Arbeitnehmerinteressen in Betrieben des privaten Rechts. Seine Hauptaufgabe besteht in der Wahrnehmung der im Betriebsverfassungsgesetz festgelegten Rechte gegenüber der Unternehmensleitung.

Bionik:
Die Bionik befasst sich mit dem Zusammenhang von Natur und Technik. Bioniker untersuchen, wie für technische Aufgabenstellungen Prinzipien der Biologie genutzt werden können.

Brennstoffzelle:
Wandelt Wasserstoff direkt in elektrische Energie um.

CAD:
vgl. Infokasten auf der Seite 54

CAM:
(Computer Aided Manufactoring) Computer unterstützte technische Steuerung und Überwachung von Maschinen und Anlagen.

Convenience-Food:
Industriell vorgefertigte Lebensmittel.

Demografischer Wandel:
Der demografische Wandel bezeichnet die Tendenzen einer Bevölkerungsentwicklung.

Eiweiß:
Man unterscheidet tierisches (z. B. Fleisch, Fisch) und pflanzliches Eiweiß (z. B. in Nüssen, Kartoffeln). Es fördert das Körper- und Muskelwachstum.

Emulgatoren:
Stoffe, mit denen zwei nicht mischbare Phasen zu einer beständigen, einheitlichen Masse vermischt werden können, z. B. Lecithin in Margarine.

Ernährungskreis:
Ein Modell, das zeigt, welche Nahrungsmittel wir essen sollen.

Existenzgründung:
Die Realisierung der beruflichen Selbstständigkeit bezeichnet man als Existenzgründung.

Fett:
Fett kann in flüssiger, halbfester (streichfähiger) und fester Form auftreten. Es gibt tierische und pflanzliche Fette. Pflanzliche Fette sind gesünder für den Körper. Fett speichert Wärme und Energie. Manche Fette sind nützlich bei der Verarbeitung von Vitaminen.

Funktionsorgane:
Gesamtheit von Bauteilen bzw. Bauelementen, die im Zusammenwirken innerhalb einer Maschine einen bestimmten Zweck erfüllen.

Generationenvertrag:
Der Generationenvertrag bildet die Grundlage der gesetzlichen Rentenversicherung. Von den heute eingezahlten Beiträgen werden die heutigen Einkommen der Rentner finanziert. Die von einem Arbeitnehmer eingezahlten Beiträge werden also nicht für seine eigene Rente angespart.

Hybridantrieb:
Antriebsform besonders bei Fahrzeugen, bei denen ein Elektromotor und ein Verbrennungsmotor kombiniert werden.

Kohlenhydrate:
Wichtigste Energiequelle, die in Brot, Nudeln, Reis, Kartoffeln, Obst und Gemüse enthalten ist.

Konservierungsstoffe:
Stoffe, die den Verderb von Lebensmittel verhindern sollen und sie länger haltbar machen.

Markt:
Ort, an dem sich Anbieter und Nachfrager treffen, um Güter und Dienstleistungen zu tauschen. Der „Ort" kann dabei ein Geschäft aber genauso auch ein Internetportal sein.

Mindestlohn:
Kleines rechtlich zulässiges vom Staat festgelegtes Arbeitsentgelt. Dieses kann sich auf einen Stunden- oder Monatslohn beziehen. Des Weiteren sind regionale und branchenspezifische Variationen vorhanden.

Mineralstoffe:
Obst, Gemüse und Milch enthalten besonders viele Mineralstoffe, wie z. B. Natrium, Kalium, Calcium, Magnesium, Jod und Eisen. Sie sind für den Körperaufbau notwendig und sorgen dafür, dass z. B. Muskeln und Nerven gut zusammenarbeiten.

Nachfrage:
Das Verlangen von Gütern und Dienstleistungen zur Befriedigung von Bedürfnissen.

Nährstoffe:
Unter ihnen werden die Energie liefernden Stoffgruppen Kohlenhydrate, Eiweiß, Fett, Vitamine, Mineralstoffe und Wasser zusammengefasst.

Ökologie:
Lehre von den Wechselbeziehungen zwischen den Organismen untereinander und mit ihrer unbelebten und belebten Umgebung.

Optimale Lösung:
An Maschinen und technischen Anlagen werden vielfältige Anforderungen gestellt, die sich gegenseitig beeinflussen und manchmal sogar widersprechen. Es gibt kaum eine Maschine, die eine Ideallösung darstellt. Es ist immer eine Kompromisslösung, die die unterschiedlichen Anforderungen optimal verbindet.

Produkt:
In der Wirtschaft meint man damit die hergestellten Waren, die gekauft werden können.

Selbstständigkeit:
Bei einer Selbstständigkeit trägt der Selbstständige bei der Ausübung seiner Berufstätigkeit das volle finanzielle Risiko.

Technische Systeme:
Maschinen oder Anlagen, die aus verschiedenen Bauteilen zusammengesetzt sind und eine bestimmte Funktion erfüllen.

Verbraucherzentrale:
Einrichtung in jedem Bundesland, die die Interessen der Verbraucher vertritt und diesen hilft.

Vitamine:
Sie schützen unsere Gesundheit und sind für unsere Leistungsfähigkeit unbedingt notwendig.

Vollwertige Ernährung:
Sie richtet sich nach den Empfehlungen des Lebensmittelkreises bzw. der -pyramide und den Regeln der Deutschen Gesellschaft für Ernährung.

Weiterbildung:
Berufliche Weiterbildung ist notwendig, um die erworbenen Kenntnisse zu aktualisieren und auszuweiten.

Werbebotschaft:
Durch die Werbebotschaft soll ein bestimmtes Gefühl oder eine bestimmte Nachricht vermittelt werden.

Werbeträger:
Transporteure für Werbung, z. B. Fernsehen.

Werbung:
Ziel ist es, das Nachfrageverhalten von Personen zu steuern, damit bestimmte Produkte bevorzugt gekauft werden. Es wird zwischen informierender und manipulierender Werbung unterschieden.

Work-Life-Balance:
Vereinbarkeit von Beruf und Privatleben.

Zusatzstoffe:
Alle Stoffe, die nicht normale Lebensmittelrohstoffe oder deren Inhaltsstoffe sind und die bei der Herstellung von Lebensmitteln eingesetzt werden. Sie dürfen nur nach amtlicher Zulassung verwendet werden und müssen gesundheitlich unbedenklich sein.

A1PIX, Taufkirchen: 191 u.
action press, Hamburg: 148 re. (CREAPS)
adpic, Bonn: 144 li. (E. Wodicka)
Agentur a-location, Berlin: 28 (J. Hejkal)
akg-images, Berlin: 63 2. v.u.
alamy images, Abingdon: 124 u. (J. Bernard)
AndersARTig, Braunschweig: 64 (3) (B. Funke), 121, 177
argus , Hamburg: 162 li.u. (H. Schwarzbach)
Baaske Cartoons, Müllheim: 17 u. (K. Puth)
Berger, A., Braunschweig: 139 Mi.
Bergmoser + Höller Verlag, Aachen: 26 o., 86 (2)., 144 re., 154, 155
Bildagentur Hamburg, Hamburg: 71 o. re. (A. Sommer)
BilderBox Bildagentur, Breitbrunn: 102 li.u.
bit Verlag Weinbrenner, Leinfelden Echterdingen: 152 (2)
Bredol, M., Marburg: 105 o., 116 li.
Bundesagentur für Arbeit, Nürnberg: 12
Bundfuss, H.-J., Dortmund: 42 (2), 85 (4)
Business Cartoons, Stockton-on-Tees: 80 u. (Morris)
Caro, Berlin: 58 o. + 70 u. (R. Oberhaeuser), 178 (R. Oberhaeuser), 190 o. (Hechtenberg)
Christoph Papsch Fotografie, Bonn: 68 u.
CMA, Bonn: 133 o.
DEHOGA Bundesverband, Berlin: 168 li.
Dema-Vertriebs GmbH, Mangoldsall: 63 u.
Der Grüne Punkt - Duales System Deutschland GmbH, Köln: 127 u.
Deutsche Gesellschaft für Ernährung, Bonn: 136 + 160 (DGE-Ernährungskreis)
Druwe & Polastri, Weddel: 38 (5), 43 li., 44 li.u., 68 o., 76, 104 o., 138 u.
Dägling, A., Wardenburg: 13, 16, 17 o., 26 u., 80 o., 174 o.re.
Fabian, M., Hannover: 14, 81, 179 o.
Fehmer, S., Grafik & Layout, Cremlingen: 58 u., 59 (2)
Feldhaus, H.-J., Münster: 147
Festo AG & Co. KG, Esslingen: 67 u. (2)
Fotodesign Sierigk, Braunschweig: 184 o.li.
fotolia.com: Titel re.Mi. (C. Beaubien), 3 o. + 8 Mi. (Wodicka/BilderBox), 8 li.u. (J. Münch), 31 (Baumeister), 32 Mi. (Wodicka/BilderBox), 44 li.o. (imageteam), 51 (I. Bartussek), 63 2. v.o. (Fatman73), 77 o. (T.Schmitt), 77 Mi. (Kzenon), 77 u. (Himmelssturm), 79 o. (Kadmy), 79 u. (contrastwerkstatt), 94 u. (ernstboese)
Fraport AG, Frankfurt/M.: 43 o.
Getty Images, München: 106 o.re. + 130 (Rex Butcher), 151 o.re.
Hafen Hamburg Marketing e.V., Hamburg: 72 li.Mi. (H.-J. Hettchen)
Heinemann Publishers, Portsmouth: 62
Hoffmann, K. , Hannover: 4 o. + 102 li.o.
Hohensteiner Laboratories GmbH & Co KG, Boennigheim: 67 o.
Holfeld, U., Kleinsaubernitz: 57 u.
Image & Design, B. Kumpe, Braunschweig: 105
InGestalt, Leipzig: 34 u., 41
iStockphoto, Calgary: 69 u. (m. deliormanli), 123 o. (R. Mansi), 123 Mi. (M. Gajuc)
JOKER:, Bonn: 120 li. (R. F. Steuszloff)
jump Fotoagentur, Hamburg: 179 li. (Falck)
Jöhle-Gutmacher, Freiburg: 146 li.
Keystone Pressedienst, Hamburg: 3 u. + 72 li.u. (C. Jablinski), 95 o. (J. Zick), 166 u. (M. Bahlo), 189 re. (J. Zick)
Knaußmann, K., Gifhorn: 109 o.re.
Kohn, K. G., Braunschweig: 174 u., 185
Krückeberg, H. , Hannover: 115 u.
Kurt Fuchs Presse Foto Design, Erlangen: 72 li.o.
Köcher, U., Hannover: Titel re.u., 107, 123 u., 161 u.
Langner & Partner, Hemmingen: 149
MairDumont, Ostfildern: 108 o.
Marcks, M., Heidelberg: 97
mauritius images, Mittenwald: 44 re., 109 o.li. (imagebroker), 134 re. (K. Zimmermann), 161 o., 192 (M. Habel)
Mellinghoff, A., Frankfurt/M.: 94 o.
Mercedes Benz AG, Stuttgart: 82 li.u.
MEYER WERFT GmbH, Papenburg: 146 re.
Miele & Cie. KG, Gütersloh: 46 u.
Minkus IMAGES Fotodesignagentur, Isernhagen: 118 u., 140 Mi., 141, 170
Motor Presse Stuttgart, Stuttgart: 50 u. (H. D. Seufert)
Müller, R., Braunschweig: 108 u.
Natterer, Freiburg: 118 o., 128 o.
Panther Media, München: 70
Pflüger, H., Springe: 129 o.
photothek.net, Radevormwald: 166 o. (T. Trutschel), 190 u. (L. Johannssen)
Picture-Alliance GmbH, Frankfurt/M.: Titel re.o. (ZB/P. Endig), 4 u. + 134 o. (dpa/S. Neumann), 5 + 162 li.Mi. (Lehtikuva/T. Marttila), 8 li. o. (dpa/F. May), 20 (Sander/T. Roos), 34 o. (ZB/J.-P. Kasper), 37 (ZB/J.-P. Kasper), 43 u.re. (dpa/R. Weihrauch), 50 o. (dpa/U. Deck), 52 re. (ZB/R. Hirschberger), 71 u. (dpa/A. Dedert), 72 re. (ZB/P. Pleul), 93 (dpa/C. Hager), 95 u. (MAXPPP/Frèdèric Cirou), 102 li.Mi. (ZB/Wolf), 102 re. (dpa/H. Hollemann), 106 Mi. (dpa/R. Wittek), 106 li. (dpa/F. Rumpenhorst), 108 Mi. (ZB/W. Thieme), 109 o.Mi. (ZB/P. Förster), 109 re.Mi. (KPA/Theissen), 109 u. (dpa/O. Berg), 111 o. (DUMONT Bildarchiv/R. Lueger), 111 u. (dpa/U. Perry), 112 o. (dpa/S. Sisulak), 112 Mi. (scanpix/K. Pohl), 112 u. (dpa/K. Mittenzwei), 116 re. (dpa/F. May), 117 li. (ZB/M. Schutt), 124 o. (dpa/W. Kumm), 131 (dpa/C. Rehder), 134 li.Mi. (dpa/S. Hesse), 142 (dpa/C. Ehlers), 145 (SVEN SIMON), 148 li. (ZB/W. Thieme), 151 o.Mi. (EPA/Hollander), 151 o.li. (dpa/Airbus Deutschland), 151 u.li. (ZB/P. Pleul), 151 u.re. (ZB/M. Rosenfeld), 153 (dpa/F. Rumpenhorst), 155 u. (dpa/M. Schutt), 162 li.o. (MAXPPP/S. Olsson), 162 re. (Imaginechina/Gao feng), 165 o. (CHROMORANGE), 165 u. (dpa/F. May), 166 Mi. (dpa/H. Melchert), 168 Mi. (ZB/P. Pleul), 179 Mi. 2. v.li. (dpa/P. Seeger), 179 Mi.re. (dpa/H. Ossinger), 180 u. (ZB/Wiedl), 186 (Süddeutsche Zeitung Photo/S. Rumpf), 186 li. (KPA/Hochheimer), 195 o. (dpa/R. Wittek); dpa-infografik: 21 o., 78 (2), 84, 88, 90 (2), 93 u., 96 u., 101 o., 115 o., 122, 127 o., 157 o., 173, 176 re., 189 li.
plainpicture, Hamburg: 168 re. (Stockwerk), 191 o. (fStop)
Rixe, D., Braunschweig: 139 o.
Royal Appliance International GmbH, Hilden: 46 o.
Schoenfeld, K.-H., Potsdam: 22
Schultze, A., Braunschweig: 151 u.Mi.
Schöningh Verlag: 35 (2) (W. Mattes)
Schöpper, R., Münster: 157 u.
Scotti-Rosin, S., Frankfurt/M.: 117 re.
Sierig, P., Braunschweig: 184 o.re. + u.
Stadtwerke Lemgo, Lemgau: 36
Stills-Online Bildagentur, Hamburg: 138 o.
Studio Schmidt-Lohmann, Hannover: 98
Techniker Krankenkasse, Hamburg:15
Tonn, D., Bovenden: 104 Mi., 104 u.
Trummer, R. , Kostanz: 101 u.
TV-yesterday, München: 71 o.li.
ullstein bild, Berlin: 194 (Sylent-Press)
Umweltbundesamt, Dessau: 127 2. v.u.
ver.di, Berlin: 193
Visum, Hamburg: 30 (I.C. Hendel), 82 u. (M. Staudt), 92 (Rothe)
Volkswagen AG, Wolfsburg: 3 2.v.o. + 32 o., 47 (2), 52 li.
Wedekind, K., Hamburg: 140 u.
Wefringhaus, K., Braunschweig: 8 re.
Westend 61, München: 140 o. (C. Kargl)
Wiedenroth, G., Flensburg: 100 (2)
wikipedia: 3 2. v.u. + 44 li.Mi. (M. Werner-Tsui)
Zentralkonsum eG, Berlin: 69 o.
alle übrigen Schaubilder und Grafiken: Westermann Technisch Graphische Abteilung, Braunschweig